中学生物学实验教学

张成军　主编
汪　忠　主审

南京师范大学教育硕士用书专项出版基金资助
南京师范大学课程与教学论国家重点（培育）学科建设成果

科学出版社
北　京

内 容 简 介

本书系统地阐述了新课程背景下中学生物学实验教学的基本知识和有关理论,并结合生物学科的特点分类介绍了演示性实验教学、验证性实验教学和探究性实验教学,同时对生物学实验教学案例进行了分析和点评。全书主要包括概述、生物学实验教学的基本技能、演示性实验教学、验证性实验教学、探究性实验教学、多媒体在生物学实验教学中的应用、生物学实验教学评价、生物学实验教学案例和生物学实验室的建设与管理等内容。

本书可作为学科教学(生物)专业教育硕士的专业教材,也可作为课程与教学论(生物)专业全日制研究生的辅助教材,同时也可供中学教师和师范类生物专业高年级本科生阅读参考。

图书在版编目(CIP)数据

中学生物学实验教学/张成军主编. —北京:科学出版社,2009

ISBN 978-7-03-025211-1

Ⅰ.中… Ⅱ.张… Ⅲ.①生物课-实验-教学研究-研究生-教材 ②生物课-实验-教学研究-中学 Ⅳ.G633.912

中国版本图书馆 CIP 数据核字(2009)第 140997 号

责任编辑:杨　红　席　慧/责任校对:包志虹
责任印制:赵　博/封面设计:陈　敬

科学出版社 出版
北京东黄城根北街 16 号
邮政编码:100717
http://www.sciencep.com

中煤(北京)印务有限公司印刷
科学出版社发行　各地新华书店经销
*

2009 年 8 月第　一　版　　开本:720×1000　1/16
2025 年 3 月第十次印刷　　印张:13 1/2
字数:273 000

定价:59.00 元
(如有印装质量问题,我社负责调换)

《中学生物学实验教学》编委会名单

主　编：张成军　（南京师范大学生命科学学院）
副主编：解凯彬　（南京师范大学生命科学学院）
　　　　吴举宏　（江苏省中小学教学教研室）
编　委：房　佳　（南京师范大学生命科学学院）
　　　　房　娴　（南京师范大学生命科学学院）
　　　　谷荣生　（安徽省当涂第二中学）
　　　　金　燕　（江苏省镇江市第三中学）
　　　　钱荷芳　（江苏省苏州市第三中学）
　　　　沈浩宁　（南京师范大学生命科学学院）
　　　　孙叶萍　（南京师范大学附属实验学校）
　　　　谢　群　（浙江师范大学教师教育学院）
　　　　杨桂华　（江苏省扬州市邗江中学）
　　　　张亚伟　（南京外国语学校仙林分校）

前　　言

　　诺贝尔奖获得者、华裔科学家杨振宁曾说:"科学毕竟有 90% 是实验活动,科学的基础是实验"。实验是自然科学发展所特有的基础,也是科学教学不可缺少的重要组成部分。生物科学和其他自然科学一样,本质也是实验科学。在生物学的发展过程中,生物实验自始至终都占有极其重要的地位。因此,生物教学不只是传授给学生一些基本的生物概念、规律等,更重要的是通过一系列有效的教育教学手段,全面提高学生的生物科学素养,让学生能够运用一些生物学原理和实验手段,掌握生物科学研究的基本技能和方法,学会辩证地、客观地认识世界,从而能够独立地、有创造性地指导实际工作和生活。所以,生物学实验教学对培养学生的动手能力、分析问题与解决问题的能力、培养学生掌握科学的思维方法和养成严谨的科学工作态度等终身发展能力具有重要的作用。

　　但是,长期以来中学生物学实验教学质量不高的问题一直困扰着人们。影响生物实验教学质量的因素有很多。例如,有相当一部分人把生物学实验课看成理论课的补充,这样无形中也就降低了实验课教学的重要性;硬件设施也是影响生物学实验教学质量的主要因素,如实验室、实验仪器设备和实验材料等。不过,目前大部分学校都有单独的实验室,也都能提供现有教材实验内容所需的实验仪器设备、实验材料,但实验教学效果依然不佳。实际上,我国生物实验教学效果不理想主要是受长期的应试教育观念的影响,不少教师对生物学实验教学的功能认识不足,认为"做实验不如讲实验",反正目前高考对实验的考查是"纸上谈兵",所以,有的教师常常是在黑板上"做实验",用传授式、灌输式的教学方法开展生物学实验教学;学生是在报告册中填实验,课后背实验。在教学模式上,教师常常采用操作模仿式的教学方式,无论是验证性实验,还是探究性实验,其实验教学环节几乎是相同的,即学生模仿教师的演示或照着黑板上的步骤按部就班地进行操作。操作结束后,教师提出有关实验结果的问题让学生思考。由于学生是按指定的步骤进行实验,而教师让学生思考的问题又与实验过程无关,因此学生在动手实验时无须动脑思考,动脑时又无须动手。这种动手与动脑的分离使得对学生能力的培养流于形式,不利于培养学生的创新思维。动手能力的培养是实验教学的一个重要内容,但这并不意味着动手时不需要动脑。这种应试教学观念和教学方法完全不符合生物科学本身发展的特点。生物学是一门实验性很强的学科,在生物学研究中,每个概念的建立,每个规律的发现,都需要实验作为基础。所以,生物科学素养的培养在很大程度上有赖于生物学实验教学。实验教学是生物学教学的重要组成部分，是培养学生动手能力、创新能力、创新意识的基本途径。

全面推进素质教育是我国21世纪基础教育改革的重要方向。随着"面向21世纪教育振兴行动计划"中"跨世纪素质教育工程"的实施，建立一个适应21世纪需求的、充分体现基础教育性质和素质教育精神、促进每个学生全面发展、让学生真正成为学习的主人的基础教育新体系，已经成为当前国家基础教育改革中的一个重大课题。改变生物课堂教学，真正让课堂教学焕发出生命的活力就成为素质教育的关键所在。

2001年7月，教育部颁布了《全日制义务教育生物课程标准（实验稿）》。2003年4月，教育部又颁发了《普通高中生物课程标准（实验稿）》。两个标准都分别对生物课程的性质、目标、内容等做了相关规定。新课程标准在继承我国现行生物教学成果的基础上，更加注重学生的发展和社会的需要，所提出的生物内容标准更多地反映了生物科学技术的最新进展，更加关注学生已有的生物学知识经验，更强调学生的主动学习。其突出特点是明确了生物学课程的基本理念："提高生物科学素养、面向全体学生、倡导探究性学习"，高中生物课程标准还增加了"注重与现实生活相联系"的课程理念。崭新的课程理念为生物学教材的编写提供了依据。新编的初、高中生物教材中，都安排了较多的课外实践活动。和以前的教材相比较，基于新课程标准编写的生物学教材中实验内容的编排也发生了很大变化。例如，实验数量有所增加，实验形式不再局限于演示实验和验证性实验，而是增加了许多有利于提高学生"科学素养"的"活动"，如实地调查、查阅文献、讨论、计算机模拟、游戏等。新课程背景下的生物学实验的目的不再是简单地验证所学知识和学习一些规范的操作技能，而是更加重视学生生物科学素养的培养，如科学方法、科学态度和科学世界观的培养等；实验过程强调探究、小组合作和讨论，即如何通过小组讨论确定实验方案、相互协作共同完成实验操作、记录数据、解释实验现象、形成小组意见并和其他小组交流等。新课程标准为中学生物实验教学提供了崭新的生物实验教学理念、教学内容和教学建议。

创新人才的培养需要创新师资，创新师资的培养离不开创新性的教材和教法。"中学生物学实验教学"课程是为学科教学（生物）专业教育硕士专门开设的一门专业必修课程。本教材针对教育硕士这个特殊群体的实际培养需要，以国务院学位委员会办公室对教育硕士的培养目标为指导思想，结合中学生物学课程标准的课程目标和课程理念，集生物学实验研究和生物学实验教学研究为一体，通过研究中学生物学实验和生物学实验教学原理、过程、内容和方法，并配合相当数量的实验教学案例，使教育硕士进一步系统地对生物实验和生物实验教学研究有一个全新的认识。

本教材共包括九章。第一章主要介绍了生物实验教学的意义以及我国生物实验教学的发展历程；第二章围绕生物实验教学的基本技能、生物实验设计的基本理论以及生物实验的改进、中学生物实验的分类等方面进行了阐述；第三章至第五章，从中学生物学实验教学角度，分别阐述了演示性实验、验证性实验以及探究性实验教学的基本理论、教学模式、教学现状以及教学优化策略等，重点是探究性实验教学；第六章介绍了多媒体辅助实验教学的模式和优化策略；第七章介绍了新课程标准下生物学实验教学的评价应该采取的策略；第八章列举了初中、高中生物学实验教学案例，并对部分案例进行了分析；第九章围绕新课程标准下的中学生物学实验室建设与管理提出了建议。

本教材的最大特色就是实践性和理论性相结合。理论方面，既详细阐述了生物学实验的理论，又深入探究了生物学实验教学的理论；实践方面，常常通过具体的生物学教学实例来辅助说明教学理论，同时提供了实验教学案例（第八章），可供教师在教学过程中进行案例分析和讨论。通过系统学习，希望可以使教育硕士的生物学实验教学能力进一步提高，同时在理论上引导其进行深化，使其成为研究型的教学高层次人才。

本教材的编写工作是在南京师范大学课程与教学论国家重点（培育）学科建设项目和南京师范大学教育硕士实践基地建设项目的资助下，并在南京师范大学研究生部的大力支持下完成的。在撰写过程中还参阅了同行、专家的著作和论文，在此一并表示衷心的感谢。本教材不足之处在所难免，恳请专家和同行们不吝赐教。

作　者

2009 年 5 月

目　　录

前言
第一章　生物学实验教学概述 ……………………………………… 1
第一节　生物学实验教学及教学意义 ……………………………… 1
一、生物学实验教学概述 …………………………………………… 1
二、生物学实验教学的意义 ………………………………………… 1
第二节　生物学实验教学发展简况 ………………………………… 4
一、生物学实验教学的萌芽（清末时期） ………………………… 4
二、生物学实验教学初步形成（民国时期） ……………………… 5
三、生物学实验教学的发展阶段（1949～） ……………………… 7
第三节　生物学实验教学研究的发展趋势 ………………………… 13
思考题 …………………………………………………………………… 14
第二章　生物学实验教学的基本技能 ……………………………… 15
第一节　生物学实验技能的内容与结构 …………………………… 16
一、中学生物学实验技能的内容 …………………………………… 16
二、生物学实验具体项目技能的结构 ……………………………… 19
第二节　生物学实验设计的基本技能 ……………………………… 23
一、实验设计的基本理论 …………………………………………… 23
二、实验设计应遵循的原则 ………………………………………… 26
三、实验设计的基本方法 …………………………………………… 31
第三节　生物学实验的改进 ………………………………………… 32
一、生物学实验的改进应遵循的原则 ……………………………… 32
二、几种常见的生物学实验改进类型 ……………………………… 34
第四节　生物学实验的分类 ………………………………………… 39
一、实验分类的研究现状 …………………………………………… 39
二、高中生物新课程的实验内容 …………………………………… 42
思考题 …………………………………………………………………… 44
第三章　演示实验教学 ……………………………………………… 45
第一节　演示实验教学概述 ………………………………………… 45
一、演示实验教学的理论依据及概念 ……………………………… 45
二、演示实验教学的特点 …………………………………………… 46
三、演示实验教学的作用 …………………………………………… 47

第二节 生物演示实验教学中常见的问题 ………………………………… 50
　　一、演示实验教学中存在的主要问题 ……………………………………… 51
　　二、存在问题的原因 ………………………………………………………… 52
第三节 演示实验教学的优化策略 ………………………………………… 52
　　一、演示实验教学的方法 …………………………………………………… 52
　　二、促进生物演示实验有效教学的途径 …………………………………… 54
　　三、演示实验的教学模式 …………………………………………………… 55
　　四、演示实验的操作要点 …………………………………………………… 57
思考题 …………………………………………………………………………… 59

第四章 验证性实验教学 …………………………………………………… 60

第一节 验证性实验概述 …………………………………………………… 61
　　一、验证性实验的概念 ……………………………………………………… 61
　　二、现行中学教材中的验证性实验 ………………………………………… 62
　　三、验证性实验的教学模式 ………………………………………………… 63
　　四、验证性实验与探究性实验的辩证关系 ………………………………… 63
　　五、验证性实验教学的优点 ………………………………………………… 64
第二节 验证性实验教学设计的理论基础 ………………………………… 65
　　一、杜威的"从做中学" ……………………………………………………… 65
　　二、直接经验和间接经验的辩证统一 ……………………………………… 66
　　三、辩证的否定论 …………………………………………………………… 67
第三节 验证性实验教学的现状 …………………………………………… 68
　　一、先讲后做型 ……………………………………………………………… 68
　　二、先做后讲型 ……………………………………………………………… 70
　　三、只讲不做型 ……………………………………………………………… 71
第四节 新课程标准下的验证性实验教学 ………………………………… 71
　　一、优化验证性实验教学中学生的实验心理 ……………………………… 72
　　二、优化验证性实验教学的过程 …………………………………………… 72
　　三、优化验证性实验设计的方法 …………………………………………… 74
　　四、优化验证性实验教学的评价机制 ……………………………………… 74
思考题 …………………………………………………………………………… 75

第五章 探究性实验教学 …………………………………………………… 76

第一节 探究性教学与探究性实验教学 …………………………………… 77
　　一、探究性教学提出的背景与思想根源 …………………………………… 77
　　二、探究性实验教学的内涵与特点 ………………………………………… 78
　　三、探究性实验与传统实验的关系 ………………………………………… 80
　　四、探究性实验的设计原则 ………………………………………………… 82

五、探究性实验教学的实施程序 …………………………………… 83
第二节　探究性实验教学设计的理论基础 ………………………………… 84
　　一、皮亚杰的发生认识论 …………………………………………… 84
　　二、奥苏伯尔的有意义学习理论 …………………………………… 87
第三节　探究式实验教学的模式 …………………………………………… 88
　　一、开放式实验教学 ………………………………………………… 88
　　二、二次实验法教学 ………………………………………………… 93
第四节　新课程标准下的探究性实验 ……………………………………… 98
　　一、初中生物新课程标准对探究性实验的要求 …………………… 99
　　二、高中生物新课程标准对探究性实验的要求 …………………… 101
　　三、新课程标准提出加强和完善生物实验教学 …………………… 103
　　四、新课程标准提出对学生的探究能力进行考查 ………………… 104
第五节　探究性实验教学的现状 …………………………………………… 105
　　一、学校硬件设施不足 ……………………………………………… 105
　　二、重视程度存在差异 ……………………………………………… 106
　　三、课时不足 ………………………………………………………… 106
　　四、教师的专业能力不足 …………………………………………… 106
　　五、教师给予学生过多的指导 ……………………………………… 107
　　六、对教师探究性实验教学能力的评价标准不一 ………………… 107
　　七、教师的组织能力不够 …………………………………………… 107
第六节　探究实验教学的优化策略 ………………………………………… 108
　　一、探究性实验教学中教师行为的变革 …………………………… 108
　　二、微型化的学生分组策略 ………………………………………… 109
　　三、探究实验教学中的组织策略 …………………………………… 109
思考题 ………………………………………………………………………… 111

第六章　多媒体在生物学实验教学中的应用 ……………………………… 112
　第一节　多媒体辅助生物学实验教学 …………………………………… 113
　　一、多媒体辅助生物学实验教学的作用 …………………………… 113
　　二、生物学实验CAI课件制作 ……………………………………… 115
　第二节　多媒体辅助实验教学的模式与实施 …………………………… 119
　　一、多媒体教学模式 ………………………………………………… 119
　　二、多媒体辅助实验教学的方法 …………………………………… 120
　　三、多媒体实验教学的具体应用 …………………………………… 123
　第三节　生物学实验教学应用多媒体的优化策略 ……………………… 126
　　一、多媒体辅助实验教学的不足 …………………………………… 126
　　二、生物学实验教学应用多媒体的优化策略 ……………………… 126

思考题 ·· 130

第七章 生物学实验教学评价 ·· 131

第一节 新课程下生物学实验教学评价的实施 ·························· 132
一、生物学实验教学评价的指导思想 ································ 132
二、新课程下生物学实验教学评价的目标、内容、原则与方法 ········ 134

第二节 生物学实验评价中的评价方法 ································ 137
一、档案袋评价 ·· 137
二、表现性评价 ·· 138

第三节 生物学实验的考核 ·· 140
一、生物学实验操作考核 ·· 140
二、生物学实验试题编制 ·· 141
三、生物学实验的综合测评 ··· 144
思考题 ·· 144

第八章 生物学实验教学案例 ·· 145

第一节 新课程标准下初中生物学实验教学案例 ··················· 145
案例 1 探究光对鼠妇生活的影响 ··· 145
案例 2 练习使用显微镜 ·· 148
案例 3 馒头在口腔中的消化 ··· 154
案例 4 血型鉴定模拟 ·· 157

第二节 高中生物实验教学案例 ······································ 161
案例 1 观察植物细胞有丝分裂 ··· 161
案例 2 叶绿体中色素的提取和分离 ······································ 165
案例 3 检测生物组织中的可溶性还原糖和蛋白质 ··················· 173
案例 4 探究影响酶活性的条件 ··· 178

第九章 生物学实验室的建设与管理 ··· 190

第一节 生物学实验室的建设 ·· 190
一、新课程标准下的生物学实验仪器及试剂的变化 ··················· 190
二、中学生物学实验室的建设 ··· 191

第二节 生物学实验室的管理 ·· 194
一、目前实验室管理和利用中存在的问题 ······························ 194
二、实验室的有效管理 ·· 195
三、中学生物学实验室的开放 ··· 199
思考题 ·· 201

主要参考文献 ·· 202

第一章 生物学实验教学概述

第一节 生物学实验教学及教学意义

一、生物学实验教学概述

生物科学是自然科学中的一门基础学科,是研究生命现象和生命活动规律的科学。它是农业科学、医药科学、环境科学及其他有关科学和技术的基础。生命是一种比物理、化学等运动形式更高级的物质运动形式。这种复杂精细的物质运动形式,既呈现出生命的本质特征,又受非生命变量的影响和制约。生物科学的研究经历了从现象到本质、从定性到定量的发展过程。因此,生物学实验大都是综合性的,既要突出生命性,又必须运用物理、化学等学科的判断标准。在微观和宏观两个方面的发展都非常迅速,并且与信息技术和工程技术的结合日益紧密,正在对社会、经济和人类生活产生越来越大的影响。生物学实验是生物科学赖以形成和发展的基础,是探究生命活动规律的基本手段。

生物学实验教学是指教师根据教学目的、学生认知水平、教学条件,有目的地安排、设计一些类似科学实验的模式、程序,指导学生利用一定的材料、药品和仪器设备,按照指定的条件去进行生物学实验的教学活动。生物学实验是整个生物学教学的基础,生物学实验课是培养学生动手操作能力的主要途径,也是帮助学生理解生物学基本概念、基本原理的有效手段,在生物学教学中具有重要意义。

二、生物学实验教学的意义

生物学实验在教学中所起的作用是独特的、高效的,不是粉笔加黑板或教师口头传授、电脑模拟所能替代的,无论是知识的获得、技能的训练,还是智能的发展、人格的培养,都离不开生物学实验。在生物知识方面,生物学实验教学能加深学生对知识的理解与记忆,并有可能发现新知;在实验操作技能方面,生物学实验教学的训练作用是其他任何方式不能替代的,实验操作技能只有在生物学实验中得到训练和完成;在学生智力发展方面,实验是手脑并用的实践活动,是培养学生观察能力最直接、最有效的途径,能够使学生较为容易地抓住事物的本质,找出解决问题的根本方法和措施;在人格培养方面,生物学实验教学能使学生直接接触生物,观察生命现象,激发他们的学习兴趣和积极性,培养学生实事求是的科学态度和团结协作的精神。因此,生物学实验教学是提高学生的生物科学素养和培养学生创新精神的平台,形成的实验能力更是学生将来从事科学研究的基础。

生物学实验教学在教学中所起的作用主要表现在以下几个方面。

1. 培养科学的观察与思维方法

观察是科学研究方法的第一步。要提高观察能力,必须掌握准确的观察方法。对事物进行观察时必须周详,并将它记录下来,而尤为重要的是要保持客观的态度。实验观察首先要强调观察的顺序,然后,下达观察目标的指令和思考问题的指令。

生物学实验中,学生的认识活动不仅仅是理解已学的原理、规律,学会做几个实验,更重要的是要掌握生物学实验的思维方法,因为思维方法比实验结果更为重要。生物学实验从实验的设计、操作到分析实验结果、总结归纳结论,都离不开科学的思维方法,思维方法在方法论意义上指导着实验的操作和思考问题、解决问题所采用的手段和方式。具备了正确的生物思维方法,有助于揭示要研究的生物现象、生物规律的本质属性和内部规律。

在生物学的发展史上,随处闪烁着科学家们巧妙而灵活的思维方法。如被誉为"遗传学之父"的孟德尔的豌豆杂交实验,把实验与数理统计结合起来,总结出两大遗传规律,这一套思维方法一直为后人所继承、发扬,并创造了比两大遗传规律价值高出千百倍的财富。由此可见,掌握孟德尔的思维方法比让学生懂得和验证两大遗传规律的价值大得多。

2. 培养严谨的科学态度

科学态度是人们能够正确对待客观事物的一种持久的、内在的反应倾向,是经过长期的实践活动养成的。科学家之所以能够取得举世瞩目的成就,最重要的一点就是他们具有严谨治学、实事求是的科学态度。例如,清朝科学家王清任,为了查清人体脏腑的确切位置,纠正前人的误解,在瘟疫流行时期,亲临乱石岗解剖和观察尸体,经过长年累月的潜心研究,确定了肝脏在人体中的实际位置,纠正了其他错误的描述,写出了《医林改错》一书,为人体解剖学做出了重大贡献。教师在生物学教学中可充分发挥生物学实验这一得天独厚的优势,指导学生精心准备实验所需的药品、材料、仪器,细心预测实验过程中可能出现的问题,使学生熟练地进行实验操作,实事求是地完成实验的每一个过程,认真仔细地分析研究观察到的实验现象。

在做生物学实验时,一定要避免学生出现以下不良现象:①发现异常现象时,没有认真思考和分析实验过程中出现的问题,仅以书本给出的结论作依据,涂改或臆造实验结果。②定量实验时缺乏精确性,取用药品时不合要求,造成误差。③浪费实验材料和药品,损坏实验仪器。④实验过程中缺乏耐性、半途而废等。对上述情况,教师要做好充分的思想准备,发现问题,及时纠正,并以此为素材对学生进行科学态度的教育。

3. 培养交流与合作能力

很多重大的科学发明和创造都是通过群体努力来实现的。我国的"两弹"爆炸和"卫星"上天,就是老一辈科学家共同奋斗的结果。1965年9月,我国科学工作者首先用化学方法人工合成了具有全部生物活性的结晶牛胰岛素,这是世界上第一次用人工方法合成的蛋白质,是一项伟大的创举。1971年,在测定猪胰岛素晶体结构的研究工作中,我国科学家又取得了重要的成果。1982年,我国科学家又人工合成了酵母丙氨酸转移核糖核酸。这些科研成果是我国科学工作者群体攻关的结果,为国家争得了荣誉。DNA和蛋白质,究竟谁是遗传物质?这曾是困扰生物学界很长时间的问题。1944年,美国科学家艾弗里和他的同事们经过10年的努力,在总结前人研究成果的基础上,证明了DNA是绝大多数生物的遗传物质,为遗传学的发展及生命研究做出了重大贡献。由此可见,良好的交流与合作能力是保证科学发明和创造顺利进行的重要因素。因此,教师在实验教学中要教育学生学会合作,正确认识自己在群体中的地位和作用,学会与他人积极配合与协作,共同完成实验过程。如进行分组实验教学,教师要为学生创造团结协作、互帮互学的氛围,教育学生互相配合,共同努力。优秀学生要做示范辅导,操作不规范的学生要认真学习;要求学生做到仪器安装、实验操作、记录观察等各负其责,人人投入;遇到问题集体讨论,出现事故共同排除,以培养学生的协作精神。

4. 培养热爱科学的情感

热爱科学的情感主要包括对科学知识的热爱和对科学知识的渴求,关心自然现象的发生、环境的保护以及对各种资源的合理开发和利用,具有强烈的社会责任感、爱国热情和创新精神。例如,被誉为"杂交水稻之父"的袁隆平,长期从事杂交水稻的研究工作,培育了多个杂交水稻新品种,使水稻得以大面积高产稳产,为解决我国人口多、吃饭难的问题做出了巨大贡献。我国幅员辽阔,具有丰富的自然资源,如水杉、银杉、银杏、熊猫、金丝猴等,但由于人口的增多、环境的破坏,这些珍贵的动植物资源正日趋减少,有的已经灭绝或濒于灭绝。世界卫生组织曾向全世界人民承诺,谁如果创造出能够治疗癌症的有效药物,使癌症患者能够药到病除,将会塑一个与这个人身体等重等高的金身像。但遗憾的是,到目前为止还没有人能获此殊荣。科学的发展是无止境的,自然界还有很多未知的奥妙需要我们去探索、去研究。教师在生物学实验教学过程中,可以通过科学家的事迹、事例,培养学生的科学情感。

5. 培养科学的世界观

科学的世界观不是天生的,是后天教育培养的结果。因此,教师在教学中要充分利用实验教学这一有力武器,培养学生科学的世界观。通过观察分析化石、各类动物的胚胎发育过程,以及对各类动物的器官和系统进行解剖比较研究,认识人类的过去、现在和将来。通过新陈代谢、遗传变异等实验,揭示人类的生命活动的基本规律,解释"鬼火"、"仙境"等现象,帮助学生破除迷信,战胜愚昧。只有把科学的世界观深深植入学生的头脑中,才能将学生的求知欲、注意力和兴趣纳入科学轨道。

第二节 生物学实验教学发展简况

在我国,生物学实验作为生物学教学的一部分已有一百多年的历史。中学生物学实验的教学历史随着人们对科学本质理解的转变以及整个教育的社会目标的转变而转变。生物学作为科学的一个分支,是随着近代科学的发展而逐渐发展的,近代科学的起点以13世纪英国科学家罗吉尔·培根的实验科学为标志。19世纪,近代科学在"师夷以制夷"的思想下传入我国。1840年鸦片战争后,外国传教士在我国开办教会学校,揭开了我国近代生物学教育的序幕,生物学实验教学开始萌芽。随着历史的变迁,生物学实验教学也不断向前发展。

一、生物学实验教学的萌芽(清末时期)

我国中学最早系统开设生物学课程可追溯到1842年。鸦片战争以前,我国实行科举制度,没有系统的科学教育。鸦片战争以后,一些西方国家侵略我国,在进行政治侵略和经济侵略的同时进行文化侵略,在中国开设教会学校。1842年以来,有的教会学校开设了博物、生理学等课程。例如,1842年英国传教士马礼逊(Robert Morrison)开办的"马礼逊学堂"(小学),其开设的课程中就有生理学与生物学两门课程;成立于1864年的北京贝满女学堂也开设了生理学和生物学方面的课程。

西方国家在中国重视自然科学的真正目的正如他们自己所说的:"如果我们要取儒学的地位而代之,我们就要准备好我们自己的人,用基督教和科学来教育他们,使他们能胜过中国的旧士大夫阶级所占有的统治地位。"在19世纪60年代,我国的生物学教育基本上是在教会学校中进行的,教学掌握在传教士手中,教学内容有浓厚的宗教色彩和神学观点。而当时所用的教材也是由国外教材翻译而成的。

1901年《辛丑条约》签订以后,西方国家施行"以华治华"政策,除了办教会学校外,也鼓励清朝政府办"新教育"。清政府感于教育为强国之本的重要性,再赋予张百熙兴革之重任,而有光绪二十八年即公元1902年的《钦定中学堂章程》之议,章程规定开设博物课,这是现代生物课的前身,学习内容包括动物状、植物状、生理学和矿物学。其中,动植物学的要求是种类与构造。在钦定中学堂章程中,博物学被排在十二门课中的第九位,排列其后的分别是物理、化学、体操。章程规定博物学每周设二课时。

光绪二十九年,即公元1903年,颁布的《奏定中学课堂章程》中,沿袭了《钦定中学堂章程》的部分内容,设置博物课,讲授植物学、动物学和生理卫生,但提出"凡教博物者,在据实物标本得真确之知识,使适于日用生计及各项实业之用,尤当细审植物动物相互关系,及植物动物与人生之关系"。此章程在教学方法上强调以实物标本的观察进行教学,还规定了要配以专用的教室(实验室)和标本室。由此可见,博物课上开始出现指导学生认识标本的活动,以便于学生能在现实生活中得以运用。这或许是我国近代教育史上最早的实验的萌芽了,目的是认识标本,但也培养了学生的观察能力。值得一提的是,该时期的教科书基本上都是翻译国外的教材,而这个时期,英美的高中科学教育方式如同历史课一样,学生是通过教师的讲解和阅读课本学习,考查的是学生的记忆能力。

二、生物学实验教学初步形成(民国时期)

1912年12月,南京临时政府教育部颁布了《中学校令实施规则》,对开设中学生物学实验教学做了明确规定:"博物旨在习得天然物之知识,领悟其中相互关系及对于人生之关系。博物宜授以重要植物、动物、矿物、人身生理卫生之大要,兼课实验。"这是我国近代生物课历史上首次明确规定生物课的实验要求。

1923年,国民党政府教育部颁布了《新学制课程标准纲要》,制订《高中生物学课程标准》,开始在高中开设生物学,并开设实验课。《高中生物学课程标准》提出普通植物学"注重讨论与实验,一学期内至少郊外练习八次,以代实验室内所作之课,遇天气温和植物繁茂时行之,以便学生练习、观测、绘图及采集标本等事"。普通动物学部分也有类似的要求。并且,本标准第一次将实验操作纳入考试内容,还规定了毕业最低限度的标准:"能为简易之实验,以解释日常生活之科学原则。"

至此,生物学课程被正式列入国家教学计划,并由我国学者执教、编译或编著教材。我国生物学家相继编写出版了多种版本的生物学教科书。当时,主要的教材有吴元涤编写的《生物学》(世界书局),陈桢编著的《生物学》(商务印书馆),郑勉编写的《高中生物学》(正中书局),贾祖璋编写的《开明新编高中生物学》(开明书店)和贾祖璋编写的《生物学简编》(开明书店)。

1929年《高级中学普通科生物学暂行课程标准》中,进一步强化了实验的思想。其中,"作业要项"中规定的实验内容有:①能用简易的仪器材料进行生命现象的模拟;②能运用显微镜观察;③对动植物的形态及分类进行研究;④野外考察。在学时上,每学期可进行数次郊外采集或研究,每次一日或半日;提出实验实习与课堂讲授相印证的教法,以此来养成学生观察研究之能力及爱好自然之兴趣。这是我国第一次将实验列入课外作业中。

1932年,第一次专门安排了实验课时。初级中学有关植物学、动物学的实习由教员指导学生于课外每周安排2小时举行。此外,每期可举行数次郊外采集。例如,郑勉在他所编的《高中生物学》中指出:"高中生物学……依部颁标准每周讲演3小时,实验2小时。"

在这一阶段实验课的实施有了文件上的保证,而且对生物学实验有了具体内容上的规定。文件对生物学实验的教学有了一定的要求,包括:观察、仪器使用、分类、动植物鉴别、绘图以及简易的实验设计等。这对生物学实验的发展而言是一个很大的进步,这也与当时的教育观念有关。20世纪20年代中国颇为流行的教育观念是:新的教育必须以科学为指导,理论要有科学的依据和证明,实践要遵循科学的方法,结果要有科学的统计。但实际上,生物教育的效果却不尽如人意,从浙江省教育厅对1931年、1932年中等学校学生在学时兴趣、毕业后出路与工作时生活状况等方面所做的调查(表1-1)可以看出,中学生最感兴趣的是语文,其次是社会,对生物学科的兴趣是很低的。

表1-1 中等学校学生对学科有无兴趣之人数百分比

课目	普通科		师范科		职业科	
	有兴趣	无兴趣	有兴趣	无兴趣	有兴趣	无兴趣
语文	79.1%	19.5%	52.7%	4.1%	34.3%	17.0%
算术	39.1%	20.0%	16.9%	44.1%	19.9%	12.7%
理化	44.4%	20.2%	27.8%	45.3%	10.0%	5.8%
社会	42.4%	34.6%	42.4%	35.9%	8.7%	26.0%
生物	5.4%	8.5%	5.4%	2.4%	0.7%	0.4%
教育	0.3%	1.0%	0.3%	10.4%	—	8.3%
体育	9.4%	5.6%	9.4%	5.3%	7.6%	4.0%
艺术	15.8%	28.9%	15.8%	27.8%	1.8%	13.7%
农业	1.2%	1.2%	1.2%	0.3%	31.7%	5.4%
商业	1.2%	1.8%	7.0%	0.9%	38.9%	30.0%
医药	0.5%	—	0.9%	—	15.9%	3.6%
工学	—	—	—	—	32.1%	2.9%

在这一时期,实验教学的目的和意义是很模糊的,实验的开课情况也不容乐观。不仅社会上不重视生物学,学生也对其兴趣不大,科学在整个社会中的地位并不是很高。当时整个学校教育中,最重视的是英语、国语和算术,其次是数学、物理、化学。由于战乱的原因,许多学校数次搬迁,且四分五裂,生物课虽能照常进行,但是实验从来都没有开设,学生也没有接触什么实验仪器,偶尔教师会拿一些标本给同学看看,但没有什么具体要求。

综上所述,在这一历史时期,生物学实验课的开设主要局限于一些著名的中学,而且多在高中阶段开课,初中生物课基本没有实验安排。在高中开设的实验课虽然有生物学实验指导手册,但是实验课的教学多是照本宣科,很难进行观察和实验教学。可见,当时生物学实验教学最大的问题是缺少实践的"土壤",以至于不能发现自身的"问题",即便是有了课程标准的详细规定,但是没有整个社会对其认同、没有安定的环境,缺少了具体的实施,生物学实验也就成了课程标准中的一纸空文。

三、生物学实验教学的发展阶段(1949~)

新中国成立后,虽然期间经历了许多曲折,但我国生物学实验教学一直在不断发展和完善。根据发展过程的特点,可大致分为5个阶段:初步发展阶段(1952~1965)、停滞发展阶段(1966~1976)、恢复发展阶段(1977~1987)、快速发展阶段(1988~1995)、不断完善阶段(1996~)。

1. 初步发展阶段(1949~1965)

新中国成立之后,根据教育部颁发的《中学暂行教学计划(草案)》和《中等学校暂行校历(草案)》规定,高中开设生物学课程,其中高中一年级开设"人体解剖生理学",高中二年级开设"达尔文主义基础"。在《中学生物课程标准草案》中,首先就教学目标对学生的能力做了要求,包括:观察、采集、实验、实习、栽培、饲养等能力。在教法要点的第一条又明确提出"生物学的教学应经常用实验、实习来进行",并要求"养成学生基本的观察、实验、实习、栽培、饲养、调查研究等知识和能力及清洁卫生习惯,指导学生写作实验报告、绘图、采集标本等工作,训练学生爱好劳动、爱好独立工作的精神和能力,以发展为人民服务的思想"。此外,首次在教材中出现了实验,如高中一年级《人体解剖生物学》中"消化器官"一节安排了两项实验:"唾液对淀粉的作用"、"利用显微镜观察小肠(绒毛)的切片"。

1952年的生物学实验大纲中,又对生物学的具体教学进行了规定,其中包括生物学实验的开设课时和内容(表1-2)。第一次将实验内容正式写入中学生物学教材。例如,在初中一年级《植物学》教材中"种子和种子的萌发"一节安排了10项实验内容,并要求在课内或课外完成:"观察菜豆(或豌豆)"、"玉蜀(或小麦)种子的构造";"用实验证明小麦种子内含水分、有机物和无机盐";"从小麦面粉内析出淀粉和面筋蛋白质"等。高中一年级人体解剖生理学,总学时为72小时,其中大纲规定涉及演示实验有10课时,学生实验有6课时。高中二年级,"达尔文主义基础"总课时也为72小时,学生实验2课时。值得一提的是,大纲中规定了学生独立实验或是参观旅行,其形式和我们现在所倡导的探究性学习有一些相似。例如,"独立作业:学生独立研究本地区动植物的适应性和变异性"、"参观旅行:利用课外时间到当地博物馆去参观原始人的工具和从猿到人的历史过程"。从这个大纲中我们不难发现,教师在课堂上也逐渐采用实验的方式让学生了解生物学,同时,学生也有一定的机会开始接触生物学实验,并且生物学实验的形式开始趋于多样化。

表1-2　1952～1986年教学大纲中所列实验教学的内容、数量及课时

教学大纲颁布的年份及科目内容		学生实验数量/项	演示实验/项	参观或观察/项
1952年	植物学	35(21课时)	21	5
	动物学	12(10课时)	13	4
	高中生物	9(10课时)	15	4
1956年	植物学	22	62	5
	动物学	12	18	4
	高中生物	13	40	4
1963年	植物学	9(12课时)	21	1
	动物学	12(7课时)	31	1
	生理卫生	8(6课时)	11	1
	高中生物	10(12课时)	3	1
1978年	动植物学	11(10课时)	24	2
	生理卫生	9(5课时)	9	
	高中生物	1(2课时)		
1980年	动植物学	12(10课时)	27	2
	生理卫生	8(5课时)	11	
	高中生物	2(2课时)		
1984年	甲种本	4(4课时)		
	乙种本	4(4课时)		
1986年	植物学	10	20	1
	动物学	8	22	
	生理卫生	14	9	
	高中生物	4	6	

注:表中的空白部分表示大纲未标明或未做规定。

1956年,我国第一次颁布了《中学生物学教学大纲(修订)草案》,先后编写出版了新的生物教材,增加了生物学实验项目和课时总数,同时,颁布了《初级中学实验园地实习教学大纲》。《初级中学实验园地实习》是对学生进行基本生产技术教育的重要学科之一,它的任务是使学生获得栽培植物、饲养动物的技能。该大纲规

定:初中一、二、三年级实验园地实习的教学总课时数各为34课时,各年级每周均为21课时,其中分配给实验园地实习的教学时数,各年级每周均为1课时。实验园地实习内容包括以下几个方面:蔬菜栽培、家禽家畜的饲养和管理、养蚕和病虫害防治。

1963年制订的《全日制中学生物学教学大纲(草案)》中提出,生物学实验和实习在生物学教学中具有很重要的意义,必须予以足够重视,并对实验目的、教学要求、实验场地、注意事项等做了详细的规定。例如,植物学实验要求学生掌握使用低倍显微镜、制作装片和徒手切片、做简单植物生理实验、画植物简图、采集和制作标本(蜡叶标本)等技能。在教学上,大纲要求教师制订实验实习计划,规定实验实习的课时必须用在实验上,对于课外时间也要积极利用,同时实验实习要密切结合基础知识来进行等。

2. 停滞发展阶段(1966～1976)

1966～1976年"文化大革命"期间,学校的教育根本无法正常进行,生物学实验教学停滞甚至倒退。生物课教学重点被改成了"三大作物一头猪",由于片面强调联系生产、社会实际,全盘否定了过去使用的生物学教材,取而代之的是《农业基础知识》、《医疗卫生》。实验室的光学显微镜等仪器是属于资产阶级的东西,是谁都不能动也不敢动的,生物学实验也就无从谈起了。

3. 恢复发展阶段(1977～1987)

1978年,教育部颁布了新中国成立后的第三个中学生物学教学大纲,规定高中二年级开设生物课程,学时为30课时,这在生物教育历史上是学时较少的一个时期,但比起"文化大革命"时期,这已经是有很大的改观了。大纲仍旧提出了必须重视实验,但实际安排上,高中生物30课时中,实验只有1项,2课时,即"显微镜观察细胞的有丝分裂"。由此可见,生物学实验教学处于一种缓慢的复苏状态。1981年恢复生物高考,生物学实验试题也随之出现在生物高考试题中。例如,1981年全国高考试题中的实验题为一道填充题:在观察植物细胞有丝分裂的实验中,可以用_____的_____部位作为实验材料。把制成的装片先放在_____下观察,然后换上_____进行观察。1982年生物高考实验题仍然是一道填充题:取甲、乙两个试管,各注入2mL 1%浓度的淀粉糊,再各加入两滴_____,淀粉糊都变成蓝色。然后,向试管甲加入2mL清水,向试管乙加入2mL唾液,振荡两个试管,并将它们插入盛有温水的烧杯中,10min以后,甲管呈_____色,乙管呈_____色。1983年生物高考试题中实验为简答题:①怎样用已固定的洋葱根尖制作细胞有丝分裂装片?②怎样进行脊蛙反射时的测定?

综观自1981年以来的高考生物试题的实验考查,不难发现实验试题多以填充题或简答题的形式出现,考查的内容从实验过程的识记以及简单的分析到实验设计以及现象或结果分析,内容不断增多。1982年版的《中学生物学实验》教师用书中,在引言部分就明确规定了中学生物学实验在技能培养中的作用:培养学生观察生物和生命现象、识记和绘制简单生物图以及熟悉生物学实验基本装置和操作的能力。书中罗列了中学生物学实验的基本要求,其中包括能正确使用放大镜、显微镜、解剖器;能制作简易装片,进行徒手切片,进行简单的植物、动物生理实验和简单的遗传实验;能根据实验目的要求,正确观察、记录、分析、比较和总结实验结果;能绘制简单生物图示;能采集和制作一般的动植物标本。这些能力要求,即便是在新课程实施的今天来看,也已经是相当的系统和完善了。但是,当时中学生物学实验的实施目的是为生物学教学服务,即以通过实验获取生物知识为目的,而不是以学生为实验的中心,所以,这些能力是作为实验的要求而不是结果。虽然学生通过生物学实验能获得技能的发展,但这个发展与实验中知识的获得相比就居于次要地位了。

1984年教育部调整了高中生物的教学内容,实行两种教学要求,教材分甲、乙两个版本,甲版本难度大一些。高中生物改为56课时,不论是基本要求部分还是较高要求部分,实验内容都改为4课时,其中,观察植物细胞的有丝分裂和植物细胞的质壁分离和复原实验,主要是培养学生的观察能力、显微镜的操作能力和装片的制作能力,以及对实验设计的了解。观察根对矿质离子的交换吸附现象实验中,对照组的设置培养了学生的对照思想。叶绿体中色素的提取和分离实验涉及了有机溶剂的使用、碾磨等技能的培养。本次大纲涉及的实验材料、仪器和器皿以及实验的技能要求方面都大为增加,不仅是简单地要求学生观察,而且还有意识地培养学生对科学过程的理解。

1986年版的初中《植物学》教材中实验内容包括:19个教师课堂演示实验、9个学生课堂实验和11个课外实验及实习作业。课堂演示实验如观察细胞的原生质流动、观察不同种类松树的枝条等。这些实验和观察,在创造条件的情况下,有的可以作为学生实验的内容,采取边观察边学习边讲授的方法进行教学。教师全面了解这些演示实验,可以为制订授课计划和尽早准备实验材料打下基础。课外实验及实习型作业,如播种菜豆和玉米种子,观察记录幼苗出土状况等,可以培养学生的实践能力。学生实验如认识显微镜的结构、练习使用显微镜;制作临时装片,观察植物细胞;采集和制作植物标本等。这些实验培养了学生使用显微镜、制作装片、徒手切片、绘生物图、采集和制作植物标本的能力。但从内容上看,主要是验证性的、有关形态结构方面的实验。由于受实验条件的限制,多数学校不能按要求开设全部实验,课堂上,教师在黑板上讲(画)实验,学生在下面背实验的现象比比皆是。

4. 快速发展阶段(1988~1995)

十一届三中全会以来,随着改革开放向纵深发展,我国经济取得了长足进步,国家对教育的投入不断增大。大多数中学逐步建立了生物学专用实验室,配备了基本的实验仪器设备,并且安排了专职或兼职的生物学实验员,基本上能开设教材中的学生实验。一些生物学报纸杂志上也出现了有关实验教学的探讨。但全国高考生物学试题中对实验内容的考查,仍然局限于识记实验过程以及进行简单的分析作答。例如,1989年全国高考题的第46题,让学生分析"用50%蔗糖溶液做植物细胞质壁分离和复原实验时,质壁分离现象明显,但不能复原,检查操作步骤都正确。造成此实验失败的原因是_____。"20世纪90年代,生物学实验的发展逐渐走向成熟,虽然1990年颁布的《全日制中学生物学教学大纲(修订本)》中,规定必做的生物学实验仍旧是4个,但是生物学实验操作被列入部分省市的会考内容,并且部分省市还因此制订了详细的评分规则(表1-3)。

表 1-3　陕西省汉中地区 1993 年高中生物会考评定考核表(监考教师用)

监考教师_____日期_____

	考查项目	评分点	分值		
观察植物细胞的质壁分离和复原	实验操作	1.知道常用实验材料及其选用部位	1		
		2.撕片法制作装片的操作正确	1		
		3.会使用显微镜并观察到正常细胞	1		
		4.诱发质壁分离操作正确	1		
		5.能观察到液泡由大变小,由浅变深和原生质层界面	1		
		6.促使质壁分离复原操作正确,并能观察到复原细胞	1		
	实验报告	7.画对有液泡的植物细胞	1		
		8.画对质壁分离的细胞	1		
	实验习惯	9.实验材料和显微镜取放严谨有序,遵守纪律	2		
		合计(满分)	10		

等级转换:6分以上为合格,否则为不合格。扣分时可扣0.5~1分。

这一时期,生物学实验从目标层面而言,最大的特点是明确了实验的目标,但是,仍将实验目标停留在实验的操作层面。以陕西汉中生物会考的评分标准为例,评价的内容以实验的技能操作和实验结果居多,尤其是实验习惯的分值竟然比其他各项都要高。由此可见,这一时期,生物学实验是以培养学生的动手能力和良好的实验习惯为主要目的的。从地位而言,生物学实验仍为生物课堂教学的补充,为学生掌握生物知识服务。

5. 不断完善阶段(1996~)

从1996年起,全国大部分省份实行高中毕业会考制度,将生物学实验操作纳入考查之列,并且规定:实验考查不合格不予毕业。实验考察的范围是高中生物学教学大纲所规定的高中生物学必修课的实验内容。考虑到各地对于实验材料的准备和实验操作所需要的时间等实际情况不同,各省(自治区、直辖市)教育行政部门可以根据当地的实际情况,从高中生物必修课中选定若干实验项目作为本学年高中生物学实验考查的内容,同时,要明确考查的具体要求和考查的具体方法。由此可见,生物学实验在改革开放以后得到了稳步的发展。首先,大纲对实验的开设做了要求,包括实验教学的目标、实验教学的重要性以及实验的课时数等。其次,出现了专门的实验室和实验管理人员,实验的仪器和设备也得到丰富。第三,对生物学实验进行了评价,这个评价不仅出现在课堂上,也出现在省一级的会考乃至全国的高考中,不仅有终结性评价,也出现了诊断性评价,这对生物学实验的发展无疑会起到很大的推动作用。第四,出现了大批研究生物学实验教学的一线教师、教学论专家,生物学实验的教育功能得到了广泛的认同。

21世纪初,我国新一轮基础教育课程改革为生物学实验教学的改革带来了契机。2000年,教育部全面启动基础教育阶段课程标准的制订和教材的开发。2001年7月,教育部颁布了《全日制义务教育生物课程标准(实验稿)》。新课程标准按照教育部的部署,于2001年秋季首先在全国约20个区、县级实验区开始了教学实验。新标准的实施对我国生物学教育产生了重大的影响,初中生物课程标准中明确提出了生物课程在实验方面的总目标:"初步具有生物学实验操作的基本技能、一定的科学探究和实践能力,养成科学思维的习惯。"2003年,教育部颁布了《普通高中生物课程标准(实验)》。2004年秋季起,广东、山东、海南和宁夏四省(自治区)开始实施高中生物新课改。新的生物课程标准提出了新的教育理念,注重人的发展,强调以人为本,强调培养学生的实践动手能力和创新能力。

步入新世纪,借着课程改革的平台,生物学实验得到了飞速的发展。不论是对实验教学的地位、作用的认识,还是从实验的数量和质量上考虑,其实验教学体系都逐步完善。首先,生物学实验的数量得到了很大提高,标准规定的实验由原来的6个增加到了28个。其次,生物学实验的方式也发生了很大改变,由验证性实验一统天下的格局,发展成积极倡导探究性实验的课程理念的实施。这是由于随着对科学认识的发展,人们发现科学不再是一成不变的经典知识体系。面对飞速发展的生物学,提出了倡导探究性学习课程理念,突出了生物学实验在学生学习中的独特作用,也彻底转变了学生的学习方式和对科学的观念。第三,生物学实验从生物学课堂教学的补充地位中解放出来,成为体现科学本质的必要环节。由于探究性实验的增加,补充了生物学实验独特的教育价值,生物学实验已成为获得学生终生发展所需知识、技能、情感、态度、价值观的桥梁。

第三节　生物学实验教学研究的发展趋势

随着21世纪的到来,生物科学迅速发展,著名物理学家杨振宁先生曾说过:"在21世纪,生物学将成为自然科学的主导科学。"生物科学的发展促进了生物学教育的发展,生物学实验教学研究也随之发生深刻的变化,主要体现在以下三个方面:①从教学意义上讲,对生物学实验在生物学教学中作用的认识越来越全面、深刻,实验教学已不仅是一种为学生提供感性认识的直观手段,而且还是激发学生学习兴趣,帮助学生掌握生物学知识、实验技能和科学方法,培养学生能力,提高学生科学素质的一种非常重要而且行之有效的途径和方法;②从教学方法上讲,由教师的演示实验逐渐向学生实验转变,由验证性实验逐步向探究性实验转变;③从教学实践上讲,不仅注重实验本身的教学,而且逐渐认识到实验环境对实验教学的重要性。随着对实验教学认识的加深和素质教育的进一步深入,教育部于2000年颁布的生物学教学大纲(以下简称新大纲)和发行的教材将实验教学放在了一个非常重要的位置上,显著地提高了实验教学的地位,首次提出"培养学生的观察和实验能力",并对此提出了明确的要求,其中"控制实验条件和排除实验故障"是过去未曾提出的一个较高的层次。新大纲还指出"有条件的学校应适当增加学生实验的数目,特别是增加设计性或研究性实验课题";高考、中考也在不断地加强对学生实验能力的考核并积极探索考查学生实验操作能力的新途径,其导向已十分明显;2000年人民教育出版社出版(以下简称人教版)的高中生物学教材也加大了实验教学的内容,学生实验由原来的4个增加为16个;许多省市把生物学实验列入初中会考科目,有的省(如江苏省、广东省等)甚至将其列入高中会考科目。

生物学实验教学研究发生的深刻变化及素质教育的逐步深入,引起了生物学实验教学的改革,其发展趋势表现在以下两点。

1. 转变教师和学生的角色

在传统的观念中,教师就是权威,在实验教学中更是这样。教师在实验教学中是"教"学生,在整个实验过程中处于主动地位,而学生则处于被动地位,整个过程都是由教师安排好的,学生只能按步骤、按要求学着教师的方法或模式进行操作,思维一直处于定势状态,这显然不利于学生创新思维的发展。因此,在今后的教学改革中,应首先从观念上对教师和学生的角色有全新的认识。教师在备课的同时一定也要要求学生"备课",要求学生备课就是让学生做好实验预习工作,即先梳理好实验理论知识。只有这样教师才能有的放矢地进行实验教学,学生才能够有条不紊地做好实验,从而最高效率地发挥他们的主体性作用。

2. 实验内容应体现基础性、综合性、设计性三结合的特点

传统的实验内容大多是验证性实验,虽然能加强学生对有关理论知识的理解

和掌握,但对学生实验技能的训练比较单一,也缺乏创新意识的培养,学生只是实验的被动完成者。而建立基础、综合、设计三结合的实验体系,不但可以促进学生对理论知识的理解和掌握,而且还可以从多方面对学生的能力进行培养。基础性实验是指每门课程最基本、最代表学科特点的实验方法和技术;综合性实验是指由多技术、多实验手段、多层次实验内容组成的实验;设计性实验是指在完成基础性、综合性实验的基础上,利用不同的实验材料、不同的实验条件,由学生独立完成预习报告、实验设计、试剂配置、仪器安装调试、实验过程操作、实验记录、数据处理、总结报告。这三种实验方式相结合的实验体系有利于培养学生的动手能力和创新意识。

思考题

1. 何谓生物学实验教学?
2. 生物学实验教学在生物学教学中具有什么意义?
3. 我国生物学实验教学的发展分几个阶段?各个阶段有什么特色?

第二章 生物学实验教学的基本技能

《普通高中生物课程标准(实验)》在课程目标部分阐明了具体的课程目标:知识、能力和情感、态度与价值观三维课程目标。但是,一直以来的课程实施,关注最多的是知识目标的落实,而以培养学生技能为主的能力目标则在课程实施中成为相对薄弱的环节,原因之一就是对能力目标认知不清。

技能是主体在已有知识经验的基础上,经练习形成的执行某种任务的活动方式,由一系列连续动作或内部语言构成。具有初步知识,经过一定的练习和模仿即可获得的是初级水平技能;在丰富的经验和知识基础上,经过反复练习,基本动作达到自动化水平的是技巧。按其性质与特点,技能又可分为动作技能和心智技能。动作技能也叫操作技能,主要是连续的肌肉的运动,表现在对事物的直接行动中。心智技能是在认知活动中通过练习形成的、合乎规则的经验或经验的整合,是一种调控活动的方式。动作技能的形成表现在动作速度的加快和动作的准确性、协调性、稳定性和灵活性的增加上。心智技能的形成则主要表现在思维的敏捷性与灵活性、思维的广度与深度、思维的独立性等品质上。

生物学实验技能是指学生在生物学实验中形成的、与生物学实验密切相关的技能,包括仪器的操作、搜集数据、观察、调查等。同样,我们可以将生物学实验技能分为操作技能和心智技能两类。生物学实验操作技能由大脑控制机体运动完成,如显微镜的操作等,其生理实质是通过练习,在大脑皮层形成连接。生物学实验心智技能是指通过生物学实验,形成合乎实验规则的、使实验顺利完成的心智活动,如观察、分析、综合、抽象、概括等。技能是后天习得的,在教学过程中,技能的形成一般以知识为基础,同时又是获得新知识的条件。作为学习的结果,技能不同于知识:从本质上来讲,知识是个体与其环境相互作用后获得的信息及其组织,知识可以储存于个体内,即为个体的知识;也可以通过书籍或其他媒介储存于个体外,即为人类的知识;而技能则是个体亲身活动的经验。个体具有某种活动技能,即说明他已具有该项活动的经验,掌握了该项活动的动作方式,因此,具有某种技能即表示"能够"或"会做"某种事情。

技能是知识分类的一种结果,也是本次基础教育课程改革的目标之一。生物课程的目标为"学生通过高中生物课程的学习,将在以下各方面得到发展:获得生物科学和技术的基础知识……初步学会生物科学探究的一般方法,具有较强的生物学实验的基本操作技能、收集和处理信息的能力、获取新知识的能力,以及交流与合作的能力……"

第一节　生物学实验技能的内容与结构

一、中学生物学实验技能的内容

2001年5月,《国务院关于基础教育改革与发展的决定》中要求"继续重视基础知识、基本技能的教学并关注情感、态度的培养;充分利用各种课程资源,培养学生收集、处理和利用信息的能力;开展研究性学习,培养学生提出问题、研究问题、解决问题的能力;鼓励合作学习,促进学生之间相互交流、共同发展,促进师生教学相长"。因此,高中生物新课程以"提高学生科学素养"为课程标准实施中的核心任务,以"倡导探究性学习"为突破口,构建了三维课程目标,重在关注学生的终身发展。《普通高中生物课程标准》明确指出课程目标中的知识、能力、情感态度与价值观三个维度在课程实施过程中是一个有机整体。

1. 课程标准对能力的要求

(1)能够正确使用一般的实验器具,掌握采集和处理实验材料、进行生物学实验的操作、生物绘图等技能。

(2)能够利用多媒体搜集生物学信息,学会鉴别、选择、运用和分享信息。

(3)发展科学探究能力,初步学会探究技能。

其中涉及的操作技能(操作技能表现为机体的动作,所以我们用操作技能表征来表示)和心智技能见表2-1。

表2-1　新课程技能目标

能力项目	操作技能表征	心智技能	备注
使用实验仪器	熟练使用仪器	准确说出实验仪器的名称及作用	
		能合理选用正确的实验仪器	
采集和处理实验材料	独立观察、采集实验材料	实验材料的鉴别	
	实验材料的保存和处理	选择正确的药品、设备、方法保存实验材料	
进行生物学实验操作			视具体实验而定
生物绘图	观察、绘图	对绘制对象的理解	

续表

能力项目	操作技能表征	心智技能	备注
搜集生物学信息	搜集信息	对媒体的认识、鉴别	
		选择合理的媒体	
科学探究技能	观察和描述生物现象、实验操作、搜集证据	对生物现象的认知	
		提出可以探究的问题	
		分析问题	
		确认变量	
		做出假设和预期	
		设计实验方案	
		解释数据	
		对证据的判断	
		阐明观点	
		进行辩护和反思	

能力是一个比知识和技能包容范围更广的概念。从表 2-1 中我们不难发现，高中生物新课程的能力目标中，涉及了大量的操作技能和心智技能的目标。作为学习的结果，一般认为技能的获得是在练习之后对活动方式的掌握。因此，生物学实验是技能获得的较好途径。课程标准也对生物教学提出了建议，明确提出在生物教学中应组织好探究性学习，加强实验和其他实践活动。

2. 新课程生物学实验的技能目标

在高中生物课程标准中，生物学实验分布在生物教材的各个模块中。不同的模块对实验的要求是不一样的。高中生物必修部分所涉及的实验技能见表 2-2 所示。

从表 2-2 中可以看出，高中生物学实验所涉及的技能表明生物学实验技能的发展趋于多样化、系统化。在实验技能中，心智技能所占的比重越来越大，尤其是新课程倡导的探究性实验的数量大幅增加。此外，生物课程设计也越来越重视通过实验来进行心智技能的培养。实验和其他实践活动已是生物学教学的基本形式之一。

表 2-2 《普通高中生物课程标准》中的生物学实验及相关技能（必修）

模块	实验内容	涉及的主要实验器具	相关实验操作技能	相关实验心智技能
分子与细胞	观察 DNA、RNA 在细胞中的分布	显微镜	显微镜的使用	观察、比较
	检测生物组织中的还原糖、脂肪和蛋白质	显微镜、刀片等	显微镜的使用、临时切片制作	实验结果的预测、比较、过程组织、器具选择
	观察线粒体和叶绿体	显微镜	绘图显微镜的使用	观察、比较、分析
	模拟探究膜的透性	显微镜	观察、记录	设置对照实验控制变量
	观察植物细胞的质壁分离和复原	显微镜、刀片等	显微镜的使用、临时切片制作	实验结果预测、比较
	探究影响酶活性的因素	试管、移液管、解剖剪、pH 试纸	移液管的使用、肝脏提取液的制备、测量	实验设计、实验器具的选择、探究的相关技能
	叶绿体中色素的提取和分离	滤纸、毛细吸管、研钵	研磨、过滤、制备滤纸条、画滤液细线	测量、对实验选材的解释
	探究酵母菌的呼吸方式	锥形瓶、橡皮球	实验装置的连接	实验设计、实验器具的选择、探究的相关技能
	模拟探究细胞表面积与体积的关系	自选	模拟细胞的测量	实验设计、模拟实验器具的选择、探究的相关技能、数据分析
遗传与进化	观察细胞的减数分裂	显微镜、固定装片	显微镜的使用、绘图	观察、比较
	制作 DNA 分子双螺旋结构模型	卡纸等可替代 DNA 组成单位的材料	不同材料之间的比较；材料的有规则连接；空间结构的建立	模拟材料的选择、材料组织的构思、立体构建的构思
	模拟植物或动物性状分离的杂交实验	相同大小的、不同颜色的彩球	实验的实施	实验的设计、预测、根据结果进行推论
	低温诱导染色体加倍实验	显微镜、培养皿、冰箱	组织培养的操作、显微镜的使用、制作装片、染色、记录	观察、比较、分析

模块	实验内容	涉及的主要实验器具	相关实验操作技能	相关实验心智技能
稳态与环境	探究植物生长调节剂对扦插枝条生根的作用	植物生长调节剂	调节剂使用、记录	观察、分析、对照
	利用计算机模拟人体某方面稳态的维持	计算机	计算机操作	搜集数据、分析数据、类比
	模拟尿糖的检测	卡纸	模拟卡纸制作	类比、分析
	探究培养液中酵母菌种群数量的动态变化	试管、显微镜、计数板、滴管	显微镜操作、计数、使用滴管	搜集数据、绘制曲线图、分析、做出假设、对照、建模
	土壤中动物类群丰富度的研究	土壤	记录	观察、搜集数据、做出假设和推论
	探究水族箱中群落的演替	水族箱	记录	观察、分析、类比
	设计并制作生态瓶	可以密封的塑料瓶或玻璃瓶	密封瓶子、记录	实验设计、观察

二、生物学实验具体项目技能的结构

生物学实验具体项目技能是由操作最基本、最单一的生物学实验组合而成的一个完整的动作系统,通过练习能达到近乎自动化的程度。从技能的组成上来看,操作技能占较大比例。所以,该项技能形成后,表现为许多局部动作联合成一个完整的动作系统,动作之间互相干扰的现象以及多余的动作逐渐减少以至消失。例如,显微镜的操作,初学者在操作时,因注意力集中于显微镜的具体操作步骤、显微镜具体结构使用,会出现多余的、不连贯的动作,而经过反复练习后,操作者的动作可达到近乎自动化的程度,操作过程中的意识也逐渐减弱。生物学实验具体项目技能的表征见表 2-3 所示。

表 2-3 的设计让学生的行为变得清晰可测。但是,不同的生物学实验所涉及的具体项目技能是不同的,也并不是所有学生的行为变化都能按照此表格进行,以"用高倍显微镜观察叶绿体和线粒体"(人教版必修1)实验为例,见表 2-4 所示。

表 2-3 生物学实验具体项目技能表征内容

技能	学生的表征	学生表征样例指标
显微镜的使用	学生准确说出显微镜各部分的名称及作用	学生能从理论上了解显微镜的结构
	学生协调使用显微镜找到观察目标	学生能用显微镜观察细小对象
	学生对视野中的目标来回控制自如	学生能掌握显微镜放大机理,计算放大倍数

续表

技能	学生的表征	学生表征样例指标
玻片标本的制作	学生准确说出玻片标本制作的步骤	学生能按照步骤开展实验
	学生使用刀片进行徒手切片	学生能使用刀片切出厚薄均匀、符合要求的薄片
	学生对薄片进行染色	学生能合理选择染色剂,控制好染色时间和浮色的漂洗
	学生将切得的薄片制成装片	学生能使用滴管悬滴,能用盖玻片抹片且不产生气泡
观察与记录实验现象	学生运用五官观察	学生能集中注意力,有目的、有条理地进行观察
	学生借助仪器、器材等进行观察	学生能合理地选择需要的仪器或器材
	学生将观察结果进行记录	学生能客观、规范地记录观察结果
	学生将观察结果分类	学生能区别观察的不同结果,并合理分类
测量实验数据	学生操作测量器材	学生能正确使用并校正测量器材
	学生记录测量结果	学生能及时捕捉到测量信息并能将信息用图表表示
	分析测量所得资料	学生能合理分析测量结果,能理解测量误差的存在
对生命现象分类	学生识别观察对象	学生能说出观察对象的特征
	学生对观察对象归类	学生能提出或设定分类基准
	学生使用检索表	学生能根据检索表对观察对象分类

表 2-4 用高倍显微镜观察叶绿体和线粒体实验分析

项目	教材要求	学生表征	技能目标分析
目的要求	使用高倍镜观察叶绿体和线粒体的形态和分布	—	显微镜的使用、观察生命现象、装片的制作
方法步骤	制作藓类叶片临时装片	准备洁净玻片	能选取或准备洁净玻片
		取材(撕取藓类小叶片或菠菜叶的下表皮)	取材部位合理,材料长宽一般不超过1cm,动作规范
		放置材料	放置于载玻片中央的清水中
		封片	缓慢平放盖玻片,不产生气泡
	观察叶绿体	低倍镜下观察,找到叶片细胞	学生协调使用显微镜找到观察目标
		高倍镜下观察叶绿体的形态和分布	转换物镜规范,能在高倍镜下进行观察
	制作口腔上皮临时装片	准备洁净玻片	能选取或准备洁净玻片
		取材	取材部位合理、动作规范
		放置材料	放置于载玻片中央的健那绿染液中
		封片	缓慢平放盖玻片,不产生气泡
	观察线粒体	显微镜观察	在低倍下找到观察目标之后,转换到高倍镜下观察

续表

项目	教材要求	学生表征	技能目标分析
讨论	描述叶绿体和线粒体的形态和分布,评价操作的优缺点	小组讨论	能陈述自己的观点、规范合理地使用科学术语、倾听他人意见并进行信息整理、构建理性讨论

该实验主要涉及的技能目标属于生物具体项目技能:使用显微镜、装片制作和观察生命现象。实验中,学生的操作并不是严格按照生物学实验具体项目的表征严格进行,这说明虽然建立了学生表征的分级指标,但这只是一个参考,并不是硬性的要求。比如技能目标,显微镜的使用中首要的一个表征是"准确说出显微镜各部分的名称及作用",但是在随后的实验中,学生并没有涉及这一操作步骤。这是因为之前学生已经学习了"使用高倍镜观察几种细胞"、"细胞膜的制备"等实验,显微镜的使用已经被学生掌握。以动作技能为主的活动一旦习得后,动作中意识的成分就会降低,所以学生在使用显微镜进行观察时就不需要"准确说出显微镜各部分的名称及作用"这一步骤。

1.基本过程技能分析

基本过程技能源于生物项目技能但是又高于生物项目技能,两者存在交叉:从技能构建的角度而言,基本过程技能的获得必须以项目技能为基础;从技能的迁移角度而言,基本过程技能具有更大的迁移性;从科学技能的概念层面而言,基本过程技能是一般意义上的科学技能;从生物学实验教学的目标而言,基本过程技能更难达成,但是更具教育价值。由于两者存在交集,所以分析基本过程技能时会涉及生物学实验具体项目技能。基本过程技能的分析见表 2-5 所示。

表 2-5 基本过程技能表征内容

技能	学生的表征		学生表征样例指标
制订基准	学生将物体归类		学生能指出归类的基准
	学生设计分类系统		学生能理解分类的原则
推论预测	根据资料推论	学生进行观察	学生能分辨推理与事实
		学生根据观察进行推论和预测	学生能指认可支持推论的观察
	根据原理或定律推论	学生掌握一定的原理或定律推论	学生能应用比例概念或根据已学知识进行推论和合理预测

续表

技能	学生的表征	学生表征样例指标
传达和解释	学生设计表格并登录数据使之一目了然	学生能设计合理的表格
	学生将观测数据用曲线加以表达	学生能将观测数据依时间、空间之不同特性分别以关系曲线加以表达
	学生根据简图或线路图描述实验情境	学生能依据指令制作相关路线、位置图
	学生以图表等方式报告实验结果	学生能指出实验曲线的变化趋势
讨论	学生整理实验信息	学生将实验信息进行归类
	学生使用科学语言	学生能恰当和规范地使用科学术语
	学生倾听他人意见	学生能在倾听时进行信息整理
	学生进行反驳或表示赞同	学生能构建理性的讨论和对批评意见的合理反应
合作	学生之间进行角色分工	学生能认识合作时有不同的角色并对角色的工作有所认识
	学生分配工作任务	学生能合理、公平地分配工作任务
	学生将完成自己的工作	学生能独立完成自己的任务
	学生向他人分享自己的工作结果并倾听和整合他人的成果	学生能对科学结论做出贡献,并对他人的贡献做出判断
分析	学生将获得的资料进行区分	学生能对资料进行辨别、选择
	学生将区分的结果进行组织	学生能对区分的结构进行整合,明确要意
	学生根据组织的结果,理解材料的意义	学生能确定对象的观点、价值和意图
评价	学生对评价对象进行核查	学生能从评价对象提出所表达的结论
	学生进行评判	学生能给予某一准则来进行评判

2.综合过程技能分析

综合过程技能是在对两项或者两项以上的基本过程技能整合的基础上衍生出来的技能。综合过程技能目标的提出是与世界科学教育发展的轨迹相吻合的:20世纪初,科学教育等同于知识教育;20世纪60年代,科学教育注重的是科学方法的掌握,期望通过掌握科学方法,来面对知识陈旧加速的挑战;到了21世纪,出现了侧重于科学加工过程的课程方案。目前正在推广的生物新课程的理念之一就是倡导探究性学习,期望通过探究性学习,达到提高生物科学素养的目标。

探究性学习中所涉及的能力要求的主要内容,很大一部分是属于综合过程技能的范畴,如控制变量、形成假说、实验构建、形成模型和设计实验等。而综合过程技能由于自身的复杂性,它的获得需要通过多种形式的活动来达到。综合过程技能又具有高度的概括性和抽象性特点,所以一旦掌握,就可以在较大的范围中进行迁移。由于迁移的概率高和综合过程技能自身的稳定性,综合过程技能的熟练阶段就可以称之为形成素质。

综合过程技能与前两者相比具有更大的综合性和复杂性,因此,对于综合过程技能的细化分析,就必须建立在基本过程技能的基础之上。例如,控制变量需要涉及观察、测量、推论和预测等技能的整合,实验设计则需要生物学实验的具体项目技能,如显微镜的操作等,以及基本的过程技能,如制订基准、合作、讨论、记录等技能的整合。

第二节 生物学实验设计的基本技能

中学生物学教师的指导实验能力不仅要求教师具有丰富的教学经验和广博的生物专业知识,而且要求教师在生物学实验方面也具有一定的专业知识。生物学实验指导能力突出体现在实验设计方面的指导能力。生物学实验设计是指在正式进行科学实验之前,实验者根据一定的目的和要求,运用有关的生物科学知识原理,借助于物理学、化学、数学等,选用合适的实验器材,确定实验思路,采用一定的手段或方法,安排实验步骤,并对实验结果进行预测、分析和讨论等一系列的设计实验方案的活动。实验设计是实验研究目标能否实现的重要保证,也是实验具体操作的指南,因此,实验设计的过程是科学思维的过程。实验设计中每一环节、每一步骤的选择和安排都要科学、严密,否则实验目标就难以实现。实验设计的教学对于培养学生创新思维能力具有重要作用。因此,中学生物学教师应该具备相应的实验设计基本理论和生物学专业知识,而且要在生物学实验方面具备一定的专业知识,具有良好的实验设计方面的指导能力。

一、实验设计的基本理论

实验是科学研究过程中的重要环节,是在人为控制条件下,通过研究对象变化的结果来论证科学结论的一种科学方法。由于研究问题性质的不同,科学研究的方法也有差异,但通常分为以下几个步骤:观察→提出问题→做出假说→设计实验→验证假说→分析结果→得出结论。

1. 观察

观察是科学研究方法的第一步,是感性认识的开始,是人们主动获取科学知识的重要途径之一。当用一种或多种感官去收集有关信息时,就是在观察。要提高观察能力,必须掌握准确的观察方法。对事物进行观察时必须周详,并将它记录下来,而尤为重要的是要保持客观的态度:人们常希望看到心中预设的现象,从而影响观察结果,产生偏差。所以,观察必须真实、准确,即必须如实地反映所感知的事物。实验观察首先要强调观察的顺序,再下达观察目标的指令和思考问题的指令。例如,演示实验"酵母菌酒精发酵",教师演示时,可先让学生从左到右观察实验装置,并介绍两支试管中的物质,让学生观察不同试管中溶液的颜色,待若干分钟后让学生观察试管中溶液的颜色有无变化,为什么其中一支会变色,再拔去此试管的塞子,让学生闻一闻是什么气味,思考原因是什么。

在实验教学中,教师要引导学生明确观察目的,避免盲目性和随意性,有步骤、有条理地指导学生掌握基本的观察方法,培养良好的观察能力。常用的观察方法有顺序观察法、比较观察法、动态观察法等。不论采取哪种观察方法,大脑都要积极地参与思维活动,使学生发现问题和解决问题的能力得到更好的锻炼。在观察的过程中,教师可引导学生进行比较。有比较才会有新的发现,才会有创新。比较是实验过程极为常用和有用的科学方法,它可以促进学生观察的敏锐性和精确性能力的形成。一般可以通过实验观察和启发提问的方式对学生进行引导。例如,"颤藻、水绵细胞的比较观察"这一实验,水绵和颤藻的生活环境基本相似,又都是简单的多细胞生物,那么两者之间存在什么区别呢?学生通过显微镜观察,发现了两者细胞的形状、色素分布的不同,更为重要的是通过比较观察又清楚地看到了水绵有一个被碘液染成黄棕色的圆球状的细胞核,而颤藻则没有。通过观察实验和启发提问,使学生能用比较的方法理解原核细胞和真核细胞的本质区别:原核细胞没有成形的细胞核,真核细胞则有一个真正的细胞核。

2. 提出问题

科学史上的每一项重大发现都是从问题开始的。例如,牛顿发现万有引力是从"苹果为什么会落地"这一问题开始的,弗莱明发现青霉素是从"为什么霉菌菌落周围不长细菌"开始的。爱因斯坦曾指出:"提出一个问题往往比解决问题更重要。因为解决一个问题也许仅是一个科学上的技能而已,而提出新的问题、新的可能性,从新的角度去看旧的问题,却需要有创造性的想象力,而且标志着科学的真正进步。"因此,具有敏锐的问题意识,善于发现问题,并能不断探索解决问题的方法,是创造性人才的重要特征,培养中学生的问题意识和能力应该是培养未来创造型人才的突破口。学生问题意识越强烈,学习过程中不断产生"为什么"、"是什么"、"怎么办"、"怎么变"等,其思维也就越主动、越积极、越自觉,也就越有利于问题出现、问题发展和问题解决,反过来又能有力地促进学生生物科学思维能力的提高和创新意识的形成和发展。

虽然任何人都能提出问题,但有意义的问题才值得探讨。因此,进行研究时,不仅要提出问题,而且要提出有意义的问题。美国芝加哥大学心理学教授盖泽尔把"问题"分为三类,即呈现型、发现型和创造型。呈现型问题是指由教师或教科书给定的问题,其思路和答案都是现成的,直接体现着教师和教材编写者的思考。这类问题并非学生主动参与的产物,同时又追求标准答案,因而一定程度上压抑求异、质疑的精神。相比之下,"发现型"和"创造型"问题更具有创造价值。这两类问题的共同特点是：①从问题产生过程来看，是学生在学习过程中思考探索的结果，是"愤""悱"的结果，具有一定的自主性。②从问题解决的过程看，由于具有强烈的内驱力，学生一般会孜孜以求，探究解决，表现出执著的追求性。③从问题的本身特点看，它不是在教师统一要求下的产物，会更具有个性，是个性思维的表现。④从问题的答案来看，具有一定的开放性。二者的区别在于，创造型问题是人们从未提出过的问题；而发现型问题的答案大多是已知的，发现学习的过程是一种创造情境的再创，从人类认识的角度看，未提供新见解，但从学生认知个性来说，却是独立的发现和探索，这种探索过程中所形成的意识和思维发展下去，就是真正的创造和发现。对于中学教学来说，最具实用价值的是发现型问题。布鲁纳的"发现法"教学理论也正是在这个角度上受到教育界的重视。

3. 做出假说

假说也称假设或猜测，指用来说明某种现象但未经证实的论题，也就是对所提出的问题所做出的参考答案。正如牛顿所说："没有大胆的猜想，就做不出伟大的发现。"在实验教学中，鼓励学生对实验中可能出现的实验现象和结果进行猜想和预测，并让学生在此基础上自己设计实验方案，选择实验器材，再通过实验去验证自己的预测和猜想，这对激活学生的思维、培养学生的创新能力是非常有益的。例如，在学习"水分的散失"时，让学生猜想植物吸收的水分主要用于哪些方面。有的学生认为绝大多数水分用于参与植物体内的各项生命活动，有的学生认为主要是通过蒸腾作用散失到大气中。学生们经过思考讨论，设计出了"称重法"实验：剪取一根带叶的健壮枝条，插入密封、盛有水的锥形瓶内，用一个透明塑料袋套扎在枝叶上，预先将塑料带、盛水的锥形瓶分别在天平上称重记录。然后放到阳光下照射一段时间，再将两者称重，计算出锥形瓶内减少的重量，即植物吸收的水与蒸腾作用散失的水（塑料带增加的重量）两者之间的比值。通过实验，验证了学生的猜想，提高了他们的创新能力。

假说一般分为两个步骤：第一步，提出假说，即依据发现的事实材料或已知的科学原理，通过创造性思维，提出初步假定；第二步，做出预期（推断），即依据提出的假说，进行推理，得出假定性的结论。例如，"动物激素饲喂小动物的实验"，其假说是"甲状腺激素对动物的生长发育有影响"，其预期结果是"用适量的甲状腺激素饲喂蝌蚪，将促使蝌蚪的生长发育加速"。一个问题常有多个可能的答案，但通常只有一个是正确的。因此，假说的对与错，还需要加以验证，即依据假设或预期，设计实验方案，进行实验验证。

4. 设计实验

实验是验证假说和解决问题的最终途径，指在人为控制的条件下研究事物变化的一种方法。这是科学研究的最大特色，也是科学研究中最困难的一步。在科学实验中,一般要掌握以下几点。

(1)变量。变量或称因子,是指实验过程中所被操作的特定因素或条件。按性质不同通常可分为两类:实验变量与反应变量,无关变量与额外变量。

实验变量与反应变量。实验变量,也称为自变量,指实验中由实验者所操纵的因素或条件。反应变量,亦称因变量,指实验中由于实验变量而引起的变化和结果。通常,实验变量是原因,反应变量是结果,二者具有因果关系。实验的目的在于获得和解释这种前因后果。例如,"温度对酶活性的影响"实验,所给定的低温(冰块)、适温(37℃)、高温(沸水浴)就是实验变量,而由于低温、适温、高温条件变化,唾液淀粉酶水解淀粉的反应结果也随之变化,这就是反应变量(唾液淀粉酶的活性)。该实验即在于获得和解释温度变化(实验变量)与酶的活性(反应变量)的因果关系。

无关变量与额外变量。无关变量,也称控制变量,指实验中除实验变量以外的影响实验现象或结果的因素或条件。额外变量,也称干扰变量,指实验中由于无关变量所引起的变化和结果。显然,额外变量会对反应变量有干扰作用。因此,实验的关键之一在于控制无关变量或减少额外变量,以减少误差。例如,"温度对酶活性"的实验,除实验变量(低温、适温、高温)以外,试管洁净程度,唾液新鲜程度,可溶性淀粉浓度和纯度,试剂溶液的剂量、浓度和纯度,实验操作程度,温度处理的时间长短等,都属于无关变量,要求对低温、适温、高温 3 组实验是等同、均衡、稳定的;如果无关变量中的任何一个或几个因素或条件对 3 个实验组的给定不等同、不均衡、不稳定,则会在实验结果中产生额外变量,出现干扰,造成误差。

(2)"实验组"与"对照组"确认。一个实验通常分为实验组和对照组:实验组是施加实验变量处理的被试组,对照组是不施加实验变量处理的对象组。无关变量对两者的影响是相等的,两组之间的差别被认为是来自实验变量影响的结果。

二、实验设计应遵循的原则

1. 单一变量原则

单一变量原则是处理实验中的复杂关系的准则之一,强调的是实验组和对照组相比只能有一个实验变量。只有这样,当实验组和对照组出现不同的结果时,才能确定这种不同结果肯定是这个实验变量造成的,从而证明实验组所给实验因素的作用。它有两层意思:一是确保"单一变量"的实验观测,即不论一个实验有几个实验变量,都应做到一个实验变量对应观测一个反应变量;二是确保"单一变量"的操作规范,即实验操作中要尽可能避免无关变量及额外变量的干扰。例如,雷迪用一个实验检验一个实验变量(因素)——肉和苍蝇接触或肉和苍蝇不接触,并用一个对照实验做比较。由于二者只有一项因素不同,这样雷迪就能把不同的结果归因于一个变量,找到了问题的答案。再如,"温度对酶活性的影响"实验,此实验遵循单一变量原则:第一,在观测上要做到低温处理观测记录低温下的变化和结果,高温处理观测记录高温下的变化和结果,反应变量不能混淆;第二,在操作上要做到在预先的低温、适温、高温条件下做实验处理,常见的错误是先在常温下做处理,再放到低温、适温、高温条件中进行观测,这样就混入了"常温"这个无关变量及额外变量。总之,实验设计、实验的全过程,都应遵循单一变量原则。

2. 科学性原则

所谓科学性,是指实验目的要明确,实验原理要正确,实验材料和实验手段的选择要恰当,整个设计思路和实验方法的确定都不能偏离生物学基本知识和基本原理以及其他学科领域的基本原则,当然对实验结果的分析也要采用科学的方法,尤其在定量研究中,某一次结果并不代表研究对象的典型特征,只能是一个偶然值。

(1)实验材料选择的科学性。实验过程中正确选取实验材料是保证实验成功的第一步。例如,观察植物细胞的有丝分裂实验中,适时、准确地切取洋葱根尖生长点部位,是实验成功的前提。实验材料的选择是根据实验原理、实验目的来决定的。例如,孟德尔选用自花传粉、闭花授粉的豌豆作为遗传实验的材料;"生物组织中可溶性还原糖的鉴定"实验中,实验目的是鉴定组织中存在可溶性还原糖,因而取材应注意含糖量的高低。鉴定的原理是:还原性糖与斐林试剂的呈色反应。为使呈色反应易于观察,所选材料最好是白色或近于白色的。确定了合适的实验材料后,在取样时,也要考虑选取有代表性的样品材料,而不是随意地选取。例如,"叶绿体中色素的提取和分离"实验,选取材料确定为新鲜菠菜后,确定选取什么样的叶片也是很关键的,较小的、较大的、有病虫害的叶片不应在选取之列。

(2)实验方法的科学性。只有用科学的实验方法,才能得到准确而可靠的实验结果。如证明植物呼吸作用释放 CO_2 的实验,实验设计如下:通入的空气首先经过 NaOH 溶液除去空气中的 CO_2,再经过 $Ca(OH)_2$ 溶液检验 CO_2 是否还存在,最后才通入装有萌发种子的密封瓶中。只有经过这样的步骤,才能完全排除干扰因素,才能证明瓶中排出的 CO_2 确实来源于种子的呼吸作用。

(3)实验数据分析方法的科学性。完成实验步骤,得到实验数据后,分析实验数据也是非常关键的一步。分析实验数据时要用到数学统计的方法,只有建立在数学统计基础上的分析结果才具有科学性,才能得到科学的结论,尤其在定量科学研究中。在生物学历史中,孟德尔最早使用数学统计的方法分析实验结果。孟德尔指出:自交生物(如豌豆)中遗传因子分离的一个必然结果就是,在由两个不纯的形态杂交产生的后代中,不纯或混合形态所占比例的减少将是规则的和可以预测的。要得出这样的结论,就必须从群体的角度而不是从个体的角度来考虑问题,即必须树立统计学思想,以统计分析代替一对一的因果分析。

3. 控制原则

生物学实验是通过控制和干预实验对象而进行的探索活动。控制本身就是在分析的基础上找出影响现象产生的各种因素,从而以控制或干预某一需要研究的因素来达到认识事物本质的目的。在生物学中,主要对以下几类实验条件进行控制。

(1) 环境条件的控制。环境条件对实验结果的影响是非常重要的。环境条件主要包括温度、光照强度、空气成分、压力、压强、溶液浓度、pH、种群密度等,如洋葱根尖需培养在温暖的地方,并要经常换水。

(2) 时空条件的控制。实验对象在不同时间处理或随处理时间的长短不同会产生不同的效果,如洋葱根尖的有丝分裂在一天的24h中是不同的。一般来说,下午14点是有丝分裂的高峰期,此时观察效果最佳。空间条件对实验结果也很重要,特别是在研究动物行为实验或生态学实验中表现得更为明显。

(3) 仪器装置的选择。选择不同的仪器装置对实验操作的方便性、观察的直观性等会产生极其重要的影响。

4. 可行性原则

可行性原则指整个实验设计要具有可行性或可操作性,一方面指实验方法和器材的选择上要具有可行性,既要切合实际,又要简便易行、安全可靠、现象明显;另一方面,指实验步骤的设计必须具有可行性,要写出具体的操作步骤,而不能用笼统概括性的语言。

5. 对照原则

设计实验往往要设计对照实验。设计对照是为了比较,有比较才会有鉴别,比较是一切思维和理解的基础,是确定研究对象之间共同特征的思维过程和方法。同一种实验结果可能是由多种不同的实验因素所引起的,如果没有严格的对照实验,即使出现了某一种实验结果,也很难确保是由哪个因素所引起的。对照原则就是要求实验设计要排除无关条件的干扰,显示变量-结论之间的必然联系。例如,恩吉尔曼实验、肺炎双球菌的体外转化实验,都包含着对照原则。常用的对照方法有空白对照、条件对照、自身对照和相互对照。

(1) 空白对照。空白对照就是不给对照组任何处理因素。但是,"空白"绝不是什么影响因素都不给予,而是针对实验组所要研究的因素给予空白,以突出所要研究的因素。例如,①在"生物组织中可溶性还原糖的鉴定"实验中,向甲试管溶液加入试剂,而乙试管溶液不加试剂,一起进行沸水浴,比较它们的变化。这样,甲为实验组,乙为对照组,且乙为典型的空白对照。②在验证甲状腺激素的作用中,对照动物不做实验处理,让其自然生长;对实验组饲喂甲状腺激素制剂或甲状腺抑制剂,以观察甲状腺激素的作用。

(2)条件对照。虽然给对照组施以部分实验因素,但不是所要研究的处理因素。例如,"动物激素饲喂小动物"的实习实验,实验材料可选用小蝌蚪,采用等组实验法,其实验设计方案是:甲组饲喂甲状腺激素(实验组),乙组饲喂甲状腺抑制剂(条件对照组),丙组不饲喂药剂(空白对照组)。显然,乙组为条件对照。该实验既设置了条件对照,又设置了空白对照,通过比较、对对照,更能充分说明实验变量——甲状腺激素能促进动物的生长发育。

(3)自身对照。对照和实验都在同一研究对象上进行。有两种:单组法和轮组法,一般都包含有自身对照。自身对照,方法简便,关键是要看清楚实验处理前后现象变化的差异,实验处理前的对象状况为对照组,实验处理后的对象变化则为实验组。例如,"植物细胞质壁分离和复原"实验就是典型的自身对照。对照组:正常的洋葱表皮细胞;实验组:质壁分离和复原的洋葱表皮细胞。

(4)相互对照。不设对照组,而是几个实验组相互对照。在等组实验法中,大都是运用对照。例如,"植物的向性"的等组实验中,5个实验组所采用的都是相互对照,较好地平衡和抵消了无关变量的影响,使实验结果更具有说服力。

6. 随机化原则

生命现象最突出的特征是它的多样性,生物体不存在永恒性,都受着特定的时间和空间的制约。在有性繁殖的种群中没有两个个体完全相同,个体与个体之间表现出来的差异性是无法预测的。这是由于在生物个体的产生过程中存在着许多不确定性的因素:DNA的复制、染色体交换和分离、配子选择、配偶选择等,每个环节都存在着随机性;而且,个体在生存过程中也存在着许多不确定性因素:都有机会被敌害消灭,被病原体致死,遭遇天气灾害,营养不良,寻找不到配偶,以及后代在生育前就死亡等。这些因素都影响着个体顺利地繁殖下去。究竟其中哪一个因素起决定性作用是无法事先知道的,完全取决于无从预测的环境条件。因此,从这个意义上说,生物个体都没有永恒性,都受着时间和空间的制约。但是,随机性并不意味着生物现象的发生是违背因果关系的,是没有原因和根据的,是无规律可循的。随机性之中存在着必然性。就生物个体的独特性而言,任何个体都是生物进化链上的一个环节,都是历史的产物并延续着历史。所以,对生物的研究必须衬托着历史背景,否则任何结构或功能都将无法充分认识。随机性另一个重要观点是,在认识生物学规律和运用生物学方法解释现象时往往要运用概率的理论。生物学中理论的概括几乎完全是概率性的。有人曾这样妙言:生物学中只有一条普遍定律,那就是一切生物学定律都有例外。这种概率性的概念化与科学革命早期认为自然界事物的原因都由可以用数学形式表达的定律支配的看法相去甚远。随机化的意义在于消除或减少实验中的系统误差,从而避免实验结果的偶然性。

7. 经济性原则

设计实验时,要考虑实验所需要的成本和时间,因此,要考虑容易获得的实验材料,比较简单的实验装置,价格比较便宜的实验药品,比较简便的实验操作过程,比较简练的实验步骤,比较短的实验时间。简单地说,也就是根据实际情况,确定如何进行实验。

8. 可重复性原则

重复、随机和对照是保证实验结果正确性的三大原则。重复性原则就在于尽可能消除非处理因素造成的误差。任何实验都必须有足够的实验次数,才能判断结果的可靠性,否则得到的结论缺乏可信度。因为某一个具体实验的结论,不一定能概括出同类事物的本质。例如,对于同一作物品种,在光照、水分、土壤肥力等因素相同的条件下,通过控制温度来考察温度对该作物品种的影响,不能根据实验中表现出的差异立即就得出温度对其影响的结论,可能会有植物个体差异之间的作用,或在具体操作中的失误等影响,这就需要重复实验的方法来证明这一具体实验反映的结果。

9. 平衡原则

平衡原则主要是对无关变量与额外变量的控制而言的,即实验中的无关变量的因素条件很难避免,只能设法平衡和抵消它们的影响。常用的方法有以下几种。

(1) 单组实验法。对一组(或一个)对象,既用 A 法,又用 B 法,顺序随机或轮流循环,这是生物学实验常用的实验方法。例如,"观察植物细胞的质壁分离与复原"实验,通常是将做好的洋葱紫色鳞片叶表皮细胞装片,先用蔗糖溶液做质壁分离观察,接着又用清水做质壁分离复原观察,这就是单组实验法。由于对象同一,无关变量影响也就被平衡和抵消了。

(2) 等组实验法。将状况相等的对象分成两组或多组,一组用 A 法,另一组用 B 法,这也是生物学实验常用的实验方法。例如,"植物激素与向性"实验,设计了 5 组实验,其对象是玉米幼苗,要求品种、萌发期、粗细、大小、长势等状况都是相同的,这就是等组实验法(等量原则),这样的方法对无关变量的影响起到了平衡和消除作用。再如,在"探索 pH 对酶活性影响"的实验中,单一变量是 pH,除 pH 外其他一切对酶活性有影响的无关变量,不但要严格控制等量,而且要适宜的量,如对温度的控制不但要相同,而且要适宜,即要给予酶活性所需的适宜温度,而不能控制在低温或高温条件下的等量。

(3) 轮组实验法。对两组以上的对象,循环进行两个或两个以上的实验处理,如甲组——A 法、B 法;乙组——B 法、A 法等,这样就能有效地平衡和抵消无关变量的影响。自然,操作起来要麻烦一些。例如,"植物向光性"实验,可随机取 2 株(组)生长状况并不相等的玉米幼苗,做如下实验处理。甲组:玉米幼苗——A 先用"不透光"处理,B 后用"单侧光"处理;乙组:玉米幼苗——C 先用"单侧光"处理,D 后用"不透光"处理。实验结果,则是 A+D(不透光)和 B+C(单侧光)的比较,这就是轮组实验法。这种实验处理的匹配,对平衡、消除无关变量和额外变量更有说服力。

三、实验设计的基本方法

1. 明确实验目的和原理

实验目的和原理是实验设计的依据。实验原理就是实验方法、实验手段、实验操作过程以及实验结果分析等所依据的科学理论,它是生物学实验的灵魂或枢纽。实验原理决定着实验步骤的设计及试剂的选择。只有明确实验目的,才能知道运用哪一原理进行实验设计,才能明白实验设计中哪一因素是实验变量。

2. 确定实验思路

不同的实验目的,不同的实验原理,进行设计的思路也是不同的,应根据实验原理对实验做出假设(可检验的),确定变量(实验变量和反应变量)。当反应变量的变化不能直接观察和测定时,还需要确定能表现反应变量变化的可测定的观察指标。

3. 设计实验步骤

根据实验目的、原理和思路,选用合理的实验材料与实验装置,采用一定的手段或方法(或技术路线),进行实验操作步骤。实验过程中,实验步骤的每一步都要严格按照实验设计进行,否则就可能影响到实验结果。例如,在"观察洋葱根尖细胞有丝分裂"实验中,解离之后若不漂洗,则会影响后面染色的效果,最终影响观察的结果。

4. 实验结果与分析

科学的本质特点是探索真理和发现真理,其最有生命力的价值是"发现"。对实验结果的分析是发现新知识的起点。根据实验原理,可对实验现象及记录的数据进行逻辑思维、综合归纳、类比思维等多种思维方式的思考,从而预期实验结果并做出正确分析,得出结论。实验或探究得到的数据和现象可能很多,教师要引导学生分类、提取、分析和综合,并对相关信息进行评估。在分析实验数据和现象时,应坚持客观性和科学性。有时对同一数据采用不同的处理方法,可以说明不同的问题。例如,在探究"植物对空气湿度的影响"时,如果把某一时刻从裸地、草地和灌丛中测得的数据取平均值,分析比较,可以知道三处此时的湿度差异;如果把某一处早、中、晚测得湿度的平均值绘成曲线,可以了解该处一天内的湿度变化;如果把三处早、中、晚的曲线画在同一个坐标图上,还可以比较三处一天内湿度变化的异同。我们要指导学生根据探究的需要,确定适宜的数据处理方法,从而确保实验结果的方向性。

有时实验结果与假设不一致,那么就要引导学生分析实验过程,看看实验设计和实验操作有无不妥的地方,找出错误的根源,然后再重新设计和实施实验,直到得出正确的结论。在这一过程中,小组内每一位成员都有机会发表自己的观点,倾听他人的意见。

另外,引导学生进行分析的时候,要提醒学生不能只重视结果而不重视分析结果,只重视成功的确定而不重视实验中失败的原因分析。因为许多创造性思维就是在失败中获得的,一些科学发现也是来源于失败的实验结果。

5.书写规范的实验方案

实验设计不能仅依靠大脑的想象,而是要形成书面材料,在书写的过程中可以不断修改完善。书写实验设计方案通常包括:实验课题、实验假说、实验预期、实验目的要求、实验方法类型、实验对照类、实验材料用具、实验方法步骤、实验结论与讨论等项目。

规范化的生物学实验设计教学能力的培养是一个日积月累的过程,生物教师首先要具备规范化的实验设计理论知识体系,同时还要进行反复的实验训练,不断领会实验设计的原理、遵循的原则以及方法,只有这样才能逐渐形成规范化的生物学实验设计的教学能力,才能在以后的教学实践中培养出具备较强的实验设计能力的学生。

第三节 生物学实验的改进

新课程标准下的生物教材中安排的实验,在实验方案的设计、实验材料的选择、实验试剂的使用和实验操作方法的应用等方面是从普遍性出发的,在实际教学过程中,由于受到各方面因素的影响,实验结果可能不是很理想,需要根据实际情况进行改进。一般来说,生物学实验的改进应该遵循下面所提到的四个原则。

一、生物学实验的改进应遵循的原则

1.环保原则

环保原则就是在生物学实验教学中渗透环保教育。有些生物学实验过程中会产生废液、废气和有害残遗物,还有些生物学实验会采用鲜活的动物和植物作为实验材料。如果不能认真对待这些实验,忽视环保原则,那么不但会污染空气、损害师生的身体健康,而且还不利于学生环保意识的建立,起到负面的暗示作用。用环保思想指导这些生物学实验的改进,可以帮助学生树立人与自然和谐相处、共

同发展的理念,培养防治污染、保护人类生存环境的责任感。在实际中可采取以下几种具体措施。

(1) 尽量密封装置,防止污染外溢。例如,在定量实验"鉴定骨的成分"中"骨的煅烧"部分,教材中要求:先将鸡或鱼的骨称量,记录数据,然后用镊子直接将骨在酒精灯上煅烧,再称量煅烧后的残渣,记录数据,最后处理数据。这个实验会产生大量黑色烟雾,对实验中师生的口、鼻黏膜及眼的结膜都具有强烈的刺激作用。实验中,学生往往咳嗽不止,眼泪直流。同时由于残渣的散失,实验称量的数据也不够准确。通过改进,将骨置入密封的焚烧炉内焚烧,等冷却后再进行称量。这样,既消除了污染,又保证了实验数据的准确性。

(2) 合理替代药品,阻止污染产生。在不影响实验效果的前提下,将某些有害物质换成无害物质,也是解决污染问题的有效途径。如在实验"鉴定骨的成分"的"骨的脱钙"环节中,可用食醋代替稀盐酸脱钙,只需学生提前准备,延长浸泡时间,效果依然非常明显。

(3) 回收再次利用,环保节约双赢。回收实验未反应的反应物、副产物、溶剂、催化剂、稳定剂等,再次利用,变废为宝,可以有效地节省资源、能源,减少污染,降低实验成本。

2. 简约原则

简约原则是指实验方案尽可能简易方便,即实验材料容易获得,实验装置简化,实验药品便宜,实验操作简便,实验效果明显并能在较短时间内完成。改进现有的生物学实验,实现简约化,有两条途径:一是因陋就简,从日常生活中寻找实验仪器、实验药品的替代物。二是利用专门工厂经过精心设计、组合、加工的实验仪器。如在"叶绿体中色素的提取"实验中使用研磨过滤器和层析管,与传统方法相比,具有以下优点:减少了室内空气污染,避免了挥发的丙酮对人身体的伤害;缩短了实验时间,节约了实验材料和药品;研磨更充分,色素提取更加完全,结果也较以前明显,有利于学生对这个知识点的掌握。

3. 微型化原则

微型化原则就是用尽可能少的实验材料、药品,获取最有效实验信息的原则。微型实验具有4个优点,即节约实验材料、药品,节省时间,操作安全,污染小。对有关实验进行改进,充分发挥显微镜的作用,开展微型实验,不但能激发学生的学习兴趣,发展学生的思维,而且还能培养学生动手操作和设计实验的能力,为全面提高学生的科学素质起到积极的促进作用。例如,"可溶性还原糖的鉴定"实验,可以这样改进:首先,准备好一块洁净的载玻片;然后,用单面刀片做苹果果肉的徒手切片,选取较薄的一片置于载玻片上并用刀面稍微压挤,挤出汁液;接着,滴加1滴斐林试剂于苹果果肉上,并用试管夹夹住载玻片在酒精灯上均匀加热约 1min(注意保持适当距离,并来回移动,以防载玻片断裂);最后,盖上盖玻片,用显微镜观察。实验结果:苹果果肉及其周围的汁液中有砖红色晶体的沉淀。同样,"蛋白质的鉴定"也可用此方法。这样的微型实验既可节省大量材料,又可节约很多时间,使原来一节课很难完成的任务变得轻松自如,还使学生的创新能力得到提高。

4. 趣味化原则

兴趣是学习的首要动力。改进生物学实验,实现趣味化,能激发学生的学习兴趣,充分调动学生学习的积极性,发展学生的创造能力。例如,"光合作用"实验,取大三角瓶,瓶内放入适量生长旺盛的金鱼藻,装满清水,再选用合适的橡胶塞,用打孔器将胶塞打两个小孔,其中一小孔插一长颈大漏斗,另一小孔插入一玻璃管,其上接一乳胶管,管上有一止水夹,乳胶管另一端接在注射器的针管处。将胶塞塞入瓶口使瓶内无空气,漏斗颈直达瓶底,而后用凡士林将瓶口与胶塞、胶塞与漏斗颈之间的缝隙密封,防止漏水透气,并将止水夹拧紧;最后把三角瓶置于阳光下,则见金鱼藻光合作用产生的气泡不断上升,致使瓶内的水进入漏斗。当瓶内气体达到一定量时,在大注射器内放一只小昆虫,如蚱蜢,将针栓推到蚱蜢勉强能活动时,稍停,当见到动物因缺氧不动时,立即松开止水夹,抽出瓶内气体进入针筒内,一会儿可见蚱蜢慢慢苏醒过来。证明绿色植物光合作用能产生动物生活所需要的氧气。

二、几种常见的生物学实验改进类型

1. 实验方案的改进

(1)改变实验性质。在实验教学的过程中,我们可以把验证性实验变成探究性实验,以进一步培养学生的创新意识和实验设计能力,同时还能提高学生对知识的运用能力。如"观察植物细胞的质壁分离和复原",我们把它改成一个探索性实验:测定紫色洋葱外表皮细胞液的浓度。要求学生根据教材所提供的知识情景,运用自己所学的知识,设计一个合适的实验方案和步骤,以求得相应的实验结果。通过这种转变,使学生的知识运用能力、实验设计能力和创新能力等各方面都得到明显的加强。"变"还指在教学过程中,把科学探究活动转变为实验教学活动,既能提高科学探究活动在学科教学中的地位(在日常的教学活动中,科学探究活动往往因被教师严重忽视而处于可有可无的地位),又能够增加学生参加实验教学活动的机会,培养学生的学习兴趣,进一步增强学生的各种能力。

(2)补全实验设计方案。教材在一些实验的设计过程中,由于没有把可能影响本实验的干扰因素全部考虑进去,导致实验设计方案存在一些缺陷,使实验结果的准确性受到怀疑。对于这类实验,就必须添加新的实验装置作为对照组,把漏下的干扰因素补充完整,从而保证实验结果的准确性。如在"唾液淀粉酶对淀粉的消化作用"实验(初中《科学》第四册)中,影响本实验的因素有温度和水分。但教材只考虑温度对实验结果的影响,没有考虑水分对实验结果的影响,因而没有设置相应的对照组,使实验结果的准确性受到怀疑。我们在做本实验时,增加一支内装等量清水和淀粉溶液的试管作为对照组,从而排除水分对实验结果的干扰,使实验结果更加准确。

(3)简化实验步骤。教材中的某些实验,由于设计的实验步骤过于繁琐,导致实验持续时间过长而无法及时完成,严重影响实验教学效果和学生兴趣,给学科教学带来一定的负面影响。对于这类实验,就必须把其中一些耗时长、操作难、影响小的实验步骤(主要是用来制备实验材料的步骤)省去(即由教师代为制备),以保证实验及时完成,同时还能减轻学生的操作负担。如在"生物组织中可溶性还原糖、脂肪、蛋白质的鉴定"实验中,本实验由三个内容有机组合在一起,实验时间非常紧张,而其中的"可溶性还原糖的鉴定"实验中,由学生自己制备苹果组织液是一个非常繁琐(包括洗净、去皮、切块、称量、研磨和过滤等多个过程)、操作难度大和耗时很多的步骤,如果改由教师事先代为制备,则既可以节省实验时间,又能确保实验材料的质量,使本实验及时、准确地完成,并取得理想的实验效果。

2.实验方法的改进

教材中的某些实验,其设计的实验方法(如加热方法、控温方法等)存在明显的缺陷,导致实验现象不明显,甚至实验失败,严重影响实验教学的效果。对于这类实验,应当将实验方案中存在明显缺陷的部分不断地加以改进,以保证实验的成功。

(1)加热方法的改进。在"可溶性还原糖的鉴定"实验中,教材要求学生自己用酒精灯加热来观察现象。采用这种方法加热,耗时长且加热效果不理想。这是由于加热强度不够,导致还原糖与斐林试剂发生氧化还原反应而产生的氧化亚铜很少。而且氧化亚铜极不稳定,在缓慢水浴加热过程中被氧气氧化生成氧化铜(黑色沉淀)也会使实验现象(出现砖红色沉淀)不明显,有的甚至根本没有出现实验现象。再者$Cu(OH)_2$在缓慢水浴加热过程中分解也生成CuO而失去与还原性糖发生氧化还原反应的能力。种种原因造成实验现象不明显,于是有实验教师改用把各组试管集中起来,统一在沸水浴锅中加热,则加热效果很好,实验现象也非常明显。

(2)控温方法的改进。在"唾液淀粉酶对淀粉的消化作用"实验(初中《科学》第四册)中,教材采用冰块来创造0℃的恒温条件,又采用通过调节铁圈的高度来创造37℃的恒温条件。用这两种方法制造的恒温条件非常不稳定,很难维持一段时间(5min)以满足反应需要,恒温效果不理想,导致实验结果不理想。我们改用冰箱来制造0℃的恒温条件,用恒温水浴锅来制造37℃的恒温条件,则恒温效果和实结果都非常理想。

（3）干燥方法的改进。在"叶绿体中色素的提取和分离"实验中,用毛细吸管吸取色素提取液在滤纸条上重复画滤液细线时,教材采用自然干燥的方法,这种干燥方法速度慢且效果不理想,导致实验现象不明显。我们改用嘴吹干的方法,则实验效果很好。

（4）压片方法的改进。在"观察植物细胞有丝分裂"实验中,在制成洋葱根尖临时装片后,教材采用在盖玻片上放一块载玻片,再用大拇指在载玻片上轻轻挤压的方法来制片。由此制得的装片内,细胞分散程度不高,观察效果不理想。我们改用在盖玻片上放一块多层并折成方形的吸水纸,并用大拇指和食指压住盖玻片和吸水纸（防止盖玻片滑动）,再用橡皮在吸水纸上不断地敲打,一直到材料呈"云雾状"。由此制得的装片内,细胞分散程度高,观察效果很好。

（5）搅拌方法的改进。在"DNA 的粗提取和鉴定"实验中,总共有 4 次要用玻璃棒进行搅拌,其中第一次要求快速搅拌。由于教材未对玻璃棒进行任何处理,再加上学生的搅拌方法不正确,每一次实验过程中,都会有许多组的烧杯被打破,使得这些组的同学必须重新开始,既造成学校财产的损失,又影响实验课堂的气氛。我们在玻璃棒的一端套上一段乳胶管,并用这一端搅拌,就能避免烧杯被打破,保证实验的正常开展。

3. 实验材料的改进

实验材料包括生物材料和实验试剂两个方面,选择合适的实验材料是生物学实验成功开展的前提条件和根本保障。教材中某些实验所采用的材料存在一些缺陷,如有的试剂具有毒性,会对师生的身体健康产生危害；有的试剂不能满足实验要求,导致实验失败或实验现象不明显；有的实验材料难以收集或成本太高,导致实验无法正常开展。例如,在"叶绿体中色素的提取和分离"实验中,用于提取色素的试剂（丙酮）是一种有毒的化学物质,对人体健康有危害作用,我们改用体积分数为 95% 的乙醇来代替,不但实验效果相同,而且能够免除试剂对人体的毒害作用。又如在制作蛋膜渗透装置时,教材或一般的参考书都是采用浓盐酸作为试剂来制取蛋膜,由此制得的蛋膜通透性较差,导致用此蛋膜制成的渗透装置去做实验时,不会出现渗透作用现象。我们改用由浓盐酸和体积分数为 95% 的乙醇按照体积比 1∶1 配制而成的混合试剂来制取蛋膜,则蛋膜的通透性很好,用此蛋膜制成的渗透装置去做实验时,渗透作用现象非常明显。再如在"DNA 的粗提取和鉴定"实验中所用的材料为鸡血,由于每一只鸡的血量有限,而本实验鸡血用量很大,导致实验成本昂贵,使许多学校无法正常开展本实验。而改用鱼（如鲤鱼、鲫鱼等）的精巢来代替鸡血,不但实验效果相同,而且实验成本低廉。

4.实验时间的改进

(1)取材时间的改进。在"观察植物细胞有丝分裂"实验中,教材规定的取材时间为洋葱根尖长到 5cm 时。其实,此时洋葱根尖分生区细胞已经开始伸长,分生区和伸长区细胞很难区分,导致观察部位难以找到;同时,分生区细胞的分裂活动已经减弱,处于分裂期的细胞数目明显减少,导致要找到各个分裂时期的细胞较难。可改在洋葱根尖长到 2cm 时取材,则分生区细胞刚好处于分裂的旺盛时期,且分生区和伸长区细胞形态差异较大,很容易找到处于各个分裂时期的细胞。从 8:00 开始到 13:00,每间隔一小时取一次根尖。每组压片制作 10 个压片,每只压片观察 10 个视野。分别把间期、前期、中期、后期和末期的细胞计数,然后合并如表 2-6 所示。实验结果表明,洋葱根尖的最佳取材时间是中午 12:00 至 13:00,此时获得的分裂相最多(中期细胞最多)。

表 2-6 不同时间取材洋葱根尖对实验结果的影响(取 10 个视野的观察结果)

分裂时间	间期 个数(百分比/%)	前期 个数(百分比/%)	中期 个数(百分比/%)	后期 个数(百分比/%)	末期 个数(百分比/%)	总数/个
8:00	177(27.4)	274(42.41)	59(9.13)	34(5.26)	102(15.79)	646
9:00	301(47.55)	288(45.50)	14(2.21)	11(1.74)	19(3.00)	633
10:00	355(51.08)	311(44.75)	12(1.73)	6(0.68)	11(1.58)	695
11:00	256(46.28)	201(37.20)	37(6.91)	23(4.27)	23(4.27)	540
12:00	196(24.81)	312(39.49)	92(11.65)	69(8.73)	121(15.32)	790
13:00	191(28.85)	318(48.04)	73(11.03)	39(5.89)	41(6.19)	662

(2)染色时间的改进。在"观察植物细胞有丝分裂"实验中,无论染色试剂(龙胆紫溶液)的浓度是 0.01g/mL 还是 0.02g/mL,教材规定的染色时间都是 3~5min。事实上,经过这段时间染色后所制成的装片内,整块材料都呈深紫色,根本无法观察。我们在实际操作过程中,根据染色试剂的浓度来确定染色时间:当染色试剂的浓度为 0.01g/mL 时,染色时间为 2~3min;当染色试剂的浓度为 0.02g/mL时,染色时间为 1~2min。经过这样处理后,染色效果非常理想,观察效果也非常理想。

(3)解离时间的改进。在"观察植物细胞有丝分裂"实验中,教材规定的解离时间为 3~5min,经此时间解离后,洋葱根尖仍旧比较硬挺,制片时不容易被压碎,导致所制成的装片内细胞分散程度不高,观察效果不理想。我们在实际操作时,把解离时间改为 7~8min,则制片效果很好,所制成的装片内细胞分散程度高,观察效果理想。

5.实验装置的改进

以"种子萌发条件"的实验为例,原设计为在一根玻璃棒上、中、下各绑一粒种子,上边的种子位于空气中,下部的种子完全浸于水中,只有中部的种子既可得到水分,又能吸收氧气。所以当3粒种子均置于适宜温度下时,仅有中部种子能够萌发,以此说明水分、氧气和适宜的温度是种子萌发的条件。但这一设计存在两个问题:一是种子若绑不好,容易脱落掉进水中;二是种子发芽率不可能是100%,有些种子可能因为胚受到伤害而不萌发,如果绑在玻璃棒中间的一粒种子刚好出现这两种情况,自然就不会萌发,也就很难证明种子萌发条件是什么,甚至会得出水、氧气和合适的温度不是种子萌发条件的错误结论。因此,对教材中实验装置的改进就显得十分必要。有教师在教学过程中进行了以下改进,并取得了明显的实验效果:以石棉网(3片)、棉签(或小木棒3根,其中1根较长)、细铜丝等为材料做成一个新的实验装置。具体制作方法为:将石棉网沿有石棉处剪下成为圆形,然后把棉签穿在圆形石棉网上形成上、中、下3层,3根棉签成等腰三角形排列,再用细铜丝固定即成(图2-1)。实验时,选粒大饱满的玉米种子30粒,放在石棉网上、中、下3层,每层10粒。再将此装置放入装有水的烧杯中,烧杯中水面高度以中层石棉网上种子一半浸在水中,一半露出水面为宜。最后将烧杯连同整个装置放入20℃左右的恒温条件下,经1～2d培养后,取出观察,可见上、下2层种子均未萌发,中层虽然也有种子未萌发,但多数种子萌发了。这样就证明了水、氧气和适宜温度是种子萌发所需要的条件。

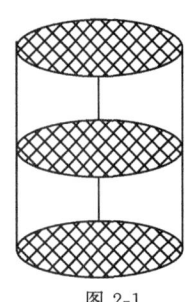

图 2-1

再如,"分离叶绿体中色素"的实验装置是100mL的烧杯、培养皿盖。具体操作时,滤纸条容易掉到烧杯中,而且烧杯是透明的,层析出的色素带受到阳光的照射,易分解,影响实验效果。为了克服以上缺点,在实际教学中可做如下改进:①将一只回形针拉直,把它的一端折成钩状,另一端从下向上穿过试管塞;再将第2只回形针挂在钩上,然后将钩钳紧。②将不透光的纸用胶水粘成一个比试管略大的圆筒并套在试管外,遮挡阳光,使层析出的色素带不致被光分解。再将试管放置于试管架上。③在试管中注入层析液2mL,用回形针夹住制备好的滤纸条,用试管塞塞住试管口,调节回形针高度使层析液不没及滤液细线。

第四节　生物学实验的分类

一、实验分类的研究现状

1. 国外研究现状

最早介绍中学实验分类研究的是英国 Michael J. Dunkin 主编的《国际教学与教师培训百科全书》（英国培格曼出版公司于 1987 年出版，教育与科普研究所编译，学苑出版社于 1989 年 6 月出版），其中有关理科实验的教学资料来自于 30 多位学者于 1968～1986 年的研究成果，由赫加蒂·黑兹尔编著。20 世纪 70 年代，美国匹兹堡大学克洛普弗等学者认为，在中学理科实验室进行的教学活动主要有：①按既定程序的练习、实验操作和验证活动；②聆听科学方法的讲座；③以个性发展为目标的技能训练（凯勒计划）；④多媒体辅助的实验教学；⑤通过实验的发现活动；⑥设计活动；⑦学生参与的研究活动等。他们将上述实验室教学活动的目标概括为：a. 获得知识和培养理解能力；b. 训练动作技能；c. 参与科学探究的过程，包括观察、测量、分析数据、提出问题和解决问题的方法；d. 了解科学家的方法；e. 培养对科学知识的兴趣和科学态度；f. 提高对科学知识及方法的应用能力。大多数学生参加的实验室教学活动，主要是达到 a、c、d、e 的目标。1971 年，赫伦以探究设计为依据，将中学理科实验分为 4 个级别：0、1、2、3。其中，0 级为技能训练，1 级为验证已知，2 级和 3 级提供科学探究的机会。1978 年，赫加蒂·黑兹尔又将 2 级（教师提出问题、学生设计实验）分为 2A 级和 2B 级，2B 级为教师引导下的学生自主探究。总之，从 0 级至 2B 级学生对教师的依赖性减少，而小组合作程度增加。

2. 国内研究现状

1987 年，陈浩汾编著的《中学生物学教学法》一书指出，生物学实验因目的之不同而有探究性实验和验证性实验的区分。验证性实验对于巩固基础知识和掌握实验技能很有好处，但学生比较被动。为此，应逐步增加实验的探究研究成分，提高学生的积极主动性，加强学生实验能力的培养。

1988 年，赵锡鑫编著的《生物学教学论》，将生物学实验分为 8 类：①形态解剖实验；②分类实验；③生理生化实验；④生态学实验；⑤生殖发育与遗传实验；⑥生产实验；⑦工具操作性实验；⑧野外观察实验。

按实验目标的不同，他将实验分别列入发现教学法和复习教学法之中：

发现教学法的实验 { 观察性实验 / 引导发现实验 / 独立发现实验

复习教学法的实验 { 巩固实验 / 验证实验

1992年,周美珍主编的《生物教育学》一书中,按实验教学方式的不同,将实验分为:

{ 演示实验
  学生实验 { 验证性实验:巩固和验证已有知识,进行实验技能训练
           探索性实验:将获取新知识、训练基本技能和培养独立探索能力三者统一起来
  课外实验:课外实验不受课堂45min的限制,广开实验途径,学生亲自动手操作,可扩大视野和知识面,培养独立工作能力。

1996年,叶佩珉和赵占良两位专家对中学生物学的实验也进行了分类,分类见表2-7所示。

表2-7　1996年叶佩珉和赵占良的中学生物学实验分类结果

实验类别	I						II		
实验类例	观察实验	生理生化分析				模拟探究	调查研究	验证实验	探究实验	
		判断	析因	定性	定量				部分	全程
鉴定组织内可溶性糖		√		√				√		
高倍镜观察叶绿体	√							√		
探索酶及其作用特性		√	√					√		
探究影响酶活性的因素			√	√						√
质壁分离及复原								√		
植物向性运动实验设计	√		√	√						√
性状分离比率的模拟实验						√		√		
调查人群中遗传病							√	√		
种群密度的取样调查							√	√		
设计、制作生态瓶	√		√							√
调查环境污染对生物的影响							√			

2004年由教育部基础教育司和教育部师范教育司组织编写,高等教育出版社出版的《生物课程标准研修》(普通高中新课程教师研修手册)将高中生物新课程的实验进行了定性分级(表2-8)。

表 2-8 高中生物新课程实验的定性分级

实验分级	实验考查目标	例证性实验
观察或鉴别	观察对象"是什么",或鉴别实验材料中"有什么"	观察线粒体和叶绿体 DNA 的粗提取和鉴定
验证	为阐明"为什么"或"怎么样"提供实验依据,证实物质或结果的动态变化	观察细胞有丝分裂 观察质壁分离及复原
引导式探究	教师提出实验结构或程序,学生参与"干什么"和"发现什么"的探究过程	探究生物膜的透性 提取和分离叶绿体色素
自主式探究	学生自主探究,设计和执行实验方案来检验对"有什么"和"为什么"的解释	探究影响酶活性的因素 探究低温诱导染色体加倍
模拟或制作	设计和制作实验研究的某种对象,或人为条件下模拟研究对象的动态变化	制作 DNA 双螺旋结构模型 模拟性状分离的杂交实验

2006 年,汪忠在《新编生物学教学论》(华东师范大学出版社)中对生物学实验从不同角度进行了如下分类。

(1)按学科分,包括形态学实验、解剖学实验、生理学实验、生态学实验、分类学实验、遗传学实验、生物技术实验。

(2)从中学教学角度,可分为演示实验、学生实验、课外实验。

(3)按照实验的精确性和实验所处的环境,可分为实验室实验和自然实验。实验室实验是指在实验室里,通过实验仪器设备,在人为控制或改变实验对象的条件下,考察和研究实验对象的一种有目的、有计划的操作或实践活动。生物科学研究和生物教学中的实验大多数属于这一类型。例如,"植物光合作用产生淀粉"的实验,"酵母菌无氧呼吸产生二氧化碳"的实验。自然实验是指在自然环境中对实验对象加以考察的一种实践活动。优点:把观察自然的自然性和实验的主动性有机地结合起来。缺点:实验结果的精确性相对较差,因为缺少对某些因素的严格控制。例如,观察某种微量元素对作物产量的影响、某种昆虫的性外激素对某种昆虫的诱杀作用。

(4)按照实验的教学目的,可分为验证性实验和探究性实验。验证性实验是指实验者针对已知的实验结果而进行的以验证实验结果、巩固和加强有关知识内容、培养实验操作能力为目的的重复性实验。优点:①这类实验的目的明确,实验步骤规范,结果已知,比较容易达到实验目的。②受季节、课时因素的影响小,可以较灵活地安排。缺点:①教学效果不明显。验证性实验犹如一道已揭过谜底的谜语一样,缺乏吸引力,学生对实验的过程、现象和结果往往不予以充分思考,实验质量不易提高。②束缚学生的思维。生物教学实验多数属于此类实验。例如,验证人体呼出的气体中 CO_2 含量增多的实验、植物光合作用产生淀粉的实验。探究性实验是指实验者在不知道实验结果的前提下,通过实验、探索、分析、研究得出结论,从而形成科学概念的一种认识活动。优点：①这种实验的内容是没有学过的新知识，学生有新奇感，容易产生浓厚的兴趣，能充分调动起学习的积极性，改变落后的学习和思维方法，有利于学生观察、分析、解决问题以及实验操作能力的培养。②由于实验的过程就是学习新知识的过程、探索的过程，在此基础上学习课本内容就能更深刻地理解、掌握。

(5) 按照实验中量和质的关系，可分为定性实验和定量实验。定性实验是指定性判断实验对象的各种属性，定性确定生物体结构与功能等的实验。定量实验是指为了深入了解生命的本质特征、揭示各个因素之间的数量关系、确定某些因素的数值等而进行的实验。

(6) 按照实验在科学认识中的作用，可分为对照实验、模拟实验、中间实验。模拟实验是指在科学研究中，由于受客观条件的限制，不允许或不能对研究对象进行直接实验，为了取得对研究对象的认识，可通过模拟的方法，选定研究对象的替代物（即模型），模拟研究对象（原型）的实际情况，对替代物进行实验。例如，美国科学家米勒模仿原始地球大气层的气体，在封闭的玻璃仪器中探讨生命起源的实验就是一个模拟实验。中间实验是指在科学研究中已取得初步成效，在生产应用前必须进行的一种模拟生产条件的实验。这种实验方法一般应用于农业、药学科学研究和工程技术试验中比较复杂、规模又比较大的研究项目，以便通过中间实验来最后确定其科研成果能否应用于生产的科学价值。

二、高中生物新课程的实验内容

必修部分的实验见表 2-9 所示。

表 2-9　高中生物新课程必修部分的实验

模块	序号	实验课题	类别	级别
生物 I	1-01	观察细胞中 DNA 和 RNA 的分布	技能	I
	1-02	检测组织中还原糖、脂肪和蛋白质	技能	I
	1-03	使用显微镜观察多种细胞	技能	I
	1-04	观察线粒体和叶绿体	技能	I
	1-05	通过模拟实验研究生物膜的透性	探究	III
	1-06	观察植物细胞的质壁分离和复原	验证	II
	1-07	探究影响酶活性的因素	探究	IV
	1-08	叶绿体色素的提取和分离	探究	III
	1-09	探究酵母菌的呼吸方式	探究	III
	1-10	模拟研究细胞表面积与体积的关系	探究	III
	1-11	观察细胞有丝分裂	验证	II

续表

模块	序号	实验课题	类别	级别
生物Ⅱ	2-01	观察细胞减数分裂	验证	Ⅱ
	2-02	制作DNA分子双螺旋结构模型	技能	Ⅴ
	2-03	模拟植物或动物性状分离的杂交实验	验证	Ⅱ
	2-04	低温诱导植物细胞染色体加倍	探究	Ⅳ
生物Ⅲ	3-01	探究植物生长调节剂对插条生根的作用	探究	Ⅳ
	3-02	利用计算机辅助模拟人体内稳态的维持	验证	Ⅱ
	3-03	模拟尿糖的检测	验证	Ⅱ
	3-04	探究培养液中酵母菌群的数量动态变化	探究	Ⅲ
	3-05	土壤中动物类群丰富度的研究	探究	Ⅲ
	3-06	探究水族箱(或鱼缸)中的群落演替	探究	Ⅳ
	3-07	设计并制作生态瓶	技能	Ⅴ

新课程的必修部分建议安排22个实验。"分子与细胞"模块不仅实验数目多,而且有各种实验类型,其原因是该模块知识涉及细胞结构的动态变化,以及细胞内物质的代谢变化,便于安排一些适合学生观察、测定、验证或探究的实验活动。"遗传与进化"模块的知识,主要是从细胞水平和分子水平阐述生命的延续性,适合学生在课堂上完成的实验课题则偏少。

选修部分的实验见表2-10所示。

表2-10 高中生物新课程选修部分的实验

项目	主要实验内容
微生物的利用	1. 平面培养和分离大肠杆菌菌落 2. 用土壤浸提液进行细菌培养(仅以尿素为氮源),并测定菌群的生长状况 3. 分离并观察土壤中纤维素分解菌,讨论这类微生物的应用价值
酶的应用技术	4. 检测果胶酶活性,观察其对果汁形成的作用 5. 尝试在适宜温度、pH等条件下,用脂肪酶、蛋白酶洗涤衣物上的油渍、汗渍、血渍 6. 尝试制备和应用固相化乳糖酶,并检测牛奶中乳糖的分解状况
生物技术与食品加工	7. 设计简单装置并用于提取某种芳香油 8. 制作米酒,再由酒酿醋,设计并安装生产果汁酒或醋的装置 9. 制作腐乳并分析影响腐乳品质的条件 10. 制作泡菜并用比色法测定其亚硝酸盐含量
生物技术的其他利用	11. 用植物组织培养法培养花卉幼苗,并进行露地栽培 12. 提取血清中乳糖脱氢酶,并分离其同工酶 13. 将某个DNA片段进行PCR扩增
基因工程	14. DNA的粗提取和鉴定

思考题

1. 新课程标准下的生物学实验技能内容包括哪些?
2. 你如何看待新课程标准下的生物学实验技能培养目标?
3. 中学生物学实验设计应该遵循哪些原则?其中最基本的原则是什么?
4. 请尝试设计一个实验,并指出在设计中你使用了哪些原则。
5. 国外学者对实验分类有哪些共同点?
6. 我国学者对中学生物学实验分类有何差异?

第三章 演示实验教学

演示实验是教师为了向学生提示所研究问题的发生发展状况,引导学生进行观察和思考以便形成概念、规律的实验方式,是学生进行观察和获得感性认识的重要源泉,是发展学生观察力、注意力和思维能力的重要途径。它是教师结合课堂教学内容的需要用演示的方法进行的实验教学,是一种直观教学方法。在演示实验中,一方面,教师正确规范的操作对学生操作技能的培养和严谨科学态度的形成等具有潜移默化的正向引导影响;另一方面,通过精心设计的演示实验,可使教学的重点、难点知识形象化,从而使演示实验起到很好的辅助教学的作用。

课堂演示实验教学是生物实验教学的重要组成部分,它符合学生在课堂学习过程中从感性认识到理性认识的规律,有助于学生快速地掌握生物学的基本概念及规律;有助于激发学生学习生物学的兴趣,调动其学习积极性;有助于培养学生的观察能力、实验能力和思维能力,同时也有助于学生科学态度的养成。但是,目前不少中学和不少教师忽视演示实验,盲目用多媒体代替课堂演示实验,演示实验的作用没有得到充分的发挥。因此,学校和教师必须对演示实验有足够的认识,在此基础上改革演示实验的教学,以实现其特有的教学功能。总之,教师应充分重视演示实验的教学价值,努力提高自身的实验素质技能,在教学实践中积极探索来发挥演示实验的作用。

第一节 演示实验教学概述

一、演示实验教学的理论依据及概念

在生物教学中,无论是传授生物学基础知识,还是训练生物学基本技能,如果单凭教师用语言和文字这些抽象的符号进行教学,学生看不到生物具体的形态、构造和生理活动,是很难形成正确表象的,远不如直接作用于感官所产生的知觉那样具体、鲜明和记忆长久。心理学研究表明,人类的学习过程是通过自身的眼、耳、鼻、舌、身等感觉器官把外界的信息传递到大脑,经过分析、综合从而获得知识的过程。心理学家特瑞拉得出了这样的结论:我们的学习1%是通过味觉,1.5%是通过触觉,3.5%是通过嗅觉,11%是通过听觉,83%是通过视觉。因此,课堂演示实

验教学,能让学生从多种信息通道,尤其是视觉通道得到感性认识,继而在老师的启发和帮助下,理解知识的内涵。课堂演示实验教学能使学生充分利用不同的感官从不同的侧面去感受事物的各种属性,使学生获得更加丰富的感性认识,使所学的知识印象深刻,记忆牢固。

学生学习自然科学知识,一般总是从感知具体的物质和现象开始,从自己已有的知识出发,在教师的组织引导下,经过从已知到未知、由表及里、由浅入深,有层次地由感性认识上升到理性认识。感性认识是理性认识的基础,只有从感性材料出发才能理解抽象的概念,感性认识越丰富,对概念的理解就越深刻。所以在自然科学的教学中,应尽可能地利用各种直观手段,给学生提供尽可能多的生动形象的感性材料,以获得丰富的感性认识,然后,引导学生通过思维活动逐步建立起事物一般的表象,归纳出事物主要的本质特征或属性,由感性认识上升到理性认识。

因此,演示实验教学符合从生动的直观到抽象的思维这一认知规律。实践证明,生物教学借助于直观形象的演示,有助于解决生物学中比较抽象、复杂的问题,有利于学生思维的发展及能力的培养和提高。可见,生物演示实验教学在生物教学中具有举足轻重的作用。

演示实验是以上述教育学、心理学理论为依据,为完成教学目标,结合教学内容,由教师或学生操作、表演示范的实验,是一种最有效、最直观的教学手段,也是教师施展教学技能的独特形式,更是深受学生欢迎的教学方法。它能把抽象问题具体化、枯燥知识生动化,从而更容易突破难点,完成教学目标。通过演示实验可以帮助学生形成生物学概念,进一步理解和掌握生物学知识。演示实验是学生进行观察和获得感性认识的重要源泉,是教师讲解生物学概念、规律的基础,也是培养学生观察力、注意力和思维能力的重要途径。

二、演示实验教学的特点

1. 灵活性

一般演示实验所要求的设备比较简单,操作比较方便,可塑性强。在教学过程中可以采用边演示边讲述或是边演示边谈话的方法进行,也可以先演示后讲解,或是先讲解后演示;可以演示实验的全部过程,也可以演示其中的一部分。有些演示实验需要较长时间,因而在课堂上只能演示其中的一部分,可以只演示实验的开始几个步骤,也可只演示实验的最终结果。有些实验会因为学生的知识和技能不足或者是由于实验设备、教学时间的限制而无法实施,可将有关的学生实验进行一定的简化,改为课堂演示实验,在一定程度上弥补由于实验少给教学带来的不足。

2. 时间性

课堂演示实验教学是对时间要求比较高的一种教学形式。一方面课堂演示实验应尽可能在一个单位的教学时间内完成;另一方面许多课堂演示实验对季节条件有一定要求。当有多个演示实验可供选择时,在不影响教学效果的前提下,应尽量考虑选择比较节省时间的演示实验。对于时间跨度比较长的演示实验,要尽可能让学生观察到完整的实验过程,以加深学生对内容的理解。例如,演示"光合作用需要光"这一实验,可让学生提前完成植株的饥饿处理以及叶片的遮光处理等步骤,在课上教师只需做检验叶片的遮光部分与叶片的不遮光部分中是否存在淀粉的演示实验。演示内容与课堂教学内容是相关联的,选择有关生物实验材料时,应考虑材料生长的季节性。比如有关的教学内容正好安排在秋季,那么选择演示实验的有关生物材料时,必须考虑秋季生活的(动物、植物)材料。在准备演示实验时,还要考虑到在不同季节、不同天气情况下由温度和光照不同所带来的对演示实验结果的影响。许多教师在预备实验时,常能得到预期的实验结果,但正式上课时,却可能由于天气的变化(如温度降低、天气转阴光线不足)而影响演示效果,在这种情况下,可以通过加光(用灯光照射)和增温(使用恒温设备)来改善实验效果。

3. 简洁性

演示实验不包含复杂的操作过程、复杂的实验操作技巧和复杂的设备仪器,也不要求学生有复杂的知识背景。演示实验的目的是用已掌握的知识内容来解释较深奥的科学知识。由于课堂教学的时间限制以及环境的限制,演示实验在设计上必须要精巧,演示结果要一目了然。

4. 直观性

演示实验不同于普通的实验课教学。多数情况下,课堂演示实验是由教师在讲台附近进行操作的,因而不论是在设计演示实验方案时,还是进行演示实验操作时,都应考虑到要保证使全班同学能够观察到演示实验操作的全过程,同时实验的结果也要清晰明了。

三、演示实验教学的作用

1. 促进学生对知识的理解和掌握

演示实验将学生不易理解的抽象知识具体化,使学生首先获得感性认识。在此基础上,学生通过教师的启发,经过积极的思考,很快形成正确的概念并理解和掌握有关知识点。演示实验的一个显著特点就是直观性。通过实物或是实验的演示,将知识具体化、形象化,同时在教师的启发指导下,学生将获得的准确、立体和动态的感性认识,经过归纳、总结,上升为生物学的基本理论知识。以验证、巩固知识为主的演示实验能够通过明显的现象来加深学生对知识的理解;而以获得新知识为主的演示实验,其新奇的现象能够激发学生的好奇心和求知欲,学习的积极性也被调动起来,学生的学习也由被动变为了主动,学习效率提高了,思维也变得活跃,对知识的掌握和运用也就更快速灵活。

做好课堂演示实验,既有利用模型、挂图和标本等静态直观教具吸引学生注意力的优点,又有通过演示实验动态变化过程调动学生各个感官一起活动的特点,能大大提高课堂教学效率。例如,在讲述血红蛋白特性时,教师可用一块新鲜的猪血来演示说明。猪血放置盘中,暴露在空气中的部分表面呈鲜红色,与盘接触的一面因缺氧而呈暗红色,学生在观察中不仅很快掌握了血红蛋白的特性,还能更好地理解动、静脉血的概念。

演示实验具有典型性,它能创造一个确实的、排除干扰的教学情境,使学生的注意力高度集中,对实验产生的各种变化现象和条件进行严密精细的观察,从而掌握事物的本质和规律。因此,演示实验是学生主动探索新知、获取新知、巩固新知的有效途径和方法,对提高学生科学素养具有重要的作用。

2. 活跃课堂气氛,激发学生学习兴趣

兴趣是学习活动中最活跃的因素,它是学生力求接触和认识某种事物的意识倾向,对学生的学习活动起着推动作用。课堂演示实验教学通过看得见、感受得到的现象,使学生在良好的情绪状态中学习,很容易提高学生的学习兴趣。良好的课堂教学氛围,会使学生由被动学习变为主动学习。例如,在解答鱼为什么吞水的现象时,教师在鱼嘴边滴一滴墨水,让学生观察墨水是被吞进肚里还是从鳃盖出来,由此说明鱼儿吞水的目的。形象生动的演示结果,会使学生产生强烈的认识冲动,从而摆脱被动学习的心理状态,能很快掌握有关的知识内容。

教师在演示实验的过程中,可以采用系列启发性的问题来引导学生对实验的整个过程进行有目的的观察,同时引导学生运用整体和部分、现象和本质等辩证法原理来对实验现象进行分析和推理,培养学生正确的观察方法和能力,也有助于学生思维能力的提高。

例如,"呼吸作用"演示实验,将一条小鱼放入含 0.1% BTB(溴代百里酚蓝溶液)溶液的试管中,并通过投影仪投射到屏幕上,过一段时间试管中溶液的颜色将会发生变化。随着溶液颜色的逐渐改变,学生的学习兴趣一定会不断地被激发。观察形象生动的演示结果,学生会产生强烈的认识冲动,并形成最佳的心理状态,经过教师的讲解和自身的积极思考,能很快掌握有关的知识内容。这样学生的注意力、观察力和学习的积极性都会有明显的提高。

3. 培养学生的科学态度

教师在演示实验教学中起着言传身教的作用,是学生学习的榜样。因此在演示实验中,教师要按实验要求熟练、规范、正确地操作,力求实验成功,同时教育学生要以严谨的态度对待实验,对于在演示操作过程中出现的意外情况应认真分析,找出发生这些情况的原因,以培养学生实事求是的科学态度。

在进行演示实验教学时,根据教学要求,教师要向学生介绍有关演示实验的设计方法、实验注意事项、实验设备的准备、实验仪器的使用、药品的配制等知识内容,并对实验结果进行分析和说明。通过演示实验的教学,学生可以初步了解和掌握生物学科学实验的基本思路、基本技能和基本方法。例如,在进行植物光合作用内容的教学过程中,介绍完光合作用的基本内容后,向学生提出如何验证光合作用产生氧,启发学生认识到由氧气的特性是不溶于水并可使余烬的火柴复燃出发来证明氧气的存在,然后继续引导学生思考如何选用实验材料,如何设计实验步骤,如何确保实验成功,从而使他们的科学实践能力逐步得到发展。

4. 培养学生的综合素质

在生物学教学过程中,要培养学生的综合素质,关键在于培养学生良好的观察力和注意力,以提高学生分析问题和解决问题的能力。在演示实验教学中,教师要引导学生进行有目的的观察,使学生对事物的观察减少盲目性,抓住要观察的重点。教师在指导学生观察的基础上,有意识地引导学生在通过观察所得到的感性知识的基础上综合归纳,逐步形成理性认识,培养学生的综合思维能力。比如初中生物新教材"气体交换"一节中,增设了演示实验"人呼出的气体"。教师请一位学生上讲台进行演示,用左右手的手指交替压紧橡皮管,连续进行多次呼吸,当其中一个烧瓶中的澄清石灰水越变越混浊时,全班学生都观察得十分认真。教师再引导学生思考:"为什么需要两个装有石灰水的烧瓶"、"实验结果证实了什么"等一系列的问题来启发他们的思维。

科学精神是一个人综合素质的重要体现,它包括求真精神、理性精神、求实精神、创新精神等方面,而演示实验正是以事实为基础所进行的实践活动,它反映的是自然界运动变化的客观规律。因此,在自然科学的课堂教学中,如果能够始终坚持运用演示实验的教学方法,坚持"实践是检验真理的唯一标准"的观念,那么,演示实验的教学方法必将对素质教育做出更大的贡献。例如,在引导学生对实验现象进行观察并得出结论时,注意提倡反向思维、批判性思维,不要迷信权威,要有求实精神。如有学生在做"种子萌发"实验时,发现有些种子去除种皮也能萌发,就提出生物课本(人教版第一册)中所说的"种子萌发的条件之一是种子必须是完整的"的说法不太准确。同学们提出了新观点,体现了实践的重要性。如果不是进行演示实验,学生不会发现这一点。

培养学生的观察能力和思维能力是素质教育的重要方面,演示实验在这里起着不可替代的独特作用。因为,学习自然科学(包括小学的自然,中学物理、化学、生物等课程)必须有一定的观察能力、实验能力。这些能力是不可能仅靠教师的讲解就能培养起来的,而只有在相应的实践活动中才能得到发展。例如,在观察与实践中,需要用精细敏锐的感知力和观察力,去及时"捕捉"一些重要现象,从而培养观察能力;在研究原因、结果,形成概念的过程中,要进行概括、抽象等逻辑思维和辩证思维,从而培养学生的思维能力;通过想象、假设能锻炼和培养想象能力、创造能力;在实际操作中,还能培养学生的实践操作能力和解决问题的能力。这些能力的培养都是与素质教育紧密相关的。

中学生物教材中的生物学史是极好的创新思维能力训练的材料。教师可通过对生物学史中重要结论产生过程的再演示,让学生追寻科学家的思维过程,从而培养学生的创造性思维能力。例如,在学习"光合作用"一节时,结合光合作用的发现过程,有位教师是这样设计的:第一步,提出思考问题:一粒小小的种子长成参天大树,所需营养是从哪里来的?你能设计实验证明吗?因为初一学生还没学过光合作用,会有各种猜测,然后介绍1648年海尔蒙特的实验,证明了水分对植物的重要性。第二步,向学生演示1773年英国科学家普利斯特利用玻璃罩、植物、点燃的蜡烛、小白鼠所做的一系列实验,与学生一起分析这些实验,得出植物能够吸收二氧化碳、放出氧气的结论,启发学生能否设计出其他实验方法来证明这个结论。第三步,引导学生在暗处重复一遍普利斯特的实验,结果失败,引导学生分析原因,得出光合作用需要阳光的结论。光合作用就是这样经过科学家一代又一代的努力,最终被发现了。这样,通过对科学发现的再演示,沿着科学家的思维阶梯,在教师精心营造的探究情境中,同学们不仅学到了新知识,而且训练了思维方式。

第二节 生物演示实验教学中常见的问题

目前,中学生物实验的开设率较低,演示实验的地位和作用更是不受重视。有人曾对某一学校从初二到高三的10个班级的486名学生做了一个调查,结果发现,喜欢演示实验的学生比例是比较低的,最高为50.5%,不喜欢演示实验的学生比例高三最高,其次是初三,持一般态度的各年级的学生约占一半(49.7%)(表3-1)。这说明在生物教学中演示实验的教学仍是薄弱环节,其功能远没有得到充分发挥。

表3-1 中学生对演示实验的态度(%)

情感态度	年级					
	初二	初三	高一	高二	高三	平均
喜欢	50.5	35.5	32.1	47.1	26.2	38.3
一般	43.1	50.5	62.5	41.3	51.2	49.7
不喜欢	6.4	14.0	5.4	11.6	22.6	12.0

从中学生对演示实验所持的态度来看,喜欢的原因主要是:①觉得有趣;②教

师操作准确,成功率高;③为了学好课本知识;④为了学会实验操作。持一般态度或不喜欢的原因是:①自己不能参与,印象不深;②人多,看不清;③弄不明白老师为何那样做;④不清楚实验原理。

演示实验具有生动、直观、形象的特点,极易引起学生的直接兴趣。但调查结果和教学实践都表明,在当前中学生物教学中,用语言描述代替演示操作,不做或少做演示实验的现象仍相当普遍。即使做演示实验,也没有达到应有的教学效果。这是喜欢演示实验的中学生的比例较低的根本原因。从学生喜欢演示实验的原因来看,大部分学生还停留在学好课本知识和学会实验操作的水平上,而没有提高到培养观察能力的高度来认识,这与教师不重视演示实验操作的观察指导,存在着为演示而演示的倾向有关。在不喜欢演示实验的学生中,有相当多的学生想亲自动手操作,在初中学生中表现得尤为突出。这与中学生的好奇、好动的性格是密切相关的。作为教师应积极创造条件将演示实验改为学生实验,以适应中学生心理发展的需要。

研究者在调查中发现,在不喜欢演示实验的学生中存在着一种倾向,认为教师做实验的目的就是让大家掌握课本知识,有时自己能看懂课本上的知识,就没有必要再看老师的演示了。这一点在高三学生中表现得最明显。教师应对学生加以引导,提高他们对演示实验重要性的认识。在不喜欢演示实验的学生中,也有一部分学生是因为没看清老师做的实验,或不明白老师为什么这样做,从而失去了对演示实验的兴趣。

一、演示实验教学中存在的主要问题

虽然演示实验具有很好的直观教学性,但是在演示实验的过程中,有些教师并不能很好地运用这一直观教学手段。一方面由于实验条件的限制,实验设备配置和管理方面的限制,教师心有余而力不足;另一方面,有些教师对这一直观的教学手段认识不够,忽略了演示实验的优越性。目前,演示实验教学存在的主要问题有以下几个方面。

1. 直观性受影响

由于教师做演示实验时不能兼顾教室里所有的学生,导致教室后面有部分学生不能看清楚演示过程,久而久之会影响他们的学习积极性。

2. 教师私自更改演示实验的数量

有些实验是需要学生分组实验、亲手操作的,但有的教师图方便,把这部分实验全部或少数改为演示实验,使学生失去了动手的机会。而有些实验只需要演示就可以使学生搞清楚所学的知识,不需要让学生自己动手,学生实验过多也会造成时间的无谓浪费。

3.教师错误操作影响学生

有些教师的实验操作能力不强,在进行演示实验时会有些错误操作,这样就会影响学生实验操作技能的习得和掌握。

二、存在问题的原因

造成中学生物实验教学薄弱的因素是多方面的,主要有几下几点。

其一,教师本身的实验技能有限,再加上对演示实验教学的优越性认识不足,使得一些教师不愿进行演示实验的教学。

其二,不少学校教学经费不足,仪器设备陈旧简陋,限制了演示实验教学。

其三,应试教育的影响。由于中考及高考的压力,很多学校不愿花时间在演示实验的教学上,课堂教学多限于在理论上讲解知识及其试题的应对策略。

第三节 演示实验教学的优化策略

一、演示实验教学的方法

1.合理使用实验仪器,提高直观有效性

在演示实验中,实验仪器的位置要适宜,有关仪器设备安放的角度,不要遮住学生的视线,要使所有的学生都能观察到演示实验的整个过程。同时演示桌上只能放置与实验有关的材料和用具,暂时不用的材料和用具应放在学生视野之外,以免分散学生的注意力。为了突出观察的目标,可用染色法来增强被演示物与背景的反差。例如,"渗透作用"所用的蔗糖溶液是无色透明的,增加颜色可使结果更加醒目。对于小型材料可以采用巡回演示法进行演示,也可借助投影设备将微观变为宏观。必要时,复杂的实验应先画好图解,或用其他直观教学手段,辅助学生观察。例如,我们可以借助多媒体投影、录像或相关的模拟实验的 Flash 课件,插入课件,在演示实验前或实验后播放,帮助学生了解实验原理或更清楚地展示实验现象的效果,也能弥补后排学生看不清楚的一些遗憾。

在人教版的初中生物教材中,"植物细胞的吸水和失水"这一演示实验,所选用的材料是萝卜条和马铃薯块,但实验时间都较长且效果不明显,而采取"用天平称质量"的方法,效果就较好。材料改用黄瓜,放黄瓜前天平平衡,放入质量相等的两片黄瓜,2~3min 后把黄瓜取出,天平斜了!通过这样的改进,直观性更强了,学生更容易得出结论。

2.科学设计实验方法,确保科学准确性

在设计实验时,要注意不断地改进实验仪器、实验材料和实验方法,使演示效果更加明显。对演示过程中可能出现的问题要进行充分估计,对可能影响演示结

果的各种因素都要进行分析,并采取相应的措施,减少各种因素对演示实验结果可能产生的不利影响。比如渗透作用的实验,有不少教师进行了改进,将玻璃纸改为易取材的鸡蛋卵膜或鱼鳔,将无色的蔗糖溶液滴入红墨水等都加强了实验的直观性和可操作性。

在演示实验教学中,教师必须注意严格按实验操作规范熟练正确地操作,使整个演示真实可信,并确保演示实验的顺利成功。对于在演示操作过程中出现的意外情况,一定要科学地对待,引导学生自己思考并找出原因,以培养学生实事求是的科学态度。例如,初中生物"呼吸运动与膈的运动的关系"演示实验中,用无底瓶子作成的膈肌运动与呼吸的关系模型,是生物教学中的一个经典模型,但由于操作上的错误以及模型的缺陷性,会得出恰好相反的结论。问题就出在实验中,需要对实验装置进行改进:一要让自然状态下的橡皮膜稍向瓶内突起;二是让瓶内(由瓶内壁、橡皮膜和气球等围成的内空间,可认为是胸膜腔)处于负压状态,并保证其气密性。实验模型改进后,其优点是更接近真实的器官所处的状态,再配以改进后的操作方法,即可得出较为理想的效果。

3. 精心选择实验内容,服从教学目的性

演示实验是课堂教学有机整体的一部分,选择演示实验要以突出教学重点和解决教学难点为目标。要精心地选择演示实验内容,使演示实验有助于讲清重点、突破难点。例如,有关光合作用内容教学的演示就相当多,有的演示实验用于说明光合作用过程中有二氧化碳的参与,有的演示实验用于说明光合作用过程中氧气的产生,有的演示实验用于说明光合作用过程需要光,还有的实验用于说明光合作用只吸收一定波长的光。在生物材料选择上,有的使用一片叶子,有的使用植物提取液,有的使用水生植物,还有的使用陆生植物。可用于光合作用演示实验的生物材料种类也千差万别,要善于根据教学的实际要求,对材料进行合理的选择。

传统的演示实验基本都是教师做、学生看,但常常是走马观花,学生看完后印象不深。因此,有必要对部分简单易行的演示实验进行改进,变教师演示实验为学生动手的"表演"实验,或是分组实验,有时可收到意想不到的效果。如"植物生活需要无机盐"、"植物散失水分"、"水分和无机盐通过导管向上运输"等实验,完全可以由学生自己去做,其效果将会更佳。也可以根据教学的实际情况添加一些实验。例如,稳态的概念具有一定深度,包含的内容又很广泛,血浆 pH 稳态测定比神经系统和激素等调节内环境的稳态测定更容易操作,为了帮助学生理解稳态这个知识点,根据教材提供的内容,可以添加"血浆 pH 稳态的验证"演示实验。

4. 认真做好实验准备,增加成功把握性

充分的课前准备是演示实验成功的保证。要按照教学目的,根据演示实验的设计和实际条件进行合理安排,认真做好实验器具、实验试剂药品、实验材料和一些必备辅助教具的准备工作。做好有关实验用品的清单卡片,上课前要逐一对照检查后带入教室,以免影响演示实验的正常进行。做好预备实验,保证教师的实验操作娴熟规范,同时可以尽早发现演示过程中可能出现的问题,以便及时对实验进行改进。通过预备实验,还可以找出学生可能出现的疑难处或忽略处,以便设计好有关的提示。

5.细心指导实验过程,增强教学启发性

在教学过程中,应该使讲授内容与演示操作恰当地配合,充分启发学生进行观察和思考,引导学生在演示操作过程中发现问题和提出问题,特别是要在思想上明确演示的目的在于使学生获得知识和能力。因此,应该及时把学生在观察中所得到的感性认识提高、概括,形成概念和规律,发展学生的思维,切不可为演示而演示。

在讲解演示实验时,要把关键的步骤交代清楚,注意使讲述语言与演示操作配合起来,消除学生不必要的疑问。注意深入挖掘教材,对实验的每个环节,有针对性地设疑质疑,让学生带着问题观察,既有利于提高演示实验教学效果,还能提高学生解决问题的能力。语言要有启发性、指导性,及时把学生在观察中所得到的感性认识总结提高,使之形成概念和理论。例如,初中生物(人教版)第一册(上)第六章第三节"茎的输导作用"中编排了"水分和无机盐通过导管向上运输"的演示实验,一位教师在教学中将这个演示实验改为一组对比实验,具体做法如下。剪取 3 段粗细相似的带有 3 或 4 片复叶的月季枝条分别做以下处理:甲枝条剥去树皮,保留木质部和髓;乙枝条剥去树皮,并用解剖针破坏髓,只保留木质部;丙枝条去掉木质部和髓,只保留树皮。然后将 3 段枝条同时插入清水中,放到阳光下,观察发生的现象。利用这段时间引导学生讨论几个有意义的问题,然后再思考一些探究性问题,加深学生的思考。该实验的优点是:通过讨论和思考题,使学生把所学知识联系起来,同时培养了学生运用知识解决问题和设计生物实验的能力,对发展学生智力和培养能力都起到了很好的效果。

二、促进生物演示实验有效教学的途径

提高教师的实验素质技能是促进生物演示实验有效教学的前提。生物演示实验教学的关键在于教师,教师的基本技能直接影响着演示实验的开设和效果。要想提高教师的实验素质,具体的做法如下。

1.开展演示实验专题讲座

主要围绕问卷调查,进行统计和分析,了解演示实验中存在的问题和操作中面临的困难,根据调研广泛征求一线教师们的意见,聘请实验教学经验丰富的教师和专家开设专题讲座,提高演示实验理论水平和实践能力。

2.撰写演示实验细则

组织经验丰富的教师对生物学教材中的演示实验制订具体的实验细则(实验目的、实验材料的选取、成功的关键、注意事项和实验的改进等),让演示实验的操作都能有所依据。

3.演示实验竞赛

举办演示实验竞赛,调动所有生物学教师参与的积极性,提高教师演示实验的设计和操作能力。课堂教学的评价一方面要求通过演示实验的观察、分析和总结,让学生亲身经历知识的形成过程,充分发挥实验的作用;另一方面要求教师要有全新的教学思想,突出学生的主体地位,让学生真正成为课堂的主人。如果说演示实验竞赛是对教师自身素质的一个考验,那么优质课的较量则是将教师拥有的内在素质转化为学生素质的提高。这一点对每位教师来说都是一个充满刺激的挑战,是一个实现自我、超越自我的良机。

4.简约并有效地利用资源

虽然由于学校经费的不足,尤其是一些贫困地区的中学,实验仪器与设备无法马上更新,但是,生活中可以利用的资源是很丰富的,最重要的是教师在教学实践中要用心去挖掘,创造条件,就地取材,因陋就简地努力搞好生物实验教学。例如,山东省枣庄市第七中学的两位教师就利用废饮料瓶改进初中生物演示实验,并取得了较好的效果。

三、演示实验的教学模式

1.验证、巩固知识的演示实验教学

先授课后实验。一般在讲授新课后进行,以达到加深理解、强化记忆的目的,用来巩固和印证所授知识。此类实验教学是推理判断在前,实验验证在后,是一种从一般到特殊的认识方法——演绎法。其教法是教师在开始讲一段内容时先提出结论,然后一边演示,一边说明,最后用实验结果证明开始提出的结论是正确的。教师可以根据学生具体情况,让他们参与设计演示实验的方法和步骤,从而来帮助学生巩固已学知识和培养学生应用知识解决问题的能力。同时此类实验教学是在学生获得新知识后进行的,因而学生是在已有一定理论和知识的基础上进行观察,所以能预见实验的结果,教师可利用这一特点来启发学生思维,充分运用和巩固已学的知识。若演示实验的结果部分,必须在演示前向学生介绍前段的实验情况,既可以由教师讲述,也可以请参加过前一段工作的学生汇报,还可以出示前一段实验装置。若演示的只是一个需较长时间才能完成的实验的开始部分,则实验的过程和结果必须在课后组织学生继续观察,教师应事先拟好详细观察提纲或表格,提出具体的观察要求,指导学生观察的方法,完成实验记录。

例如,讲授"食物中的营养成分"时,教师可先列举一些生活实例,启发学生思考、讨论食物中可能具有的成分。在学生思考、讨论并获得一定知识的基础上,教师再通过演示实验加以验证。实验中,学生们发现加热干燥的小麦种子后在试管内壁有水珠生成,挤压花生的一片子叶会在白纸上留下油渍等。通过这些现象,使学生从感性认识上升到理性认识。

2. 获得新知识的演示实验教学

边授课边实验。它是在讲授新课中,教师采用边讲述边演示或边演示边谈话的方式。进行这类演示实验教学时,教师说明讲授的课题后,不暗示任何结论便开始边演示边用语言引导学生观察实验现象,启发学生对实验中某些变化发生的原因进行思考,对实验结果进行分析,从而得出科学的结论或新的知识。采用此类演示实验方法应注意:①在演示时,要引导学生注意观察、思考,让学生看懂实验,注意实验条件和观察实验现象。②演示结束后,应启发学生自己来解释实验现象,并试着做出结论,培养学生的思维能力。③实验完成后,应向学生说明,使用其他实验材料和其他实验方法也能得出同样的结论,让学生懂得实验归纳法的一般认识过程。④可以演示实验的全过程,也可以演示实验的片段。例如,在"显微镜构造"的教学过程中,教师可利用显微镜实物,按照一定的顺序(从上至下或分光学系统和机械系统),对显微镜各部分的结构及其功能一一进行讲解。这样,可使学生掌握显微镜各部分结构名称和作用。

3. 探索式演示实验教学

先实验后讲授。在学生观察演示实验现象的过程中,要向学生恰当地提出问题,让学生在观察中进行思考,尝试解决问题,提高学生观察问题、分析问题和解决问题的能力。如在演示"植物的蒸腾失水"实验时,提出下列问题:

(1)两支试管内的水面上为什么要滴植物油?
(2)应将装置放在什么样的场所?
(3)两个塑料袋内将出现什么现象?
(4)试解释发生上述实验现象的原因。

学生边观察老师的演示,边思考,边讨论,就会对植物的蒸腾失水的原理及意义有深刻的理解。

又如在探究"鱼鳍在游泳中的作用"时,先让学生观察活鲫鱼在水中的运动状态,然后分别剪掉它们的胸鳍、背鳍和尾鳍,引导学生注意观察其运动状态的变化。学生们看到剪掉背鳍的鱼会失去平衡而侧翻,剪掉胸鳍的鱼只能向前游动而不会转弯,剪掉尾鳍的鱼游动速度明显减慢、身体摇摆不定。学生通过分析,对不同部位的鱼鳍在鱼游泳时的作用做出判断,教师再加以讲解,便进一步加深了学生的印象。

四、演示实验的操作要点

1. 实验目的明确

演示实验内容的选择要以突破教学重点、难点为依据,其目的就在于用简单的现象说明较深的知识,用直观现象引导抽象思维。例如,"胆汁对脂肪的乳化作用"这一实验的目的就是让学生明确胆汁中虽然没有消化酶,但胆汁能把脂肪乳化成微小的颗粒,增大了脂肪与酶的接触面积,有利于脂肪的消化,如只用语言描述,学生很难理解,而通过演示实验让学生看到脂肪的乳化作用,教学难点迎刃而解。

2. 实验准备充分

为达到演示的效果,在演示之前,要准备好实验材料、设计好实验过程、考虑一切可能影响实验结果的因素,必要时要对演示实验加以改进,教师自身的操作技能也要规范、熟练。生物学实验材料具有明显的季节性,教材所安排的教学进度不一定与季节相符,所以要提前或推后准备。例如,观察草履虫的实验,就要提前一周采集水样进行培养。其次,在不影响演示效果的前提下,可以根据本地季节、气候和生物实验分布情况,对实验材料做灵活选择和处理。再次,要达到预期的效果,教师应事先对实验操作和观察方法反复研究、不断改进。

3. 实验操作规范

教师的正确操作是学生模仿的范例。因此教师演示时,要注意以下几点:①生物教师在课前做好充分的准备实验,对各种教学仪器的使用和操作的规范化,以免在课堂上产生不规范或不科学的操作,对学生产生负面的影响。②要注意操作的准确性和速度,避免操作速度太快,影响学生的观察。③操作要与讲解相结合,根据教学内容的不同,可以边讲解边操作,教师应把实验所需的材料和用品,实验的方法、步骤向学生说清楚。④要注意整体示范操作与分解示范操作相结合。整体示范操作有助于学生了解操作活动的全貌,而分解示范操作有助于学生了解各个动作的幅度、力量、顺序等方面的特点。条件允许的情况下,教师还可以利用实物展示台配合多媒体投影,以提高演示实验的效果。

4. 实验过程中及时指导

为了达到演示的目的,教师应及时指导学生明确观察的目的、观察的方法。学生有了明确的观察目的,就会按照要求认真细致、突出重点地观察,对感知的反映就越完整、越清晰,观察效果就越好。当学生对演示过程和演示现象进行观察时,教师引导学生按一定的步骤和顺序观察。例如,按时间先后,按位置的远近,按结构的整体和局部、内外,按事物发展的过程等,系统、有条不紊地进行观察。同时,要循序渐进地指导学生学会观察生物现象的方法。如顺序观察和重点观察,动态观察和静态观察,定性观察和定量观察等。这些观察方法,有利于学生加深对观察对象特征的认识,印象深刻,记忆牢固,能培养学生良好的观察习惯和提高思维能力。

5. 实验现象明显

演示实验中应有明显的实验现象,实验效果要保证绝对成功,这也是对教师工作能力的考验。实验装置应放在醒目的地方,要让全体学生都看到装置和实验效果。如果演示效果不明显,易给学生留下"做不做实验一个样"的印象,甚至还形成错误的结论。

6. 实验结果总结

在演示结束时,要引导学生对实验现象和结果进行分析总结。总结一般有口头总结和书面总结两种方式。做书面总结时,要将观察记录的材料加工、整理,也可附上图表,最后写出报告。通过总结不仅能提高观察能力,还能提高文字、语言的表达能力。

现通过一个案例来具体分析演示实验的作用和实施要点。

在"对'渗透现象'演示实验的改进"中,教师经过对此部分内容的多次教学实践,发现高中人教版新教材安排的"水分通过半透膜进入蔗糖溶液"这一演示实验存在一些不足,在经过改进后,其效果变得更好。

改进方法一是实验装置的改进:玻璃纸改为半透过性更好的鸡蛋膜;无色的蔗糖溶液中滴加红墨水;将装置中的长颈漏斗正放,玻璃管口朝下,鸡蛋膜绑在玻璃管口下,从而提高实验的效率,在较短的时间内就可观察到实验现象。这些改进措施使得实验现象更为直观,可见度更高,学生在观察到红色的液体沿着玻璃管向上升时,就可以根据现象而掌握和理解渗透作用的原理。明显的实验现象吸引了学生的注意力,调动了学生的学习积极性。

改进方法二是将原来的单一演示变为对照演示,增加对照组,在对照组的鸡蛋膜里加入清水。教师提出一系列问题要求学生讨论:①一段时间后,放蔗糖与放清水的膜内液面将如何变化?为什么?②如果在蛋膜内外均是同样浓度的蔗糖,结果将会如何?③如果将蔗糖与清水位置颠倒,将会有什么现象?④如果将蛋膜换成纱布,两个膜内的液面将会发生什么变化?为什么?⑤上述装置中为什么要在另一个半透膜放入清水?⑥两套装置的相同点和不同点是什么?通过这个演示实验,教师不仅可以由浅入深地层层引导学生探究出渗透作用发生的条件和原理,并且,通过对照实验还可以让学生自主构建"常量与变量"、"自变量与因变量"、"实验组与对照组"等实验设计的相关要素。

在传统的演示实验中,由于学生缺少参与机会,其积极性往往调动不起来,自身的主体作用得不到充分发挥,独立操作能力及创造力难以得到培养。因而,我们有必要想方设法将演示实验的空间由教师的讲台向学生的座位乃至更大的范围扩展,可以通过"三改"——改进、改组、改造的方法实现。"改进"是将演示实验由教师独"演"改为师生合"演"。如可将"探究种子呼吸时吸收氧"的实验改为教师将燃烧的蜡烛放入装有干燥种子的瓶内,学生将燃烧的蜡烛放入装有萌发种子的瓶内,进行师生合"演"。"改组"就是创造条件将一些演示实验改为学生分组实验或边实验边探索。例如,在做"观察植物生活需要无机盐"的实验时,课堂上可以增加土壤浸出液和蒸馏水的蒸发对比演示实验,使学生清楚地看到土壤溶液中存在着植物生活所需要的无机盐。"改造"则是将一些课堂演示实验改为学生家庭实验或课外实验,如"植物蒸腾作用散失水分"和"有机物通过筛管向下运输"等实验。

总之,演示实验不仅是实验教学的重要组成部分,也是一种有效的直观教学方法。教师应该充分利用这一资源,使课堂教学能够达到知识性、技能性和情感性的三维教学目标。

思考题

1. 什么是演示实验教学?
2. 演示实验教学有哪些特点,在实验教学中有哪些作用?
3. 演示实验教学中常见的问题有哪些?你将如何解决?谈谈你的看法。
4. 演示实验教学有哪些优化策略?可通过哪些途径来提高生物演示实验教学的有效性?
5. 请你举例说明演示实验教学的几种模式。
6. 通过演示实验达到三维教学目标,实验操作中有哪些注意点?

第四章　验证性实验教学

　　验证性实验教学在生物教学中起着举足轻重的作用,因为学生在对知识的正确与否加以验证的过程中,不仅能发展自己的实验能力,还能够通过实验感受科学发现的过程,从中学到科学的探究方法,这也是学生进行自主探究活动的基础。

　　传统的实验教学被视为辅助性教学环节,且以验证性实验为主,这不仅使实验教学所应有的作用不能得到很好的发挥,同时也束缚了学生的创新思维。新课改后的实验教学最为显著的特征是增加了不少探究性实验,与验证性实验相比,探究性实验在对学生的自主能力、创新能力的培养上的确有着独特的优势。在全面实行新课改的今天,探究性学习已经成了当今较为热门的一个教学理念,但人们似乎又走向了事物的另一个极端:不少教师往往全盘否定过去进行的验证性实验教学,有的甚至在实验教学过程中将所有的验证性实验都设计为探究性实验,这势必会削弱验证性实验教学中对学生实验技能和实验规范的培养。然而,实际上验证性实验教学与探究性实验教学有其相对立的一面,更有其紧密联系的一面:验证性实验中对学生基本操作技能和实验技巧的培养是学生进行探究性实验的前提和基础。忽视了验证性实验教学,探究性实验教学也就成了空中楼阁,只有将两者有机地结合起来,才能真正实现生物教学的宗旨。

　　传统的验证性实验教学模式是学生在教师的指导下运用一定的实验仪器和实验材料等,通过科学的方法呈现生物体的结构或生命活动现象,从中巩固生物学知识,并培养自己的实验技能。这样的实验教学在培养学生实事求是、严谨的科学态度,以及培养学生的实验技能上起着很重要的作用。不足之处是:过于注重习得知识的巩固和提高,学生的主体作用未得到充分的体现;在很大程度上束缚了学生的积极主动性,限制了对学生创新能力的开发。新课程理念下的验证性实验教学应注重优化学生的实验心理、教学过程、设计方法以及实验教学的评价机制,在实验过程中要注重发挥学生的主体作用,如让学生参与实验的准备、实验计划的制订和实验课的管理等,培养学生不盲从教师、不拘泥于教材、敢于质疑的意识和精神,如鼓励他们对实验材料、药品和实验步骤等进行创新改进,这样才能体现新课改的理念,让我们的实验教学更有助于提高学生的科学素养。

　　新课改下的验证性实验教学还应有助于学生科学思维的培养。在知识日新月异的今天,我们无法做到将学生一生所需的知识都教给学生,教知识总是有限的,培养思维能力才是根本,只有通过发展学生的思维能力才能达到培养学生具备一定科学素养的目标。验证性实验教学的设计是从理论到实践,再由实践回到理论。学生的认知方式是,先在课堂上学习概念规律,然后以实验验证知识、规律,从而巩固所学的理论。在验证性实验中,实验的设计是从验证已有的结论入手,学生的科学思维能更多地体现出从抽象到具体的过程,尤其是科学史上的一些经典性实验的模拟和验证,学生在重温科学家们探索历程的过程中,不仅能感悟到科学家们的科学态度和工作精神,而且在体会先人科学智慧的同时,大大发展了自己的科学思维。

第一节 验证性实验概述

一、验证性实验的概念

验证性实验就是在学生既得知识经验的基础上设计出程式化实验方案,再通过学生观察和操作,验证并巩固习得知识,同时培养实验技能的一种实验方式。验证性实验所要验证的结论在验证之前已十分清楚,实验中只需找到与预期结论相吻合的事实即可。在验证性实验中,思维相对比较聚合,指向性也比较清晰。

验证性实验是以事实验证知识,它依据已得的知识结构检验和巩固习得知识并培养实验技能,属于"由理论指导实践,再由实践巩固理论"的认知方式。这种实验不能产生许多新知识,它更偏重的是理论知识的巩固和提高。实施验证性实验的前提条件是,学生必须具备较为系统的知识和能力,因此,验证性实验教学较适于理论知识相对较为丰富的高中生。

验证性实验中从实验材料的选择到实验方法步骤的设计都不是随意的、盲目的,而是有其实验原理作为依据的。验证性实验的结果也是已知的、固定的,即学生通过验证性实验所要达到的终极目标是一致的。例如,在高中生物必修的"观察植物细胞的有丝分裂"实验中,实验的结果都是:观察到根尖分生区细胞处在有丝分裂不同时期的分裂相,并由此识别出不同的分裂时期。再如,七年级上册"观察小麦根尖的结构"实验中,观察的结果都是:根尖的基本结构按照从下而上的顺序由四部分组成,依次是根冠、分生区、伸长区和成熟区。

验证性实验还常用来验证科学史上的一些经典实验,如七年级生物(上)中"绿叶在光下制造淀粉",高中生物必修三中"验证植物的向光性实验"等。这种经典实验的模拟可让学生理解科学家们的思维方式和探索历程,对学生科学素养的形成具有不可估量的作用。

二、现行中学教材中的验证性实验

根据新课标编写的现行人教版初中生物教材中,一共设置了 122 个生物实验,其中验证性实验有 14 个,它们分别是:

(1)显微镜的使用　　　　　　　　　　　　七年级生物(上);
(2)外界溶液的浓度影响根细胞的吸水　　　七年级生物(上);
(3)含氮无机盐对植物生长的影响　　　　　七年级生物(上);
(4)茎的输导作用　　　　　　　　　　　　七年级生物(上);
(5)绿叶在光下制造淀粉(天竺葵)　　　　　七年级生物(上);
(6)绿叶在光下产生氧气(金鱼藻或黑藻)　　七年级生物(上);
(7)绿叶在光下吸收二氧化碳　　　　　　　七年级生物(上);
(8)植物呼吸作用产生二氧化碳　　　　　　七年级生物(上);
(9)绿色植物的蒸腾作用　　　　　　　　　七年级生物(上);
(10)骨的成分与骨的特性之间的关系　　　　七年级生物(下);
(11)食物中含有蛋白质、淀粉和脂肪　　　　七年级生物(下);
(12)模拟血型鉴定　　　　　　　　　　　　七年级生物(下);
(13)测量肺活量　　　　　　　　　　　　　七年级生物(下);
(14)酵母菌的出芽生殖　　　　　　　　　　八年级生物(上)。

根据新课标所编写的现行人教版高中生物教材中,一共设置了 63 个生物实验,其中验证性实验有 12 个,它们分别是:

(1)检测生物组织中的糖类、脂肪和蛋白质　　　(必修 1);
(2)叶绿体中色素的提取和分离　　　　　　　　(必修 1);
(3)观察根尖分生组织细胞的有丝分裂　　　　　(必修 1);
(4)低温诱导植物染色体数目的变化　　　　　　(必修 2);
(5)乙烯对香蕉的催熟作用　　　　　　　　　　(必修 3);
(6)果酒和果醋的制作　　　　　　　　　　　　(选修 1);
(7)腐乳的制作　　　　　　　　　　　　　　　(选修 1);
(8)制作泡菜并检测亚硝酸盐含量　　　　　　　(选修 1);
(9)菊花的组织培养　　　　　　　　　　　　　(选修 1);
(10)月季的花药培养　　　　　　　　　　　　　(选修 1);
(11)DNA 的粗提取和鉴定　　　　　　　　　　　(选修 1);
(12)胡萝卜的组织培养　　　　　　　　　　　　(选修 3)。

三、验证性实验的教学模式

验证性实验教学的模式通常可表示如下(图4-1)。

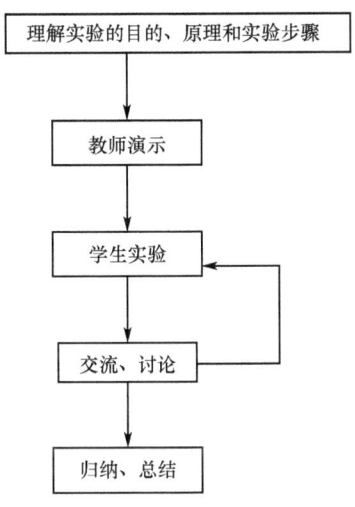

图4-1 验证性实验教学的模式

四、验证性实验与探究性实验的辩证关系

探究性实验是指实验者在不知晓实验结果的前提下,通过自己实验、探索、分析、研究得出结论,从而形成科学概念的一种认知活动。而验证性实验是指实验者针对已知实验结果进行的以验证实验结果、巩固和加强有关知识内容、培养实验操作能力为目的的重复性实验。在探究性实验中,所得到的结论在实验之前具有较大的未知性,因而完成实验的主体在实验过程中思维相对发散,指向性并不清晰。而验证性实验所要验证的结论在验证之前已经十分清楚。正是基于此差异,有人将验证性实验看做一个与探究性实验完全相对立的事物,认为验证性实验不具有探究性。

实际上,中学阶段学生通过探究得出的结论,一般不是真正意义上的科学探究或发现,而是一种再发现或再认识,有时所要探究的结论是凭人们的日常经验或已有知识就能推断的。通俗地讲,有的是在明知结果的情况下进行的探究。例如,江苏教育出版社出版(以下简称苏教版)的七年级(上册)中"探究种子萌发所需要的外界条件"的实验中,学生们根据已有的经验在实验前就已得知:种子萌发需要充足的空气、适宜的温度和适宜的水分等。哈佛大学著名的认知心理学家布鲁纳也认为,探究和发现不限于寻求人类未知的事物,而是包括用自己头脑亲自获得知识的一切形式。可见,探究的本质特征是学生学习的自主性。因此实验是否具有探究性,关键还是看学生在实验过程中是否有自主性。从这一角度来看,无论是探究性实验还是验证性实验,都能为学生学习的自主性提供较大的空间。因此,不但探究性实验具有探究性,验证性实验也具有一定的探究性,只是一般来说,在验证性实验中,学生能够发挥的自主空间相对较小。

再者,验证性实验是探究性实验的前提和基础,而探究性实验又是验证性实验的应用和拓展。若没有验证性实验中对学生实验技能、实验规范和科学思维的有效训练,探究性实验就无从开展。例如,学生如不能完成"检测生物组织中的糖类、脂肪和蛋白质"这一验证性实验,也就无从探究"日常食用的一些食品如奶粉、豆制品等食物中的蛋白质含量是否达标"的课题。同样,若没有探究性实验所探究出的结果,验证性实验也就失去了它的理论先导,验证性实验的实验原理究其根源是探究性实验的结果。但同时,验证性实验中所产生的新疑问,又会成为新的探究源泉,从而进一步深化和拓展验证性实验的结果。例如,学生在做"绿叶在光下制造淀粉(七年级上册)"此验证性实验中,有几个小组得到的实验现象不是蓝紫色,而是红色,重复实验后还是会有红色出现,可见不是偶然因素。"为什么与教材中描述的有差异呢?"学生通过查找资料、实验验证,得出的探究结论是:那是光合作用的产物葡萄糖在合成淀粉过程中所形成的一种中间产物——红色糊精遇碘所呈现的颜色反应。

因此,验证性实验与探究性实验并不是完全对立的两面,两者之间有着辩证的联系,虽然着重点不同,但在最终的培养目标上是一致的。它们在实验教学中各有其存在的价值,缺一不可。有时,我们采用验证性实验教学,有时采用探究性实验教学,有时我们将两者有机地结合起来。何种情况下采用何种实验方法,还得依据教学要求、实验内容以及学生的认知情况而定。

五、验证性实验教学的优点

事实上,在中学生物学教学中,有很大一部分内容是对前人所探索出的结果予以验证,因此,验证性实验是中学生掌握探究自然事物的一个重要方法。在实际教学中,验证性实验教学具有如下优点。

1. 系统性、高效性

验证性实验通常采用"告诉—验证—应用"的教学模式,通过精心组织实验内容,删繁就简,将理论知识和实验原理等在较短的时间内系统地、有序地、合乎逻辑地呈现给学生,使学生在短时间内能获得稳定的、系统的知识体系。例如,通过"叶绿体中色素的提取和分离(高中生物必修一)"实验,学生不仅知道了叶绿体中色素的种类和颜色,还理解了色素分离的原理以及提取色素的关键所在。通过"骨的成分与骨的特性之间的关系(七年级下册)"实验,学生不仅知道了骨的成分包括无机物和有机物,还能体会到无机物能使骨具有一定的硬度,有机物能使骨具有一定的弹性。

2. 基础性

与探究性实验相比,验证性实验在对学生实验技巧、实验能力和实验规范的培养上更占优势。如果没有这些基本的实验技能,探究性实验、研究性学习也就无从谈起,特别是在当今科学教育改革普遍认同的"通过探究、实践、'做科学'来学习科学"的教育理念下,更需要加强基本技能的培养和训练。例如,通过验证性实验"菊花的组织培养(高中生物选修一)",掌握了植物的组织培养技术之后,就可以在这一基础上探究不同组织或细胞全能性的高低;通过验证性实验"含氮无机盐对植物生长的影响(七年级下册)"的完成,掌握了此类实验设计的技巧之后,就可以探究其他矿质元素对该植物生长的影响,或探究同一种矿质元素对不同种类植物的影响等。

3. 示范性

在一些对前人经典实验的模拟上,验证性实验对学生科学思维的训练还有着一定的范例作用。例如,在模拟萨克斯实验验证了"绿叶在光下制造淀粉(七年级上册)"后,可以引导学生体会萨克斯实验科学设计的严谨与精巧:为什么事先将盆栽天竺葵放到黑暗处一昼夜,然后将所选叶片一半曝光,另一半遮光处理?在滴加碘液前为何将叶片进行脱色处理?为何采用"将叶片置于酒精中水浴加热"的方法进行脱色处理等,这对学生今后分析问题和解决问题,尤其是自主设计探究实验具有很强的示范作用。

第二节 验证性实验教学设计的理论基础

验证性实验教学设计的理论基础有杜威的"从做中学"、马克思主义哲学原理中直接经验和间接经验的辩证统一以及辩证的否定论。

一、杜威的"从做中学"

"从做中学"体现了现代教育的特征,它是美国现代著名的实用主义教育家杜威的全部教学理论的基本原则。与传统教学所采用的被动的"静坐"、"静听"方式相反,杜威把教学过程看成"做"的过程,也是"经验"过程。就是说,只有通过"做"才能获得经验。有了经验,也就有了知识,学到了东西。他认为,在"教室中……在仅是教科书和教师才有发言权的时候,那发展智慧和性格的学习便不会发生;不管学生的经验背景在某一时期是如何贫乏和微薄的,只有当有机会从其经验中做出一点贡献的时候,他才真正受到教育"。杜威的这个主张是针对传统的"从听中学"的教学方式而言的,他认为,传统的教学是满堂灌,只重知不重行,教师讲学生听,学生获得的知识是教条,没有通过做,也就没有获得结果。杜威批驳说,犹如由工具箱中取出锯子不是制造工具,从别人口中听来知识也非真正获得知识,所以,这种学是没有意义和价值的,是一种"心"与"身"分离产生的恶果。

杜威极力反对传统教学中过分重视积累和获得知识,以便应对课堂问答和考试的现象。在杜威看来,学问绝不是像人们把商品储存在仓库一样,是书本和学者传下来的知识的总和,他认为,这种静止的、冷藏式的知识不能代表学生活生生的经验世界,反而堆积在学生的头脑中,束缚学生的思维,长此以往会阻碍学生的发展。杜威认为,知识应该是有活力的,只有在经验中,学生才能把别人的知识加以改造转化为自己的知识并加以应用。杜威的"从做中学"分析起来可归纳为两点:一是知识来源于行,知行不能分;二是知识与经验的获得来自主体与客体相互作用的结果,是有意识的联系。显然,这一理论是符合人类的认识规律的。

验证性实验所强调的让学生亲身经历实验过程,从而获得有关直接经验,这与杜威的"从做中学"的理念是一致的,它不仅如杜威的"从做中学"中所述的那样有助于学生自己的知识建构,而且有助于学生实验能力和实验规范的培养。因此重视验证性实验,更为学生自主探究未知事物奠定了基础。

二、直接经验和间接经验的辩证统一

辩证唯物主义认识论认为,人的认识遵循直接经验和间接经验辩证统一的规律。直接经验是每一个体在认识和改造世界的过程中亲身获得的经验,是个人的经验。间接经验既包括他人的经验,也包括人类的经验——人类在文明的演进历程中积累起来的一切经验。间接经验是主要的经验。人对世界的认识和改造离不开间接经验的支持,缺少了间接经验,人的直接经验会变得非常狭窄。但间接经验也不能完全替代直接经验,只有当间接经验转化为直接经验时,才能更好地提高人们认识世界和改造世界的能力。当然,从来源上讲,间接经验也是无数直接经验整合的结果。

教学过程的本质是间接性的,很多知识是前人直接经验的总结。促进直接经验与间接经验的交融,改变传统教学过程中过于注重书本知识(间接经验)传授的被动局面,已经成为新课程实施与教学改革的一个极为重要的切入口。强调直接经验(亲自体验)的价值和意义,是本次课程改革的重要特征。现代教学应该成为师生沟通间接经验(知识)与直接经验(体验)的过程,只有当间接经验真正转化为直接经验的时候,它才具有教育价值,才能成为人的发展资源。若间接经验脱离了直接经验,或者使直接经验仅处于辅助地位,那么这种间接经验非但不会促进学生的发展,反而很有可能会抑制学生的发展。我国课程论专家余文森教授曾指出,直接经验和间接经验是互为基础、互相促进的一对矛盾的统一体。验证性实验属于直接经验,通过验证性实验将间接经验转化为直接经验,不仅能够充分满足学生的需要和兴趣,而且能够实现让学生成为认知主体的新课改理念。此外,验证性实验一定程度的范例功能还让学生体会到了科学实验设计的精巧、严谨和规范,从而真正体现间接经验的重要价值。

当然,在验证性实验中,学生仍然是能动的创造性个体,因为他在参与实验的过程中,还可以很理智地、自由地评价或批评间接经验。于是,学生的创新思维和实践能力也就在直接经验和间接经验的辩证统一中得到了能动的发展。

三、辩证的否定论

辩证否定论的基本内容是:第一,否定是事物的自我否定,是事物内部矛盾运动的结果。第二,否定是事物发展的环节,它是旧事物向新事物的转变,是从旧质到新质的飞跃。只有经过否定,旧事物才能向新事物转变。第三,否定是新旧事物联系的环节,新事物孕育产生于旧事物,新旧事物是通过否定环节联系起来的。第四,辩证否定的实质是"扬弃",即新事物对旧事物既批判又继承,既克服其消极因素,又保留其积极因素。

与辩证否定观相对立的形而上学否定观的错误在于:不承认事物的自我否定,把肯定与否定绝对对立起来,认为肯定就是绝对的肯定,就是肯定一切,否定就是绝对的否定,就是否定一切。

辩证的否定观揭示了事物发展过程中阶段性和连续性的辩证统一。辩证的否定不是新旧事物的一刀两断,而是要继承和保留旧事物中的积极合理的因素。否定的实质是扬弃,扬弃是新事物对旧事物既变革又继承,既克服又保留的关系。辩证的否定观启示我们对一切事物要采取科学的分析态度和方法,在考察事物时,必须在肯定中看到否定,在否定中看到肯定,而不能肯定一切或否定一切。

促进学生学习方式的改变,倡导探究性学习是现阶段课程改革的主要内容。通过探究性学习,学生能够自主地学习,能够学会思考,学会求知,学会实践,学会合作。但以探究性学习为主的探究性实验教学并不是万能的,也不应该是实验教学的全部。探究性实验教学作为新事物,也有它的局限性,特别是对于理论知识尚不够丰富、实验操作能力尚不够成熟的中学生来说,还存在着不少问题。例如,因缺乏基本的科学素养和设计实验的能力而机械模仿,抓不住问题的实质;盲目地追求表面上的热闹,缺乏一定的思维深度等。传统实验教学中的验证性实验教学在培养和训练学生的基本技能和科学素养上有许多成功的做法,而这些技能和素养也是学生进行探究性实验所必需的。因此,正确的做法是:在倡导探究性实验的同时,不要忽视验证性实验的价值,不能全盘否定传统实验教学中的验证性实验教学,多种教学方法和策略相互结合,实现优势互补,这样可避免从一个极端走向另一个极端。

第三节　验证性实验教学的现状

在课程改革以前,中学生物实验以验证性实验为主,占总实验数量的90%以上。然而,新课改以后新教材中一大显著特点是出现了大量的探究性实验。于是,验证性实验教学的现状已不容乐观。

目前验证性实验教学的现状概括起来有以下几种。

一、先讲后做型

实验前先让学生明确实验目的、实验步骤和实验原理,也就是不仅让学生知道"做什么"、"怎么做",而且要让学生知道"为什么要这么做",这是目前最为常见的一种教学模式。

案例1　提取和分离叶绿体中的色素(高中生物必修一)

[教学目标]

知识目标:验证叶绿体中四种色素的颜色和种类。

能力目标:

(1)学会提取和分离叶绿体中的色素。

(2)在回答预设的一系列问题的过程中,学生的逻辑推理和分析能力得到了提高。

情感态度和价值观目标:学会与同学分工协作,并一起体验和领悟科学研究的乐趣,从而增强学习生物的兴趣和信心。

[实验原理]

叶绿体中的色素都能溶解于有机溶剂中如丙酮(酒精)等,所以可以用丙酮提取叶绿体中的色素。

叶绿体中的四种色素在层析液中的扩散速度不同。层析液的主要成分是石油醚,石油醚是一种脂溶性很强的有机溶剂。叶绿体中的四种色素在石油醚中的溶解度不同:溶解度最高的是胡萝卜素,它随石油醚在滤纸上扩散得最快;叶黄素和叶绿素a的溶解度次之;叶绿素b的溶解度最低,扩散得最慢。这样,几分钟后,四种色素就在扩散过程中分离开来。

[材料用具]

新鲜的绿色叶片(如菠菜叶片);干燥的定性滤纸,烧杯(100mL),研钵,小玻璃漏斗,尼龙布,毛细吸管,剪刀,小试管,培养皿盖,药匙,量筒(10mL),天平;丙酮,层析液,二氧化硅,碳酸钙。

[**教学步骤**]

(1)在学生理解实验目的和实验原理的基础上,针对每一步骤设计一系列问题引导学生理解实验设计的原理。

针对"色素的提取"所提的问题有:

a.应选择什么样的叶片来做实验?

b.破坏细胞内的哪些结构才能得到叶绿体内的色素?

c.研磨叶片时加入石英砂、碳酸钙及丙酮的目的分别是什么?

d.丙酮易挥发,并有一定的毒性,可用什么来代替?

e.研磨为什么要充分、迅速?

f.滤液收集后为什么要及时用棉塞塞紧试管口?

针对"色素的分离"所提的问题有:

a.分离的原理是什么?

b.层析时滤液细线能否触及层析液?

c.层析液易挥发,且有一定的毒性,所以在层析时要注意什么?

d.将滤纸条的一端剪去两角的意义何在?

e.如何画滤液细线?为什么这么画?

(2)在掌握实验中每一步骤的设计原理基础上,学生进行分组实验,教师巡视指导。

(3)实验结果以如表 4-1 形式的表格汇报,并进行交流、分析。

表 4-1

色素颜色（自上而下）	色素种类	含量	扩散速度	溶解度

(4)归纳总结,得出结论。

[**案例分析**]

本实验教学遵循学生的认识规律,实验操作前步步设疑,引导学生借助一系列问题进行理论分析,不仅能培养学生思维的逻辑性,而且会加深学生对实验步骤设计的理解。此时,教师不再是知识的灌输者,而是学生获取知识的引导者。

在本实验的具体操作之后,还做了实验结果交流的安排,让学生分析讨论自己真实的实验结果,若小组间的实验做得不一致,讨论分析实验出现误差的原因,以便及时调整思路,这样可以使学生逐步形成批判性思维的习惯。

本实验的不足之处是:学生的主体性和创造性未得到充分发挥,没有满足学生自我探索、自我思考、自我创造的心理需求。改进的建议是:可由学生在预习实验步骤时自己提出问题、在小组内交流,也可播放其他班学生做此实验的视频,让大家对此进行评价,或将其设计成自主性的探究实验(见第八章教学案例)。

二、先做后讲型

这是一种先进行实验再讲解实验目的和实验原理的实验教学方式。对于低年级学生进行一些相互之间联系不多的一系列实验时较为适用。

案例2 食物中含有蛋白质、淀粉、脂肪和无机盐(七年级下册)

[实验目的]

验证食物中含有蛋白质、淀粉、脂肪和无机盐。

[实验器材]

面粉,花生种子,小麦种子,烧杯,试管,碘液,白纸,角匙,纱布,单面刀片,镊子,清水等。

[教学过程]

(1)学生三人一组,取一匙面粉,加清水和成面团,用一块叠成双层的纱布包住面团,将用纱布包着的面团放入盛有清水的烧杯中,用手轻轻地揉挤,直到不再有白色物质从纱布里渗出来为止。

(2)建议学生向烧杯中加入碘液数滴,烧杯中的溶液即由乳白色变为蓝紫色,由此可知,面粉中含有淀粉。让学生打开纱布团中的物质,可见黄白色的胶状物质,引导学生结合生活经验,推知出此物质为面筋,其主要成分为蛋白质,由此可知,面粉中含有蛋白质。

(3)取烘干的花生种子、小麦种子各一粒,用刀片纵向切开,将切面向下分别放在白纸的不同位置上,用镊子的柄部或大拇指挤压。移开种子,将印迹对光观察,由此可知,花生种子中含有较多的脂肪。

(4)用解剖针的尖端挑起一粒干的小麦种子放在酒精灯上燃烧,观察种子在燃烧前后的变化。教师讲解:能够燃烧的物质为有机物,不能燃烧的物质为无机物,种子燃烧时水分被蒸发,剩下的物质便是无机盐。由此可知,食物中含有无机盐。

[案例分析]

这种验证性实验教学的明显不足是：学生在实验室中的精神状况明显活跃于在教室中的状况，很多学生会表现得较为兴奋。在未知实验目的和实验原理的情况下进行实验操作，学生的注意力更不易集中，这就给实验教学中的组织教学增加了一定的难度，同时也就意味着教师在实验室中的讲解效果可能要大打折扣。常常发现，在这样的实验之后，学生对实验的原理和实验步骤的理解很不透彻。对此，可让学生在实验后，利用已有的知识和能力去进行相应的巩固性的自主探究实验，如在本实验后，可让学生去探究大豆、蚕豆或其他食物中的蛋白质、淀粉、脂肪和无机盐成分。

三、只讲不做型

目前的生物学科无论是在中考中还是在高考中被重视的程度都不够，这样势必导致学校的重视程度也不够。有不少学校没有专职的生物实验员，有的由化学实验员兼任，有的由生物知识匮乏的后勤人员担任，还有的由生物教师兼任。而由于课时、实验器材和实验员经验不足等的限制，有极少数学校甚至不能够正常开展实验教学。但在新课程强调提高学生实践能力的要求下，中考和高考对实验内容考查的比例已在不断增加，于是出现了教师演示课件讲实验、学生看着课本背实验的现象，这种应试方式实质与新课程的理念是完全相悖的。

此现象在高中生物必修一和选修一中尤其存在较多，其中也有不少无奈之处。有不少教师反映，高中生物必修一的现有教材无论是人教版还是苏教版其容量都过大，很多学校所开的课时是每周两课时，去除法定假日、月考、期中考试和期末考试所占时间，要在一学期中从从容容地完成必修一的授课内容很不容易。在这样的"夹缝"中，验证性实验教学所受的冲击很大。在高中生物选修一中，因有些验证性实验所需的仪器或试剂价格昂贵，绝大多数中学无财力配制，从而导致验证性实验无法完成，比如缺乏完成PCR技术需要的PCR仪、缺乏完成蛋白质的提取和分离实验所需的电泳设备和试剂、缺乏完成植物组织培养所需的一系列仪器和配制培养基所需的成分等。

综上所述，可见验证性实验教学的现状不容乐观，一方面，在倡导探究性学习的今天，它会因被曲解而在主观上被人们所忽视；另一方面，各种客观因素的限制也常常导致它不能正常开展。

第四节 新课程标准下的验证性实验教学

《基础教育课程改革纲要》提出要使学生"具有初步的创新精神、实践能力、科学和人文素养",提出了"基础教育课程改革的具体目标:改变课程过于注重知识传授的倾向,强调形成积极主动的学习态度,使获得基础知识与基本技能的过程同时成为学会学习和形成正确价值观的过程"。因此,新课程标准下的验证性实验教学要注重优化实验过程,充分发挥学生的主体作用以锻炼学生的思维能力和实验能力,注重创设科学严谨、积极向上的实验氛围以提高学生的科学素养。一般来说,可从以下几方面入手。

一、优化验证性实验教学中学生的实验心理

目前,中考和高考不考生物实验操作,而且验证性实验其结果是已知的,这会让有些学生产生验证性实验课可有可无的随意心理。作为教师,一方面要重视实验考核,让学生知道实验能力的评定也是高中生物学科学分评定的一个重要组成部分,以此给予学生一定的外部刺激;另一方面要让学生充分地认识到验证性实验对其个体的成长、科学素养的形成所起的重要作用。而且,中考和高考尽管不考实验操作,但其中所考核的实验设计能力与验证性实验的实际操作是密切相关的。

此外,对于学生在实验过程中出现的一些不良现象,教师要给予耐心的纠正和指导;对于学生的微小进步,教师要及时地给予肯定和鼓励;当学生用自己的观点和方法解决实验中所遇到的问题时,教师要注意合理地启发和引导。教师应努力营造一个民主平等、和谐向上的实验氛围,以使学生全身心地投入到实验中。

二、优化验证性实验教学的过程

(一)教学过程中要注重突出学生的主体作用

尽管验证性实验中的实验目的、实验原理和实验结果都是明确的,但实验方法和步骤并非不容改变,实验器材也可以有多种选择。例如,在高中生物必修一中有关脂肪的鉴定,人教版教材中建议使用花生的子叶作为实验材料,苏教版教材推荐的材料中除了花生子叶外,还有洋葱根尖、小麦种子和大豆种子。可以让学生自主选择实验材料,也可同时选做几种材料进行比较,通过实验,同学们得出的结论是:使用花生子叶作为实验材料的效果最好。本实验需要切得花生子叶的薄片,学生在实际操作中成功率很低,于是有学生建议将两刀片绑在一起切,有的建议将花生子叶压成花生泥做涂片装片……将两刀片绑在一起切成薄片的成功率较高,绝大部分实验效果很显著,用花生泥做涂片装片的一些小组中,有个别小组能非常清晰地看到细胞中被染成橘黄色的一个个脂肪微粒,大部分小组所观察到的是游离于细胞外的一个个橘黄色的脂肪微粒,这说明在压成花生泥的过程中,子叶中的大多数细胞被破坏了。再如在高中生物必修一"观察植物细胞有丝分裂"实验中,不少

同学发现按课本中的解离时间,根尖不能达到酥软的程度;按课本中的染色时间,视野中一片深紫色。可见课本中的解离时间过短,染色时间过长。在这一基础上,可让学生进行第二次实验,得出实际所需的最佳实验时间的组合。

充分发挥学生的主体作用是新课程理念的核心。在验证性实验教学中注重发挥学生的主体作用,能发掘学生内在的学习动机,打破传统的"课本中心"、"权威中心",对培养学生形成尊重客观事实、敢于怀疑、坚持真理和勇于反思等科学素养极为有利。

(二)精心设计实验过程以拓展实验的验证功能

精心设计验证性实验的过程,将验证性实验教学从单一的验证理论和培养学生动手能力延伸到加强对学生思维能力和创新能力的培养上,这样,在重视验证性实验教学对理论的验证功能的基础上,还重视了实验教学对理论的补充、深化和发展功能。

例如,讲授苏教版高中生物必修一教材中有关渗透作用的原理时,需要通过质壁分离及复原实验来验证细胞的吸水和失水情况,传统的实验教学方案是先让紫色洋葱表皮细胞置于 0.3g/mL 的蔗糖溶液中,观察植物细胞的质壁分离现象,然后用引流法让洋葱表皮细胞置于清水中,观察植物细胞的质壁分离复原现象。实验中经常会有学生问:"蔗糖溶液的浓度只能是 0.3g/mL 吗?其他浓度的蔗糖溶液行不行?只能用蔗糖溶液吗?换成其他溶液,实验现象还一样吗?"对此,我们可以引导学生再进行如下实验:配制好不同质量浓度的蔗糖溶液:0.1g/mL、0.2g/mL、0.3g/mL、0.4g/mL 和 0.5g/mL 的蔗糖溶液,让学生在小组内自行协调选做,以期观察到不同浓度的蔗糖溶液中洋葱表皮细胞的吸水和失水情况。学生会发现:浓度越高,质壁分离现象越明显;浓度越低,质壁分离越慢,现象越不明显。在蔗糖溶液质量浓度为 0.1g/mL 时已观察不到质壁分离现象了。提示学生:能引起 50% 左右的细胞发生初始质壁分离的浓度可称之为细胞液的等渗浓度,由此可推知洋葱表皮细胞细胞液的等渗浓度介于哪两者之间?若要进一步测定此细胞液的等渗浓度,该如何设计实验?(此实验可在兴趣小组课外活动时完成)

接着教师引导学生进行下一轮实验:分别观察洋葱表皮细胞在质量浓度为 0.3g/mL 的甘油溶液、0.3g/mL 的盐酸溶液和 0.3g/mL 的蔗糖溶液中的吸水和失水现象,并对所观察到的实验的现象进行理论分析。实验的现象是:在质量浓度为 0.3g/mL 的盐酸溶液中,表皮细胞不发生质壁分离。在质量浓度为 0.3g/mL 的甘油溶液和质量浓度为 0.3g/mL 的蔗糖溶液中,洋葱表皮细胞都发生了质壁分离,但不同处是在质量浓度为 0.3g/mL 的甘油溶液中,洋葱表皮细胞在发生质壁分离之后又出现了自动复原现象。分析实验结果可知：盐酸破坏了原生质层的选择透过性，所以在盐酸溶液中洋葱表皮细胞不会发生质壁分离现象；甘油是小分子有机物，它可顺浓度梯度进入细胞内，所以导致细胞在质壁分离之后自动复原。

三、优化验证性实验设计的方法

优化验证性实验设计，即要求学生在明确实验目的的前提下，遵循实验设计的"现象明显，操作方便，程序合理，药品节约，结论可靠"的原则来进行实验设计，它一般分为以下几个环节。

(一)理论假设的提出

根据题目要求，确定变量 X，在实验中要注意控制"变量"，一般只确定一个变量，即唯一对实验结果有影响的变量，在此基础上提出理论假设。它常常可描述为："当条件 X 存在时，事件 P 能发生；当条件 X 改变时，事件 P 不能发生或发生的程度会改变。"

(二)设计实验，验证假设

设计实验，验证假设可分为以下 4 个实验步骤：

第一步：实验准备，包括必要的实验器材及实验药品的准备，兼顾价格低廉、操作方便这两点。

第二步：满足条件 X，设计一个使事件 P 发生的实验，并有简单的事实证明。

第三步：改变条件 X，设计一个使事件 P 不能发生或发生程度改变的实验，亦有简单的事实证明。

第四步：设计对照实验。

(三)记录现象

仔细地观察并准确记录符合预期现象或与预期相对立的实验现象。有时需要根据已有知识推测实验现象，并依据实验现象做出相应的实验结论。

四、优化验证性实验教学的评价机制

验证性实验教学中对学生的评价不应使实验成为追求实验结果的过程，既要有对实验结果的评价，也要有过程性的评价。过程性的评价不仅包括实验过程中的遵纪情况、规范操作情况以及认真观察、记录情况等，还应包括实验前的预习情况、实验中与他人的合作与交流、实验后的清洁卫生情况等。这样在评价中既有对认知、能力的评价，也有对情感态度和价值观的评价，并实行自评、互评与教师评价相结合的评价机制。

当然,在对验证性实验教学的评价过程中,还应该注意不能忽视对学生探究能力和实践能力的评价,以引导学生认识到进行验证性实验的过程也是尝试和体验科学探究的过程。例如,在"腐乳的制作(高中生物选修一)"实验中,教师在评价时不应只追求"腐乳"制作的成功与否,而更应关注学生在制作过程中探究能力的发展,如能否分析腐乳制作过程的科学原理、能否探究出影响腐乳品质的条件等。

评价一定要做到客观、公正,否则不能充分发挥评价的作用,评价的宗旨是提高学生参与实验的积极性,提高学生的实验能力,而绝不是以此作为惩罚学生的手段。

思考题

1. 验证性实验教学与探究性实验教学是怎样的辩证关系?
2. 有人说,验证性实验所要验证的是前人已探究出的结果,这样做是一种浪费。对此,请谈谈你的看法。
3. 如何优化验证性实验教学中学生的实验心理?
4. 如何优化验证性实验教学的评价机制?

第五章　探究性实验教学

　　新一轮基础教育课程改革,特别强调要重视学生学习方式从接受式学习向探究性学习转变。从某种意义上说,探究性学习具有更强的自主性和合作性,更能在学生情感、态度、价值观的培养和陶冶方面发挥重要作用。新世纪生物课程改革提出"倡导探究性学习"的理念,力图促进学生学习方式的变革,引导学生主动参与探究过程、勤于动手和动脑,逐步培养学生搜集和处理科学信息的能力、获取新知识的能力、批判性思维的能力、分析和解决问题的能力以及交流与合作的能力等,重在培养学生的创新精神和实践能力。

　　关于什么是探究,美国国家科学教育标准有如下阐释:"探究是多层面的活动,包括观察、提出问题;通过浏览书籍和其他信息资源发现什么是已经知道的结论,制订调查研究计划;根据实验证据对已有的结论做出评价;用工具收集、分析、解释数据;提出解答、解释和预测;交流结果。探究要求确定假设,进行批判和逻辑的思考,并且考虑可以替代的解释。"关于探究的类别,美国国家科学教育标准把它分为三种:一是"科学探究";二是"基于探究的教学或以探究为本的教学";三是"以探究为本的学习"。其中,"以探究为本的学习"把探究看成一种积极的学习过程,强调让学生思考怎么做,做什么,而不是让学生接受教师给予的现成结论。因此,我们可以给探究性学习下一个简单的定义:所谓"探究性学习"就是学生在教师的指导下,从学科领域或现实社会生活中主动选择和确定研究课题,以一种类似于学术或科学研究的方法,自主、独立地发现问题,进行实验、操作、调查、信息搜集与处理、表达与交流的探究活动,并在解决问题中实现知识与能力、过程与方法、情感、态度和价值观的发展,特别是实现探索精神和创新能力发展的一种学习活动和学习过程。

　　而"基于探究的教学或以探究为本的教学"则是把促进学生探究性学习作为教学的出发点,为学生营造一个以"学"为中心的探究学习环境。这个环境中不仅要有丰富的教学材料、相应的教学仪器和设备,以供学生进行探究,更要有民主和谐的课堂气氛,使学生少有压力,能自由寻找所需要的信息,自己做种种假设,以自己的方式检验自己的设想。在这个环境中,教师还要能够给学生提供必要的帮助和指导,使学生在探究中能够明确方向。因此,探究性教学就是指能够促进学生探究性学习能力的一种教学方式。

　　安德森在《教学和教育百科全书》中,对探究教学的几个方面做了高度的概括:

探究教学的本质特征是,教师不直接把构成教学目标的有关概念和认知策略告诉学生,而是创造一种智力和社会交往环境,让学生通过探索来发现那些有利于开展这种探索的学科内容要素和认知策略。这种教学的基本原则是,由学生自己制订获取知识的计划,让学生自己去把握学科内容的内在联系,从而更容易理解教学任务,有利于激发其内在的学习动机,经历了此探索过程后,学生的认知策略自然获得了发展。所以,探究性实验教学就是指在学生实验的过程中以促进学生探究性学习能力为出发点的一种教学活动。

第一节 探究性教学与探究性实验教学

一、探究性教学提出的背景与思想根源

1. 社会背景

第二次世界大战以后,欧美各发达国家的社会生活发生了巨大变化。由于科学技术的高度发展,工业生产出现了崭新局面,特别是20世纪中期,科学技术的发展呈现腾飞状态,世界知识总量急剧增加,知识更新周期极大缩短,世界进入了"知识爆炸"的时代。现代社会的高速度、加速度和连锁式的变化,要求一代新人要必备新的"基础学历",其中最主要的是应付变化的适应能力。20世纪60年代,苏联人造卫星上天的冲击,激起了世界性科学竞争的浪潮,全世界对科学认识发生了质的变化,振兴科学技术、培养科学技术工作者,成为各国共同关注的课题。世界对人才的要求也由知识型转变到智能型,为适应这种社会现实,世界各国都先后开展了教育教学改革。第一线的专家学者抨击传统中小学数理学科教学内容的陈腐落后,同现代科技发展的潮流格格不入,于是要求改革中小学课程。这样的呼声源于美国,继而响遍世界。在这样的社会背景下,美国芝加哥大学教授施瓦布于1961年在哈佛大学的纪念演讲中,首先提出了"作为探究的理科教学"。

2. 思想渊源

探究思想的渊源可追溯到古希腊哲学家苏格拉底的问答式教学法和法国启蒙思想家卢梭的"自然教育理论"。随着教育的发展,美国著名哲学家、教育家、实用主义创始人约翰·杜威正确地看到,只采用赫尔巴特的"教师中心,从课中学"有局限性,培养出来的学生难以适应社会变化。他主张"学生中心,从做中学",认为科学教育不仅仅是要让学生学习大量的知识,更重要的是要学习科学研究的方法与过程。它的基本教育过程是暗示—问题—假设—推理—验证。在杜威的倡导和推动下,探究作为一种教与学的方法,得到了越来越多的有识之士的认可。杜威的"实用主义教育理论"为探究教学理论的形成打下了初步的基础。探究教学理论的代表人物有美国教育学家萨其曼、施瓦布和加涅等人。他们从不同角度论证了教

学过程中"探究教学"的重要性。美国伊利诺大学探究训练研究所所长萨其曼注重实践,主张"探究方法的训练"重点是帮助学生认清事实,建立正确的科学概念,并形成假设以解释新接触到的现象或事物。施瓦布则试图以"科学的结构"和"科学的结构是不断变化的"为前提,从理论方面揭示探究过程的本质及其特性,并力图在教学中引进现代科学的成果,使学生把握学科的结构,体验探究性学习方法。他认为教师应该用探究的方式展现科学知识,学生应该用探究的方式学习科学内容。施瓦布强调教师在向学生介绍正规的科学概念和原理之前,应该让学生到实验室去做实验,用实验的证据解释和深化教材内容。这些都为后来探究性实验教学的发展提供了理论基础。美国教育心理学家加涅在"探究理论"的基础上,研究了构成学习的前提条件。此外,布鲁纳倡导的"发现学习"(discovery learning)与探究教学几乎同时产生,有许多相近之处。美国教育家兰·本达女士以小学自然教学为基础创设的"through investigation and colloquium"教学法(译为"探究-研讨"教学法)在对感知材料的认识上与探究教学有异曲同工之处。

生物实验是生物教学的生命线,是学生学习生物能动的实践活动形式,因此,要转变学生的学习方式就必须转变教师的实验教学方式。以往的实验教学都是教师讲学生听,学生按照教师提出的要求做实验,只需模仿不必研究,这种机械的模仿和趋同化复述严重地束缚了学生的创造性思维,形成了教师对学生的权威、学生对教师的依赖,学生的主动性、能动性、怀疑性和创造性不但不能得到尊重和发展,而且被销蚀得越来越少,学生的探究精神和实践能力得不到培养。新课程理念要求教师要注重发挥学生的主体作用,善于培养学生的探究性学习能力,鼓励学生创造性思维的发展。新的课程改革要求生物实验教学要以全新的探究性实验教学方式消除传统实验教学中所出现的弊端。

二、探究性实验教学的内涵与特点

1. 探究性实验教学的界定

探究性实验教学是指在学生对研究对象的属性、规律及相互联系,处于无知或知之不多的情况下,通过教师的组织和指导,提出问题,设计实验,并通过实验与探究,获取科学结论的过程。其指导思想是在教师引导下,学生以探究者和发现者的身份,运用已学过的知识和初步具有的实验技能亲自通过实验获取新知识。

探究性实验教学旨在充分发挥学生在实验教学中的主体地位,让学生亲自经历对未知结论的探究过程,激发学生的思维灵感,培养学生的创新意识,提高学生分析和解决实际问题的能力。

2. 探究性实验教学的特点

探究性实验教学不同于其他的实验教学,探究性实验教学有探究性和问题性的教学特点：探究性主要表现在探究情境具有诱惑性、探究问题具有指向性、探究假设具有合理性等；问题性主要表现在问题是实验教学的开端、问题是实验教学的主线和问题是实验教学的归宿。

1）探究性

探究情境具有诱惑性。教师根据探究内容精心创设教学情境，总是力求做到新、奇、趣，让学生触境生疑，以疑激趣，以此作为学生探究的起点。例如，在进行"口腔内的化学性消化"探究实验之前，让学生细细咀嚼馒头，体验咀嚼过程中味觉的变化；在进行"叶的结构与功能"的探究实验之前，带领学生到大自然中去观察落叶是正面向上还是背面向上；在进行"绿叶在光下制造淀粉"的实验前，把一个经过处理的带有蓝色五角星的叶片展示给学生看……这些探究情境的创设能够有效地激发学生的好奇心，引发学生的探究兴趣。

探究问题具有指向性。教师总是构建这样的提问程序：提出问题→梳理问题→确定问题，通过这样的择需、择要、择优，把握问题的本质，使问题具有指向性。例如，在"探究植物导管可以运输水和无机盐"时，教师请学生将带叶枝条插入已经被稀释的红墨水中，在阳光下进行照射，几小时后，学生发现植物的叶片逐渐被染红。这时，学生会产生疑问："为什么会出现这种现象呢？"同时也会提出自己的假设："可能是植物的茎具有输导作用"。接着教师可以引导学生对茎的结构和功能进行回顾。通过回顾，学生意识到在茎的结构中，只有导管和筛管具有输导功能。经过这样的梳理之后，问题的本质也就出来了：这个实验实质上就是探究"稀释的红墨水是被导管运输到叶片中的还是由筛管运输到叶片中的"。这样该探究实验的目的性和指向性就会更强，更有的放矢。

探究假设具有合理性。在进行探究假设时，教师一般要引导学生从多种假设中筛选出合理的假设。合理假设的提出一般经历这样两个阶段：①发散阶段。在假设的初期，学生的思维总是发散的。学生围绕问题，运用一定的知识基础，从各自的观点，进行多角度的思考，做出多种假设。②收敛阶段。教师引导学生说出假设的角度和理由，再让学生根据探究问题的指向性标准，从多种假设中筛选出合理的假设。例如，在"探究影响植物种子萌发的因素"时，有的学生说是"温度"，因为在寒冷的冬天植物的种子很少能够发芽，这时，教师可以反问："既然较低的温度不能使种子发芽，那么80℃、90℃、100℃的高温下，能不能发芽呢？"学生马上意识到种子萌发的条件应该是"适宜的温度"；有的学生提出是"阳光"，教师应立即指出"农民播种往往就是把种子播撒入土壤中，请问土壤中有阳光吗？"，从而把"植物种子的萌发都受阳光因素的影响"这一不合理假设剔除，通过这样的方式才能帮助学生全面细致地思索，从多种假设中筛选出合理的假设。

2)问题性

探究性实验教学是以解决问题为中心,注重学生的独立钻研,着眼于学生创造性思维的培养,以充分发挥学生的主动性。通过发现问题→分析问题(提出假设)→创造性地解决问题等步骤去掌握知识,培养其创新精神和实践能力,并在实验中建立师生之间、同学之间思维信息多边交流的新型关系。

问题是实验教学的开端。问题本身就可以激发学生的求知欲和探究欲,这对实验教学的开展和创造性思维的启动是极为有利的。因此,教师在实验教学伊始便应该创设问题情境,促使学生头脑中产生指向性的疑问。例如,在进行"叶的结构与功能"探究实验时,教师可以带领学生到校园中观察落叶,统计"正面向下、背面向上的叶片"和"正面向上、背面向下的叶片"的数量并进行比较。结果显示后学生自然会提出"为什么大多数的落叶会正面向下、背面向上"的问题。这种现象很常见,容易引起学生的兴趣和疑问,因此能够较好地创设探究情境。

问题是实验教学的主线。问题不仅是激发学生求知欲和创造冲动的前提,而且是学生吸收知识、锻炼思维能力的前提。问题若能存在于整个实验教学过程中,实验教学活动就会自始至终围绕着问题的探究和解决而展开。例如,在创设了"为什么正面向下、背面向上的落叶数量相对较多"的问题情境之后,基本上都知道解决问题的所在就是观察叶片的结构。可是如何观察叶片的结构?观察叶片的结构需要哪些器具和药品?观察的时候有什么样的注意事项?再如,在观察叶片结构时,学生会发现靠近叶正面的栅栏组织细胞排列较紧密,含叶绿体较多,靠近叶背面的海绵组织细胞排列松散,含叶绿体较少。那么,叶绿体又具有什么作用呢?通过什么方式来判断叶绿体的作用?通过什么途径来解决这些问题呢?这些都是应该由教师引导学生思考的问题。

问题是实验教学的归宿。实验教学的最终结果不是用所授知识消灭问题,而是在初步解决问题的基础上引发新的问题。这些问题出现的意义,不仅在于它能使实验教学延伸到课外,还在于它能最终把学生引上创新之路。例如,在进行"绿叶在光下制造淀粉"的实验过程中,有一位同学把自己的作品——显色成功的天竺葵叶片,用餐巾纸包起来夹在自己的练习本中,结果两天后她发现自己用来夹作品的练习本上的纸张都被染成了蓝黑色,而用来包天竺葵叶片的餐巾纸却没有发生颜色的变化。在进行了多方询问和重复实验后,这位同学了解到原来不同的纸张由于其功能和质地的要求不同,因此所含的淀粉含量也会有所差异。

三、探究性实验与传统实验的关系

1. 区别

探究性实验强调实验教学的探究性,是针对传统的接受式实验而言的。传统的实验教学往往是由教师讲授知识,大量地灌输"权威性"的事实,然后通过验证性实验,让学生观察现象,从而达到理解和验证知识之目的。从表 5-1 和表 5-2 的比较分析可知,传统的实验教学与探究性实验教学的差异极为明显。

表 5-1　探究性实验教学与传统实验教学的教学状态比较

表现方式	传统实验教学	探究性实验教学
教师与学生的关系	教师中心	学生中心
学生发展的关注范围	单方面发展	多方面发展
学生的学习方式	独立学习	合作学习
学生的学习状态	接受学习	探究式学习
学生的学习反应	被动反应	主动发现问题
学习活动的内容	基于事实的学习	自己选择、决策学习
教学背景	孤立的人工背景	现实生活背景
信息传递	单向	多向

表 5-2　探究性实验教学与传统实验教学的教学模式比较

项目	传统实验教学	探究性实验教学
实验步骤	已知	未知
实验理论	已知	未知
实验态度	收集相关证据	探究未知
认知	概念→数据	数据→概念或数据→应用
实验设计	教材、教师	学生
数据分析	教师	学生
数据解释	教师→学生	学生→教师

由以上两表可知,探究性实验在很大程度上实现了学生的主体参与,学生在特定的环境中自主探究"新"知识,发挥了主体作用;教师从"知识的传授者"转变为"知识探究的导航者",调动了学生学习的积极性,从而改变了常规的教师讲解、学生验证,教师演示、学生观看的实验教学模式。

2. 联系

探究性实验与传统的验证性实验并不是完全对立的,在一定条件下它们可以相互转化。同样的实验内容,不同的实验观念和策略,可以形成不同的实验形式,培养不同的实验能力,所以可以将合适的验证性实验转变为探究性实验。探究性实验强调采用实验探究法进行实验,探究的内容既可以是对未知现象的解释、未知规律的归纳,也可以是对已知规律的验证或待求量的测量,若为后者,探究性实验又变成了验证性实验。可见探究性实验和验证性实验在研究的内容上是相同的,区别仅在于它们的实验方法和教学方法不同。传统的验证性实验多采用接受式教学方法,其实验原理、设计方案、实验步骤等学生都事先已知,而探究性实验则强调实验原理、设计方案、实验步骤的未知性,实验是在教师引导下由学生主动探究进行。

四、探究性实验的设计原则

1. 新颖性

探究性实验作为学生的一种积极主动的认知建构手段,其目的和作用不仅仅是作为一般的建构手段,更是作为学生建构逻辑结构的手段。要达到这种目的,就要使学生在进行探究性实验时发生认知冲突,这就要求探究性实验的设计首先要遵循新颖性原则。正是这种"新颖"的刺激,才会激发学生对探究的兴趣,引起学生探究的欲望,才使得它与主体原有的"定势"相矛盾、相对立,产生认识上的不协调和冲突。例如,有位教师在进行茎的输导功能的探究性实验教学之前,给学生讲述了一个故事:在他的家乡种植果树时,人们往往在结果以前会将自己的每一棵果树都砍上几刀,因为这样会使果树增加产量。学生听了以后都瞪大了眼睛,按理说要增加果树产量,应该多给果树施肥,并保护好果树才对,怎么还要砍上几刀呢?这位教师这样的情景设计,无疑是符合探究性实验教学中的新颖性原则的,很好地激发了学生的兴趣,引起了学生的探究欲望。

2. 适度性

探究性实验的设计要遵循适度原则。适度是指设计既要与学生已有的知识经验有一定联系,同时又要有一定的难度。这样的设计如同树上的果子一样,学生必须"跳一跳"才能摘下来,这样能够最大限度地激发学生的求知欲和好奇心。当学生依靠已有的知识解决了一个新问题时,往往会在紧张的智力劳动之后享受到精神上的满足。这种求知欲满足后,又会产生新的刺激,激励他们进一步去探究新的课题,从而转化为学习上的一种内驱力。当然,探究实验的设计难度要适中,要确保学生"跳一跳"就能"摘到果子"。例如,教师如果引导一个小学生去进行关于"细胞膜的流动性"的实验探究,不仅很难完成任务,学生也不会产生兴趣,而且会从此失去探究的欲望,因为他对于细胞还没有认识,更不要说细胞膜了。可是如果教师引导小学生进行"小兔子生活习性的探究",孩子可能会产生较大的兴趣,因为大部分孩子都喜欢小兔子,对于小兔子有一定的感性认识,这个探究问题处于孩子的"最近发展区",符合探究性实验的适度性原则。

3.探究性

探究性原则是指实验包含的规律往往隐藏在较深的层次,需要学生去挖掘;实验的条件和结果之间往往存在着较大的距离,需要学生去跨越;解决问题的方法与途径往往不太明确,需要学生通过尝试、提出假设并验证假设去寻找。这是因为探究性实验作为一种发现性的学习活动,首先需要学生进行深入仔细的观察,并对外界输入的信息和刺激进行过滤,唤起并引起注意,做出有选择的记忆检索,并结合输入信息进行评价,从而提出假设,进行尝试、观察和科学分析,以便检验假设。这样,学生在解决问题的过程中,不仅能学会并形成一定的认知策略和技巧,同时也激发了智慧潜力,并有助于形成内在的学习动机。

五、探究性实验教学的实施程序

盖拉格和施蒂芬等认为,对科学问题的探究最好像科学家那样完整地履行6个探究步骤:①想出或鉴别一个有趣、重要并可以解决的问题;②学习与问题有关的大量信息;③确定有助于解决这个问题的实验、观察、计算;④进行实验、观察或计算;⑤确定结果是否能帮助解决问题;⑥交流研究结果。所以,在实施探究性实验教学时,一般也采用以下几个基本程序。

1.提出问题

知识向创新的转化是以问题为中介的。在创新教育看来,问题是指知识本身的内在矛盾,即知识的局限性、相对性和不足之处。只有当学生感到需要问"为什么"、"是什么"、"怎么办"的时候,思维才会真正启动起来。因此,教师在教学伊始应首先创设问题情景,促使学生头脑中产生有指向性的疑问。教师可根据教学内容、教学目的和要求,从教材或生产、生活实践中提出富有启发性的问题,引导学生设计出一些富有探究意义的实验,使学生明确具体的实验目的,以激发学生的学习兴趣和热情,变"要我学"为"我要学",从而增强学生学习的自主性。

2.科学猜想

教师向学生提出问题后,引起学生的好奇、怀疑、困惑和矛盾,从而激发学生的探究心理,形成探究问题的情境,促使学生积极思考,构思思路,提出实验假设,做出操作方面、现象方面或结论方面的某些预测。教师应鼓励、引导学生对现成的实验内容、步骤和要求等质疑问难;鼓励、引导学生提出不同的设计方案和解决途径,并能从中优选最佳方案和途径。

科学猜想是研究自然科学的一种广泛应用的思想方法,它不是无根据的幻想,而应该有客观的根据。猜想是否正确,要靠实验检验。被实验肯定的猜想,就是实验规律;被实验否定的猜想应该放弃,重新提出新的猜想,再用实验来检验。

3. 设计探索

在实验教学过程中,学生通过设计实验方案,探究解决问题的途径,分步实验,局部推理,最终获得比较准确的结论。在实验探究过程中,面临矛盾和困惑,学生不仅要去收集有关的信息,而且要能创造性地加工信息、分析矛盾、解决矛盾,这对培养学生获取新知识的能力、激发创新精神大有益处。

在实验过程中,教师要及时了解学生探究的情况,有针对性地进行指导、点拨和督促,要组织灵活多样的交流研讨活动,促使学生协作学习,完成探究任务。学生在实验探究中遇到一些有意义的、值得进一步探究的现象或问题时,教师要及时启发、引导他们进一步深入地进行研究。

此阶段主要是为了让学生找到一种科学有效地探索真理的途径和研究问题的方法,培养学生的兴趣和动手技能。学生在教师的指导下,自觉、主动地和教师、教材、同学、实验器材相互作用,进行信息交流,自我调节,形成一种和谐亲密、积极参与的教学气氛和思维活跃、鼓励创新的教学环境。学生的思维在开放、发散中涨落,在求异、探索中又趋于有序,有利于培养学生的独立操作能力、思维能力和创造能力。

4. 得出结论

在总结阶段,教学重点是指导学生将设计的实际过程进行归纳总结,写出设计报告,并开展设计报告会,进行成果展示和报告交流,组织学生评分和评奖,使学生在设计理论及制作能力方面都能上一个台阶。同时对实验得出的结果进行分析,并上升到理论的高度,将结论指导实践,这不仅可以促进学生新的知识结构形成,培养学生的推理能力,又能为学生向深层次的发展奠定基础。

第二节 探究性实验教学设计的理论基础

一、皮亚杰的发生认识论

皮亚杰是瑞士儿童心理学家、哲学家,西方把他视为与苏格拉底、弗洛伊德、爱因斯坦齐名的思想文化巨人。他运用生物学、哲学、逻辑学和数学知识,应用临床法对儿童认知发展的诸多方面进行了广泛深入的研究。在 20 世纪 60 年代创立了一种跨学科的发生认识论。就教育而言,皮亚杰的发生认识论蕴藏着丰富的教育哲理,正如许多学者所说:"发生认识论与教育有着直接或间接的关系,皮亚杰被称之为杰出的教育学家是当之无愧的。"

建构论是皮亚杰发生认识论的核心,从早期著作到晚期著作,他研究的中心始终是认识的建构。皮亚杰在他的重要著作《发生认识论》的结束语中对此做了十分精练的概括:"发生认识者认为,知识产生于不断地建构,因为在每一个理解活动中都会有某种程度的发明,在发展中,一个阶段向另一个阶段的过渡。其特征总在于形成一些在外部世界或主体内心中原先并不存在的新结构。发生认识论的中心问题是探讨新结构的建构机制。"概括地讲,他所谓的建构有两个基本含义:第一,认识建构既是一种发现,又是一种发明,建构带有创造的意味;第二,认识建构即图式的建构,必然是一个发生与发展的过程。发生的起点和发展的基础是主客体之间的相互作用,即动作或行为。

皮亚杰认为学习并不是个体获得越来越多外部信息的过程,而是学到越来越多有关他们认识事物的程序,即建构新认知图式的过程,而且这种新的图式是创造性的,它在性质上也不同于原来的图式。

传统教学模式用一句话概括,就是教师讲,学生听。在这种教学模式下,学生的积极性、兴趣、爱好等非智力性因素长期处于压抑的状态。这种以牺牲大多数学生的发展而获取个别优秀学生的成长的教学模式显然不符合当今社会对人才的大量需求的实况,特别是与我们当今所倡导的素质教育不符。所以,教师和学生应该改变传统的角色定位,以适应新形势的需要。

(一)教师角色定位的转变

在建构论的指导下,教师作为文化传承执行者的角色应转变为学生知识意义建构的帮助者、协作者、组织者和促进者,由单一性向多样性转变。

1. 教师是学生知识意义建构的帮助者

建构主义学习环境一个突出的特点就是创设真实性的环境。教师作为学生知识意义建构的帮助者,不仅体现在为学生查找信息的途径提供帮助,还在于为学生解决学习中遇到的问题提供帮助。如果学生遇到问题,可以通过多媒体和互联网把问题发给教师,教师对这些问题做出反馈,学生再去体会教师的反馈。这种交流,对于学生而言,由于面对的是机器,可以以轻松的心情毫无顾忌地提出问题;对于教师而言,可以直观地看到学生遇到的不同问题,了解各个阶段学生对知识的掌握情况,可以进行个别教学。

2. 教师是学生知识意义建构的协作者

从建构论中我们可以看出协作学习的重要性。教师作为师生之间的协作者,是指教师引导和组织学生就学习内容的主题,充分利用各种信息,在个人自主学习的基础上开展小组讨论,展开广泛的交流。对各种不同观点的争论,可以加深对问题的认识。通过这样的学习,师生的智慧为整个学习群体所共享。在这种学习环境中,教师是协作者而不是作为一个权威者,更利于营造和谐、民主的学习气氛。

3. 教师是学生知识意义建构的组织者

以建构理论为指导进行教学,教师应充当好组织者的角色,组织学生开展多种活动。例如,教师可以组织学生做现场考察和实验,或者组织学生到图书馆去查阅相关资料,或者组织学生通过电话、互联网访问有关专家和实际工作者。然后利用电子网络、统计软件来帮助学生处理各种数据,分析各种原因,并利用文字处理软件来报告研究结果并进行交流。在解决问题的整个过程中,教师有时亲自在场,但更多的时候却像一只隐形的手在组织开展各种活动。

4. 教师是学生知识意义建构的促进者

教师不仅仅是将一套组织得很好的知识清晰地讲给学生听,更重要的是激发学生的学习动机,为学生提供支架,一步步地逼近"最近发展区",促进学生把当前所学的知识和已有的经验联系起来并进行反思,以促进知识的意义构建。因此,教师应创设符合学习主题要求的情景和提示新旧知识之间的线索,帮助学生建构当前所学知识的意义。通过这些活动,学生可以看到知识的不同侧面和问题的不同解决途径,从而形成对知识全面的、崭新的理解。从上面的论述中,我们可以知道,这些角色不是单独起作用的,而是相互交叉、整合在一起,共同承担着学生知识意义建构的支持者这一任务。

(二)学生角色定位的转变

传统教学模式下,学生自始至终处于被动状态,其主动性、积极性难以发挥。但在建构理论指导下,学生应承担起管理和监控自己学习活动的责任。

1. 学生是学习的自我监控者

建构理论要求学生有学习的主动性,在学习过程中,需要每个学生自己确立学习任务和学习方法,在解决问题的过程中,主动探索相关信息和资料,对遇到的问题提出假设并进行验证,同时,不断地反思自己对知识的理解程度,找出自己的进展与目标之间的距离,找到解决问题的策略。

2. 学生是承担更多学习任务的管理者

传统教学模式中,学生走进教室,习惯于听老师讲课。学生对教学任务的管理就是背诵课文、完成作业和参加考试。建构理论启示我们,教师应要求学生承担更多的学习任务。学生从传统教学模式中知识的被动接受者转变为建构主义学习环境下的信息主体和意义的积极建构者,可以控制和管理自己的学习。这种转变将有利于学生发散性思维、创造性思维和批判性思维的发展。在建构论的指导下转变师生角色的定位,与我们目前倡导的主体性教学是相一致的。因为皮亚杰曾指出,在认识发生之初,"既不存在一个认识论意义上的主体,也不存在作为客体而存在的客体",只存在尚未分化的未来的主体和客体及其二者相互作用的中介活动。建构论也被认为是目前最具有前景的学习理论。用建构论的观点来看,一节课的效果如何应当首先关注学生学得如何,因为知识是不能传递的,教师传递的只是信息,知识必须通过学生的主动建构才能获得。教师教学的有效性首先体现在能否调动学生的学习积极性、促进学生对知识的主动建构的过程。

总之,皮亚杰的发生认识论不仅对认识论直接产生了重大影响,对现代教育教学也有很重要的意义,给我国的教学改革带来了很有价值的启示,为探究教学提供了理论依据。

二、奥苏伯尔的有意义学习理论

奥苏伯尔是美国当代著名的教育心理学家,他提出了有意义学习理论。他认为,有意义学习就是在新知识与学习者认知结构已有的适当观念之间建立起非人为的和实质性联系的过程。在有意义学习的过程中,主体表现为学习者认知结构中已有的适当概念,客体表现为要学习的新知识,知识的获得是一个动态过程,即新知识在认知结构上不断地分化和整理,使学习者获得了新知识或清晰稳定的意义经验,原有的知识也在同化过程中发生了有意义的变化。

奥苏伯尔有关学习的诸多理论是建立在他之前的认知心理学家,尤其是皮亚杰的理论基础之上的,并未有多大的超越。他的功绩主要在于他的同化模式有助于实际的教学设计,教师可以根据不同的学习内容设计课堂教学的程序,创设学习条件,调控教学进程,从而促进学生进行有意义的学习。奥苏伯尔虽然偏重于有意义的接受学习,但是他从两种角度对人的学习进行了分类,为探究教学实践中有效地选择、应用乃至创造具体的教学方法提供了理论依据和参照标准。而他提出的"组织者"的概念,也为探究教学中教学情景的创设、教学内容的选择等提供了一定的理论基础。

奥苏伯尔指出,为促进学生掌握新知识,应增强认知结构与新知识之间的联系,此联系的加强需要教师从学习内容和对认知结构变量的控制这两方面来把握。从内容的安排上来说,应尽可能先传授学科中最大包摄性、概括性和最有说服力的概念和原理,以便学生能够对学习内容加以组织和综合;另外,要注意学习的渐进性,只有当学生掌握了有关概念、原理后再学新内容,也就是说只有当有关概念和原理达到一定的稳定性后,新知识才能被吸收、同化。从认知结构变量方面来说,奥苏伯尔认为主要有3个变量影响着新知识的获得,即观念的可利用性、可辨别性和清晰程度。此外,奥苏伯尔还提出了为促进新旧知识的联系应遵循的两个具体原则:①逐渐分化的原则,即让学生学习最一般的、包摄性最广的概念,然后再让学生学习较特殊、较具体的概念和细节,使学生能将下位观念类属于原有上位观念,这样不但使学生获得了新知识,而且学生的原有认知结构也得到改造。这种类属过程的多次出现,将导致认知结构的不断分化。②整合协调原则,又称综合贯通原则。这一原则要求教材的安排和组织应注意包摄水平相同的观点、原理的异同,要清楚指出它们的联系和区别,要求对已有的认知结构中现有的要素进行重新组合。这个原则从横向的一面加强了概念、原理和课题以至章节的联系。经过整合协调,已有的概念命题得到修饰,认知结构被赋予新的意义。

逐渐分化原则和整合原则是进行教学的两个具体的指导思想,如何在教学中贯彻这些指导思想需要教师的创造性工作。奥苏伯尔提出了课堂教学的具体策略,即组织者策略。组织者是指包摄性最广、最清晰、最稳定的引导性材料,因为它常常呈现于教学内容水平本身之前,以帮助确定学习的心向,因此又称为先行组织者。他认为,如果这种先行组织者设计恰当,可以使新知识建立在认知结构中起固定作用的观念之上,为新知识提供了一种脚手架,并且在他们"已经知道的"和"需要知道的"知识之间架设起认知桥梁,从而促进学习和信息保持。奥苏伯尔认为,组织者的作用是为新的学习提供恰当的类属者,它是通过在学习者的认知结构中形成一个新的起固定作用的概念而发生作用的。但需要指出的是,"组织者"的作用要视具体情况而定,当要学习的材料本身组织得很好、结构性很强时,"组织者"对这些材料的学习不起多大的作用,因为这些材料本身已经有了"组织者"的作用;另外,"组织者"对不同学习者的作用也是有差异的。

奥苏伯尔指出,教师在编制"组织者"时,必须考虑"组织者"的3个特征:一是"组织者"应与学习者的认知结构中已有的观念有较广的联系,必须是认知结构中与新的学习材料有关的那些适当观念的整合及简要说明;二是"组织者"应包含着新的学习材料的重要组成部分,它以简明、通俗和高度概括的语言表达所要学习的材料的主要内容;三是"组织者"表示认知结构中适当观念与新的学习材料的联系。不具备这些特征的"组织者"是发挥不了"组织者"作用的,或者说根本就算不上"组织者"。

第三节 探究式实验教学的模式

随着现代教育技术的发展和新课程改革的实施,多媒体辅助实验教学以及学生分组探究性实验教学在生物实验教学中的运用越来越普遍。学生分组探究性实验教学是指在教师的指导下,学生在未知实验结果的情况下所进行的探究实验,其实施的过程一般是:教师或学生发现并提出问题→推测和假设→设计并完成探究实验→讨论、交流→得出结论。学生分组探究性实验教学强调了学生的主动探究,更好地发挥了学生的主体作用,对学生创新思维和实践能力的培养无疑起着非常重要的作用。随着新一轮基础教育课程改革的进一步深入,现阶段诞生了新的探究实验教学模式:开放式实验教学和二次实验法教学。

一、开放式实验教学

(一)开放式实验教学模式概述

1994年,中山大学生命科学学院的王金发教授就已在国内率先探索"开放式、研究性"实验教学新模式,此课题于1997年荣获广东省教学成果二等奖。2001年7月教育部颁布了《基础课程改革纲要(试行)》,《基础课程改革纲要(试行)》提出教师在教学过程中"要处理好传授知识与培养能力的关系,注重培养学生的独立性和自主性,引导学生质疑、调查、探究,在实践中学习,促进学生在教师指导下主动地、富有个性地学习"。此外,"教师应尊重学生的人格,关注个体差异,满足不同学生的学习需要,创设能引导学生主动参与的教育环境,激发学生的学习积极性,培养学生掌握和运用知识的态度和能力,使每个学生都能得到充分的发展"。新课程倡导自主性学习、研究性学习和合作性学习。在新一轮基础教育课程改革的形势下,基础教育中开放式实验教学的模式也就应运而生了。开放式实验教学通过实验教学模式的开放、实验设施的开放以及实验时空的开放等措施,给学生提供了一个充分发挥自我的空间,突出了学生的主体作用,这种实验教学模式将更有助于学生自主学习能力和创新能力的培养。

实验教学是生物教学的一个重要组成部分,它不仅仅是引导学生验证理论、培养学生实验技能的过程,更重要的是通过师生的共同努力,培养学生的创新精神,引导学生掌握科学的思维方式,从而系统地提高学生综合分析问题和解决问题的能力。开放式实验教学是针对传统的封闭式实验教学而言的,其核心思想是把学生从封闭式的学习环境中解脱出来,为他们提供一个能够充分发挥自主性、创造性的学习环境。开放式实验教学的开放性主要表现在以下几方面。

(1)教学模式的开放。在传统的封闭式的实验教学过程中,学生只能被动地按照书本、老师所设计好的实验步骤进行实验,实验局限于课堂、局限于实验室。学生虽然对实验有着浓厚的兴趣,但在这样表面上热热闹闹的实验之后常常感到大失所望,因为他们体验不到实验的成就感。而在开放式实验教学中,实验时间可预约开放,实验内容可自由选择,实验方案可由自己设计,实验器材等完全开放,学生自己完成实验的整个过程。指导教师也一改以往辅导过细、过分看重结果的做法,允许学生用不同的方法、不同的手段进行实验,并允许失败,让学生充分展示自我。这样,学生在体会其中乐趣的同时,还能体会到科研工作的严谨和曲折。

(2)教学内容的开放。传统的教学过程中,教师往往要花很多的时间去重复理论课的相关内容,实验课变成了理论课的搬家,真正属于学生自己动手的时间不多,真正让学生感兴趣的很少,本末倒置。开放式实验教学中,可在教师提出的选做项目中,由学生自己选择、确定实验内容,从而满足学生开展设计型、科研型实验的需求。

(3)教学设施的开放。目前实验设施的不足以及利用率过低是限制实验教学的一大原因。传统实验教学一般采用分组的方法进行,一个班分成若干小组,每节课因实验时间有限,不能做到人人动手。因此,对大多数学生来说,也就谈不上熟练掌握实验仪器的使用技巧,更别说运用实验仪器去进行各种探究实验了。解决这一问题的办法之一是,将教学设施(包括学生要查找资料的电子阅览设施)应学生的预约要求,错开时间段开放。

(4)教学时空的开放。传统的实验教学中,学生在有限的时间内对实验的原理很难深入理解,对实验中的异常现象往往也来不及分析思考。开放式实验教学不受时间和空间的限制,可将课堂延伸到课外、校外,延伸到家庭、社区。由课堂带动课外,再由课外促进课堂。当前,不同学科的相互影响和相互渗透不断加强,很多探究实验的完成除了需要学生与同学、老师、家长的合作外,有的还需要有关行业的其他人士的合作才能完成,因此实验教学尤其需要实现教学时空的开放。

(5)教学评价的开放。学生实验成绩的评定不再只以平时实验报告的成绩来总评,更不是以死记硬背的答卷方式来进行,而是通过选做实验,独立完成对某一问题的探究来进行评价,着重对其实验能力进行全面的评价。评价的宗旨是激励,进而产生进一步学习的动力。因此,教师在进行开放式教学评价时,要注重评价的多元化,让学生从评价中体验到成功,使其自信心和自尊心得到进一步增强。

(二)开放式实验教学的理论依据

开放式实验教学的理论依据主要是新课程理念和建构主义学习理论。

1.新课程理念

现代教育论认为,教育的真正意义在于发现人的价值、发挥人的潜能、发展人的个性。因此,促进学生学习方式的改变是我国本次新课程改革的主要内容。《基础教育课程改革纲要(试行)》中强调要"改变课程实施过于强调接受学习、死记硬背、机械训练的现状,倡导学生主动参与、乐于探究、勤于动手,逐步培养学生收集和处理科学信息的能力、获取新知识的能力、分析和解决问题的能力,以及交流与合作的能力"。要"注重培养学生的独立性和自主性,引导学生质疑、调查、探究,在实践中学习,促进学生在教师指导下主动地、富有个性地学习"。开放式实验教学的出发点就在于此,它真正实现了学生学习方式的改革,体现了过程性、体验性和探究性,充分满足了学生发现、想象、探索和表现的愿望,是培养学生创新精神和实践能力的重要途径。开放式实验教学打破了"教师中心"和"课堂中心",从思想上解除了对学生的束缚,充分发挥了学生的主体作用,给每个学生提供了参与和探索的机会,为学生的思维发展提供了一个充分自由的空间。此外,在开放式实验教学中,学生分析和解决问题的能力,以及交流与合作的能力等也都得到了很好的发展。

2.建构主义学习理论

20世纪80年代,皮亚杰等西方心理学家通过研究儿童认识世界的心理过程,创立了儿童认知发展"日内瓦学派",在认知学习理论的基础上建立起"建构主义学习理论"。随着新课程改革的普及,建构主义学习理论越来越受到人们的关注。

建构主义学习理论认为,学习环境包括四要素,即"情境"、"协商"、"会话"和"意义建构"。情境就是创设真实情境,建构主义学习理论把创设情境看做意义建构的必要前提,并作为教学设计的最重要内容之一。协商与会话是协作学习的主要形式,意义建构是学习的目的,它要靠学生自觉、主动去完成。教师和外界环境的作用都是帮助和促进学生的意义建构。该理论的中心论点是:教学应以学生为中心,学生是认知的主体,教师是意义建构的帮助者、促进者,而不是知识的传授者与灌输者。简单地说,学习者获得知识的多少取决于他本人根据自身经验去建构有关知识的意义的能力,而不取决于学习者记忆和背诵教师讲授内容的能力。正如建构主义学习理论所言,学习并非一种孤立的个人行为,适当的环境是学习的必要条件。开放式实验教学为学习者主动而积极地建构自己的知识提供了一个很好的平台,它能确保每一位学生都能经历解决实际问题的过程,每一位学生都能以自己的方式建构对于事物的认识。协商与会话是协作学习的主要形式,通过开放式实验教学中的合作学习,不仅可发展学生形成并捍卫自己观点的能力,同时也可发展学生尊重他人观点并与他人共同协商与合作的能力,从而使得自己对事物的认识更加全面、更加丰富。开放式实验教学以学生为中心,强调了学生主动获取知识的过程,突出了学生的主体作用,究其本质,它是建构主义学习理论在生物学实验教学中的一大体现。

(三)开放式实验教学模式流程图

1.开放式实验教学的一般模式(图 5-1)

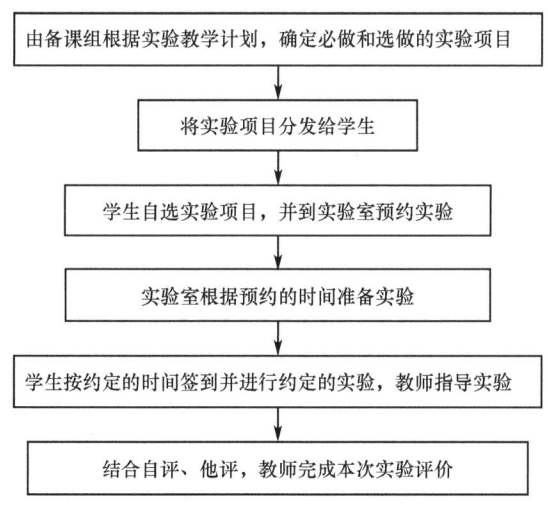

图 5-1　开放式教学模式

开放式教学模式常应用在探究性实验教学上。在教学方法方面,可以采用先实验后讲授和边实验边讲授两种形式。至于采用哪种形式,必须参照每个实验的具体情况和学生掌握实验技能的程度来确定。此外,在教学过程中还需要注意以下几点:①由于探索性实验要求实验者具有严谨的科学态度和良好的实验操作技能以及一定的分析、归纳和比较能力,这些与中学生目前所具备的生物科学素养尚有一段距离。因此,开放式实验必须在教师的精心安排和指导下才能取得良好的效果。②从实验所需的时间上看,一般来说,开放式实验的用时要比验证性实验多。另外,季节因素、课时因素也有可能影响到开放性实验的开设和效果。

2. 开放式实验教学的案例

案例1 探究种子萌发所需要的外界条件(七年级上册)

步骤一:备课组根据教学要求确定必做实验和选做实验。

必做实验(任选其中之一):①探究水分对种子萌发的影响。②探究温度对种子萌发的影响。③探究空气对种子萌发的影响。

选做实验:①探究土壤对种子萌发的影响。②探究光对种子萌发的影响。

步骤二:将实验项目分发给学生。

步骤三:学生自选实验项目。有两位同学提出,他们想探究土壤中动物的活动对种子萌发的影响,同意他们立题。选择同一课题的同学可自由组合成一小组(每小组不超过4人),然后以小组为单位自己到实验室预约实验时间。

步骤四:学生根据预约的时间到实验室准备并实施实验,教师只给予必要的指导。给学生准备的实验材料有小麦种子、水稻种子、大豆种子和花生种子等,实验仪器有培养皿,大、小烧杯,试管,量筒等。从实验仪器、实验材料的选择到实验设计的完成等均由学生自己完成,教师只给予必要的指导。例如,对于刚入中学的七年级学生来说,有的在实验设计时未遵循单一变量原则;有的在实验时其实验组和对照组的培养皿中都只放了一粒种子,这样显然不能保证实验数据的可靠性和准确性……教师可给予适当的指导。

步骤五:学生交流、讨论实验结果,并完成实验报告。

步骤六:参考自评、他评,教师根据学生实验的全过程给予激励性的综合评价。

在传统的相对封闭式的教学中本实验是在40min内由教师讲完实验原理、实验目的和实验注意事项等之后,全班同学在教师的统一指令下利用教师事先安排好的实验仪器和实验材料而进行的实验。学生无须思考,也没有机会去进行其他的尝试。长此以往,学生将失去求知的热情,养成人云亦云的不良习惯。而开放式实验教学满足了不同个体的不同需求,有效激发了学生学习的积极性,培养了学生研究的主动性、创造性和科学性。

案例2 探究酶的特性(高中生物必修一)

备课组根据教学要求确定必做实验和选做实验。

必做实验:①探究酶具有高效性。②探究温度对酶活性的影响。③探究pH对酶活性的影响。

选做实验:①验证或探究酶的专一性。②探究不同酶的最适温度。③探究不同酶的最适pH。④探究生活中各种酶(嫩肉粉中的木瓜蛋白酶、多酶片中的消化酶、加酶洗衣粉中的酶等)的应用。

接下来的工作正如上述模式中所描述的:学生选择实验项目并到实验室预约实验,实验室根据预约的时间准备实验等。若学生中有自己感兴趣的且与本课题有关的其他探究问题,只要是合理的,应尽可能满足。本教学方式的宗旨就在于尊重学生的意见。

安排的选做实验有不少与日常生活是非常贴近的,这不仅有助于提高学生学习生物的兴趣,而且符合现行高中《生物课程标准》所提出的要求:学生要"知道生物科学技术在生活、生产中的应用",要"积极参与生物科学知识的传播,促进生物科学知识进入个人生活和社会生活"。

显然,开放式实验教学与传统的封闭式实验教学相比,教师要付出更多的时间、精力和耐心,但学生的主体性、积极性和创造性得到了真正的发挥,因此,开放式实验教学应该成为未来实验教学的主流。

二、二次实验法教学

(一)二次实验法教学概述

二次实验教学法是指对初次实验中所发现的问题进行第二次探究性的实验,它也是新课程改革的成果。教育心理学研究表明,"问题"是学生学习的心理动力,思维永远从问题开始。古人亦云"为学患无疑,疑则有进","小疑则小进,大疑则大进"。传统教学易让学生养成尊重权威、自我克制、长于记忆等心理习惯与行为方式,从整体上看缺乏创新精神。新课程倡导教师要善于引导学生敢于质疑:向权威质疑、向课本质疑、向教师质疑。"疑"是学习的需要,也是创造的基础。

二次实验法教学是在保证传统生物教学的知识体系和基本技能培养的基础上所进行的探究性实验教学。初次实验教学是传统的验证性或探究性实验教学,帮助学生理解实验的基本操作技能和原理;第二次实验是在第一次实验之后,在学生已掌握一定的操作技能和基础理论的基础上,针对第一次实验过程中所产生的问题所进行的重新设计和探究实验。

初次实验教学阶段,在验证和巩固理论课上所学的基础理论和知识的过程中,教师要善于引发学生的问题意识,一系列的"是什么","为什么",不仅可以启发学生思考,使学生明确实验的目的,而且可鼓励学生大胆质疑,勇于创新,这样也为第二次的探究性实验埋下伏笔。归纳起来,初次实验教学要达到以下三个目的:让学生理解基本的实验原理;让学生掌握基本的实验操作技能;让学生提出一定的问题,为第二次实验确定探究的方向。

第二次实验教学阶段,学生针对第一次实验所产生的问题,设计并实施第二次实验。该阶段教学的主要目的是引导学生冲破书本的束缚,培养他们敢于质疑、开拓创新的精神和继承性的批判思维。

二次实验法教学的优点在于:①夯实了基础。第一次实验训练了学生的基本理论和基本技能,第二次实验又用到了这些基本理论和基本技能,这样不仅复习巩固了第一次训练的基本理论和基本技能,而且又将其进一步深化。与传统的实验教学和当前的探究式实验教学相比,它更具备基础性。②创新性强。第一次实验后的讨论重在培养学生质疑,第二次实验的设计重在培养学生的创新思维。③可操作性强。第二次实验是在第一次实验的基础上进行的,此时学生已掌握了一定的基础理论和相关的操作技能,因而,相对于一般的探究性实验,可操作性更强。④易被接受。二次实验中的探究性实验主题和教学内容密切相关,不会与考试指挥棒相背离,也不会打乱原有的教学顺序,因而易被学校、教师和家长接受。

当然,对二次实验的评价更要体现形成性评价的特点:重在实验过程、重在知识技能的应用、重在学生参与过程中获得的感悟和体验,对结果不理想但有独到见解的学生尤其要给予肯定和鼓励的评价,以保护他们难能可贵的创新意识。

(二)二次实验法教学的理论依据

二次实验法教学的理论依据主要是新课程中的教材观和前苏联教学论专家马赫穆托夫创立的问题教学法。

1. 新课程中的教材观

新课程教材观认为,教材应是可变的、发展的和开放的。而传统教材观则是将教材神圣化,强调师生绝对服从。这样必然会导致学生对传统教材乃至所有书本的盲目崇拜,扼杀学生的自主精神和创新能力,同时也使学生无法在学习中体会到脑力劳动的乐趣。新课程倡导教师要"用教材教"而不是"教教材",教学应以课程标准为依托,教材并非是教学的金科玉律,课本也不再是教学的全部内容,而是一种教学资源。新课程教材观确立的重要意义在于改变学生的学习活动方式,培养其主体性和批判精神,这源于《基础教育课程改革纲要(试行)》所强调的"注重培养学生的独立性和自主性,引导学生质疑、调查、探究,在实践中学习,促进学生在教师指导下主动地、富有个性地学习"。新的教材观将学生从教材中解放了出来,从而真正发展了学生的主体能动性,只有这样才能大大改善学生的学习状况,使其感受到学习及成长的乐趣,也只有如此才能真正发挥教材的功能。二次实验法教学一方面鼓励学生敢于质疑,挑战权威,使学生的继承性批判思维得以充分发展;另一方面,在学生对教材做革新性和批判性使用的同时,课程的潜能也得以充分展现。

2. 马赫穆托夫的问题教学法

问题是思维的起点。美国的布鲁巴克认为,"最精湛的教学艺术,遵循的最高原则,就是学生自己提问题"。问题教学法源远流长,古希腊就有了问题教学法。20 世纪 60 年代,苏联教学论专家马赫穆托夫创立出问题教学法。随着世界性课程改革运动的开展和思维心理学研究的深入,问题教学法受到广泛关注,现已成为当代教学法中的一朵奇葩。马赫穆托夫在他的《现代的课》一文中是这样概述问题教学法的:"从内部结构的观点来看,可以认为问题性的课是这样的:在这种课上,教师有意创设问题情境,组织学生开展探究活动,让学生提出问题和解决问题(这种做法的问题性水平较高),或由教师自己提出这些问题并解决它们,在此同时向学生说明在该探索情境下的思维逻辑(这种做法的问题性水平较低)。"可见,问题教学法就是引导学生运用智慧去探究或探索以解决问题的一种方法,让学生在寻求和探索解决问题的活动中,学会学习、学会思考、学会创造。无疑,问题教学法是一种发展性的教学方法。

问题教学法一般分为 5 个步骤:发现问题、提出问题、假设、实验验证、得出结论。与之相对应的,在二次实验法教学的过程中也有 5 个步骤。分别是:①在初次实验中,学生必须要意识到某个问题。②在学生意识到问题以后,他必须能清楚地界定这个问题。③一旦对初次实验做过透彻的检查和分析,就会产生某个假设。④对该假设进行实验验证。⑤实验验证之后得出结论。

二次实验法教学应是问题教学法在实验教学中的一种体现,它的价值在于,一方面可以避免传统教育灌输教材的方法;另一方面,学生可以在解决问题的过程中充分发展其创新思维。

二次实验法教学模式见图 5-2 所示。

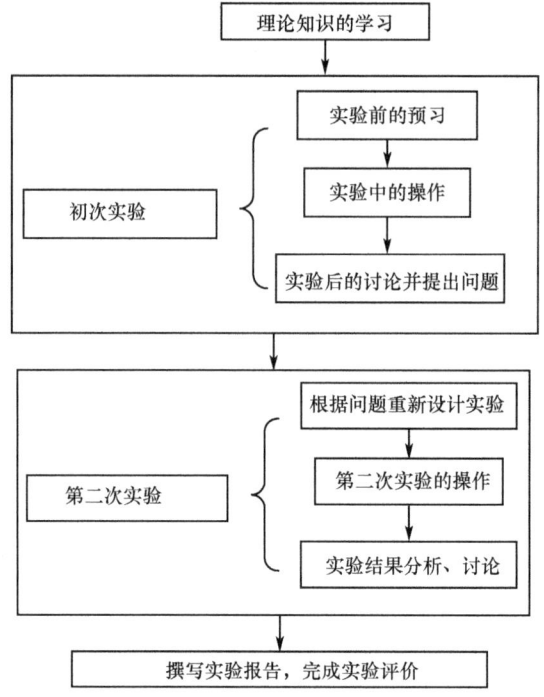

图 5-2 二次实验法教学模式

(三) 二次实验法教学的教学案例

案例 1 观察洋葱根尖细胞的有丝分裂(高中生物必修一)

1. 实验原理

在植物体中,有丝分裂常见于根尖、茎尖等分生区细胞,高等植物细胞有丝分裂的过程可人为划分为分裂间期和分裂期(前期、中期、后期和末期)。细胞核内的染色体容易被碱性染料染成深色,用高倍显微镜观察到植物细胞各个时期内染色体的分布情况,可以此推断该细胞处于有丝分裂的某一时期。

2. 目的要求

(1) 观察植物细胞有丝分裂的过程,识别有丝分裂的不同时期。

(2) 初步掌握制作洋葱根尖有丝分裂装片的技术。

(3) 初步掌握绘制生物图的方法。

3. 材料用具

(1) 实验材料:洋葱(可用蒜、水仙等代替)。

(2) 实验器具:显微镜、载玻片、盖玻片、玻璃皿、剪刀、镊子、滴管、滤纸。

(3) 实验试剂:质量分数为 15% 的盐酸,体积分数为 95% 的酒精溶液,质量浓度为 0.01g/mL 的龙胆紫溶液或质量浓度为 0.02g/mL 的醋酸洋红液。

4. 按传统实验教学方法完成此实验的方法步骤

1) 洋葱根尖的培养

在上实验课前的 3~4d,取洋葱一个,放在广口瓶上。瓶内装满清水,让洋葱的底部接触到瓶内的水面。把这个装置放在温暖的地方,注意经常换水,使洋葱的底部总是接触到水。待根长到 5cm 时,可取生长健壮的根尖制片观察。

2) 玻片标本的制作

(1) 解离:上午 10:00 时至下午 14:00 时是洋葱根尖细胞有丝分裂的活跃期,可在这个时间范围内剪取洋葱的根尖 2~3mm,立即放入盛有质量分数为 15% 的盐酸和体积分数为 95% 的酒精溶液的混合液(按 1∶1 比例配成)的玻璃皿中,于室温下解离 3~5min。

(2) 漂洗:待根尖酥软后,用镊子取出,放入盛有清水的玻璃皿中漂洗 10min。

(3) 染色:把洋葱根尖放进盛有质量浓度为 0.01g/mL 的龙胆紫溶液或质量浓度为 0.02g/mL 的醋酸洋红液的玻璃皿中,染色 3~5min。

(4) 制片:用镊子将这段根尖取出,放在载玻片上的水滴中央,用镊子尖把洋葱根尖弄碎,盖上盖玻片,在盖玻片上覆上一张滤纸片,再加盖一片载玻片。然后,用拇指轻轻按压载玻片,这样可以使细胞分散开。

3) 观察

先用低倍镜找到分生区细胞,再换用高倍镜仔细观察。

4) 绘图

找出各分裂时期的细胞,将简图绘出。

5. 应用二次实验法完成此实验的方法步骤

步骤一:简要回忆初中所学的"根尖的结构",旨在让学生明白实验中所要观察的是根尖的分生区。

步骤二:指导学生预习本实验,理解实验的步骤和原理,重点是理解制作玻片标本的 4 个步骤(解离、漂洗、染色和制片)的目的和方法。

步骤三:学生按课本中的实验步骤进行初次实验。在此过程中,学生会不断地有问题产生,此时教师注意引导和启发学生,为第二次实验打下伏笔。本实验中,学生的问题归纳起来有:①很难找到呈正方形的分生区细胞,视野中绝大多数细胞呈长方形。②解离 3~5min 后,根尖未见明显酥软。③3mm 长的根尖在盛有染液的玻璃皿中染色后不易找到,且按照书本中的染色时间处理后,视野中的整块材料都呈深紫色,不易观察到细胞中染色体的形态和数目。④在制片时,洋葱根尖仍比较硬,不易压碎。

步骤四:完成初次实验后引导学生讨论实验中所出现的问题,学生的分析如下:①之所以不易找不到分生区细胞,有可能是5cm长的根已开始老化,其分生区的分裂活动已不旺盛,建议待根长到2~3cm时即用。②根未完全酥软的原因是解离的时间过短,由此也会导致制片时根尖不易压碎,建议将根尖解离的时间适当延长。③将染色的时间适当缩短。④截取3mm根尖的工作放在染色后进行,染色前根尖可长些,这样可避免发生由于根尖太短在染色后于深色染液中不易找到的情况。⑤少数学生建议:制片工作太繁琐,可考虑在取根尖时削根尖的一薄片,然后进行解离、漂洗、染色等工作。

步骤五:针对上述问题,让学生分组进行第二次实验,教师给以适当的指导。

步骤六:分析实验结果,完成实验报告和实验评价。

用二次实验法完成此实验不仅培养了学生的科学探究能力,而且培养了学生尊重事实、勇于创新、敢于打破课本权威的科学精神。

案例2 蚯蚓在什么样的物体表面爬得快(七年级上册)

本实验的使用材料是硬纸板和玻璃板。

用二次实验法完成此实验的步骤如下。

步骤一:预习实验的目的和步骤。这是一个探究实验,但从已给出的背景知识(蚯蚓的身体由许多体节构成,体表湿润并且有许多粗糙的刚毛。蚯蚓依靠肌肉和刚毛运动),学生都已能推断,蚯蚓应在玻璃板上爬得较慢,因为在玻璃板上,蚯蚓的刚毛不易发挥支撑作用。

步骤二:学生进行初次实验,教师给以适当的指导。

步骤三:对初次实验的结果进行分析。大多数学生实验的结果与理论推断不符:蚯蚓在玻璃板上比在硬纸板上爬得快。为什么实验结果与理论推断不符呢?仔细分析原因,有学生发现蚯蚓爬行时分泌的黏液增大了蚯蚓与玻璃板之间的摩擦,有学生提出玻璃不够干净、光滑,还有学生说,因实验时间相对较长,蚯蚓体表水分的丢失所导致的体表干涩,造成蚯蚓与玻璃板之间的摩擦增大。教师引导:"如何消除这些不利因素的干扰呢?"学生在讨论后一致认为:应采取的针对性措施是,首先得保证玻璃干净,其次,可用干净的毛笔蘸清水将纸面和玻璃面润湿以最大限度地减少黏液的干扰和体表水分的丢失。

步骤四:学生进行第二次探究实验。

步骤五:分析实验结果,完成实验报告和实验评价。

可见,用二次实验法完成此实验,使学生研究蚯蚓生命活动的思维得到了有效的拓展,为初入中学的七年级学生从事今后的科学探究打下了良好的基础。

第四节 新课程标准下的探究性实验

为了适应时代的发展,新课程标准在继承我国现行生物教学优势的基础上,力求更加注重学生的发展和社会的需求,更多地反映生物科学技术的最新进展;更加关注学生已有的生活经验;更加强调学生的主动学习,并增加实践环节。新课程标准提出"倡导探究性学习"的理念,力图改变学生的学习方式,引导学生主动参与、乐于探究、勤于动手,逐步培养学生收集和处理科学信息的能力、获取新知识的能力、分析和解决问题的能力,以及交流与合作的能力等,突出创新精神和实践能力的培养。

一、初中生物新课程标准对探究性实验的要求

(一)初中生物新课程标准中对探究性实验教学目标的要求

初中生物新课标的内容标准中,包括10个一级主题:①科学探究;②生物体的结构层次;③生物与环境;④生物圈中的绿色植物;⑤生物圈中的人;⑥动物的运动和行为;⑦生物的生殖、发育与遗传;⑧生物的多样性;⑨生物技术;⑩健康地生活。"科学探究"作为第一个一级主题被列入内容标准中,可见新课标对科学探究的重视程度。

初中生物新课标提出教师应积极提供机会让学生亲自尝试和实践,并将科学探究的内容标准尽可能渗透到各主题内容的教学活动中;同时指出,教师在引导学生参与科学探究活动时不仅应让学生参加科学探究的某些方面的活动,也应该注意让学生有机会参与若干完整的探究活动,培养科学探究能力。

新课标对理解探究能力和发展探究能力所应达到的标准给出了一定的解释。

1. 理解科学探究

(1)体验到科学探究是人们获取科学知识、认识世界的重要途径之一。

(2)意识到提出问题是科学探究的基础,解决科学问题常常需要做出假设。

(3)意识到科学探究可以通过观察、实验、调查等多种途径来获得事实和证据。

(4)意识到科学探究既需要观察、实验、调查,又需要进行推理和判断。

(5)体会到科学探究需要正确的表达、需要与人交流和合作。

2. 发展科学探究能力(表5-3)

表 5-3

科学探究过程	基本要求
提出问题	尝试从日常生活、生产实际或学习中发现与生物学相关的问题。尝试书面或口头表述这些问题。描述已知科学知识与所发现问题的冲突所在
做出假设	应用已有知识,对问题的答案提出可能的设想。估计假设的可检验性
制订计划	拟定探究计划。列出所需要的材料与用具。选出控制变量。设计对照实验
实施计划	进行观察、调查和实验。收集数据。评价数据的可靠性
得出结论	描述现象。处理数据。得出结论
表达、交流	撰写探究报告。交流探究过程和结论

(二)根据新课标编写的初中生物教材中关于探究性实验的设置安排

根据新课标编写的苏教版初中生物教材中,一共设置了122个生物实验,其中包括探究类活动、操作类活动、观察类活动、讨论类活动、调查类活动、实习类活动、游戏类活动7种类型的实验活动,它们在初中生物教材中的分布情况大致如表5-4所示。

表5-4

活动类型	七年级(上)	七年级(下)	八年级(上)	八年级(下)	小计
探究类活动	5	6	3	7	21
操作类活动	8	4	1	1	14
观察类活动	11	9	6	5	31
讨论类活动	5	5	11	8	29
调查类活动		6	3	5	14
实习类活动		5	4		9
游戏类活动	1		2	1	4
合计	30	35	30	27	122

从以上表格中我们可以看出在122个生物实验中,有21个探究类实验活动,它们分别是:

(1)影响鼠妇分布的环境因素　　　　　七年级生物(上);
(2)蚯蚓在什么样的物体表面爬得快　　七年级生物(上);
(3)草履虫对刺激的反应　　　　　　　　七年级生物(上);
(4)种子萌发需要的外界条件　　　　　　七年级生物(上);
(5)根的生长部位　　　　　　　　　　　七年级生物(上);
(6)常见食物的营养成分　　　　　　　　七年级生物(下);
(7)口腔内的化学性消化　　　　　　　　七年级生物(下);
(8)运动对心率的影响　　　　　　　　　七年级生物(下);
(9)呼吸时二氧化碳体积分数的变化　　　七年级生物(下);
(10)手皮肤的触压觉　　　　　　　　　　七年级生物(下);
(11)模拟酸雨影响植物种子的萌发　　　　七年级生物(下);
(12)果实和种子适应传播的结构　　　　　八年级生物(上);
(13)蚂蚁的觅食行为　　　　　　　　　　八年级生物(上);
(14)酒精对水蚤心率的影响　　　　　　　八年级生物(上);
(15)防止食物腐败的方法　　　　　　　　八年级生物(下);

(16)水生被子植物对水生环境的适应　　　　八年级生物(下);
(17)不同土壤环境中的无脊椎动物　　　　　八年级生物(下);
(18)霉菌生长的环境条件　　　　　　　　　八年级生物(下);
(19)生物进化的过程和原因　　　　　　　　八年级生物(下);
(20)生态系统的稳定性　　　　　　　　　　八年级生物(下);
(21)天然草地与人工草坪　　　　　　　　　八年级生物(下)。

(三)初中新课程标准对探究性实验活动的实施建议

新课标对这 21 个探究性实验活动提出了以下实施建议:① 要培养学生"强调整体的观点";② 要培养学生"强调统计的观点";③ 要培养学生"强调随机性的观点";④ 要培养学生"强调与环境适应的观点";⑤ 要培养学生"强调种群的观点";⑥ 要做对照实验;⑦ 对照实验要在其他条件相同时同步进行;⑧ 要给学生充分的思考时间。

二、高中生物新课程标准对探究性实验的要求

(一)高中生物新课程标准对探究性实验教学目标的要求

《普通高中生物新课程标准》(以下简称《标准》)倡导探究性学习,力图促进学生学习方式的变革,引导学生主动参与探究过程,勤于动手和动脑,培养和发展学生的科学探究能力。《标准》对发展学生的科学探究能力提出的具体要求是:

(1)客观地观察和描述生物现象;
(2)通过观察或从现实生活中提出与生物学相关的、可以探究的科学问题;
(3)分析问题,阐明与研究该问题相关的知识;
(4)确认变量(包括调节变量和应变量);
(5)做出假设和预期;
(6)设计可行的实验方案(或调查方案);
(7)实施设计方案,搜集数据;
(8)利用数学方法整理和解读数据;
(9)根据实验或调查提供的证据做出合理判断;
(10)用准确的术语、图表介绍研究方法和结果,阐明观点;
(11)听取他人的意见,利用证据和逻辑对自己的结论进行辩护以及做必要的反思和修改。

(二)高中生物新课程标准对探究性实验的安排

高中生物新课程是根据《基础教育课程改革纲要(试行)》和《普通高中课程方案(实验)》的精神和要求设计的。

高中生物新课程分为必修和选修两个部分,必修部分包括"生物1:分子与细胞"、"生物2:遗传与进化"、"生物3:稳态与环境"三个模块;选修部分包括"选修1:生物技术实践"、"选修2:生物科学与社会"和"选修3:现代生物科技专题"三个模块。6个模块共设置了63个生物实验,各种实验类型情况分布如表5-5所示:

表 5-5

活动类型	生物1	生物2	生物3	选修1	选修2	选修3	小计
探究类活动	4		3	2			9
操作类活动	2	4	3	7	2	1	19
观察类活动	3	1		1	1		6
讨论类活动	2	4	3	2	4	3	18
调查类活动		1	5		3	2	11
实习类活动							
游戏类活动							
合计	11	10	14	12	10	6	63

从上表我们可以看出在高中生物课程中共设置了63个实验,其中9个是探究性实验,它们分别是:

(1)探究影响酶活性的因素;

(2)探究酵母菌的呼吸方式;

(3)模拟探究细胞表面积与体积的关系;

(4)探究植物生长调节剂对扦插枝条生根的作用;

(5)探究培养液中酵母种群数量动态变化;

(6)探究水族箱(或鱼缸)中群落的演替;

(7)尝试制备和应用固相化酶,制成固相化乳糖酶并检测牛奶中乳糖的分解,通过此实验了解并探讨固相化酶的应用价值;

(8)探究利用苹果匀浆制成果汁的最佳条件,检测果胶酶的活性,观察果胶酶对果汁形成的作用,并收集果胶酶被利用于其他方面的资料;

(9)研究并试验将有油渍、汗渍、血渍的衣物洗净的办法,尝试应用脂肪酶、蛋白酶的洗涤效果,用实验找出在什么条件下使用加酶洗衣粉效果最好。

(三)高中生物新课程标准对探究性实验教学的建议

《标准》是高中阶段生物学教学的基本依据。《标准》旨在全面提高学生的科学素养,倡导探究性学习,重视生物科学与学生生活和社会的联系。《标准》提出教师应在认真学习和领会《标准》的基础上,结合地区、学校和学生的实际,创造性地进行探究性实验教学,不仅要使学生获取一定的知识,还要使学生习得获取知识的方法,提高解决问题的能力;在教学中,应该让学生亲历思考和探究的过程,领悟科学探究的方法。只有这样,《标准》规定的目标才能落到实处。《标准》建议教师在组织探究活动时应注意以下几个方面。

1. 要有明确的教学目标

强调学生的学习过程,并不是意味着可以忽视学生的学习成果,而是对学习成果提出了更高的要求,探究是达成这些成果的重要途径。每一次探究活动都要有明确的教学目标。教学目标应使用行为动词来表达,以便有针对性地完成活动过程的设计,也便于在活动之后检验教学成果。

2. 要有值得探究的问题或研究任务

每个探究活动应有学生未知答案的问题。如果学生已经知道答案,就不可能经历真正的探究。

除了教科书中的案例外,教师可以用多种方式创设问题情境,鼓励学生提出自己感兴趣的问题,并选择其中最有探究价值的问题作为小组或全班共同研究的课题。

3. 要有民主的师生关系和求真求实的氛围

科学探究活动的开展需要民主的师生关系和求真求实的氛围。教师要鼓励学生,并给每个学生尽可能多的机会来提出个人的想法、见解、问题,并运用证据和逻辑展开讨论。讨论问题时,教师和所有学生应处于平等的地位。教师在组织教学的过程中,应注意保护学生勇于探究的精神和自信心。

4. 探究性学习是重要的学习方式,但不应成为唯一的方式

不同的学习方式有各自的特点、优势和适用的条件。教师应根据不同的教学内容注意采用多样化的教学方式,如演示、讲授、辩论、模拟、游戏、角色扮演、专题讨论、项目设计、个案研究等。

三、新课程标准提出加强和完善生物实验教学

实验教学是生物教学的基本形式之一,也是一类探究活动,《标准》的内容标准部分列举的一些活动建议中,大多数是实验,新课标同时也提出了加强和完善生物实验教学的要求。

（1）学校应逐步完善生物实验室的建设、仪器设备和用具的配置，保证实验教学经费的投入。生物教师也应创造条件，就地取材、因陋就简地开设好生物实验。

（2）实验设计应该多样化。例如，可以采用比较规范的实验仪器设备设计实验，也可以设计低成本实验；可以采用生物材料设计实验，也可以设计模拟性实验；有条件的学校还可以适当引入多媒体技术进行虚拟实验。应鼓励学生参与设计实验。

（3）在重视定性实验的同时，也应重视定量实验，让学生在量的变化中了解事物的本质。教师应向学生提供机会学习量的测定，实事求是地记录、整理和分析实验数据，定量表述实验结果等。

（4）要注意实验安全教育。安全使用实验器具（如解剖器具、玻璃器皿、酒精灯等）和实验药品（乙醇、酸、碱等）是生物学实验的基本技能，教师应强化安全教育，增强学生自我保护意识。

四、新课程标准提出对学生的探究能力进行考查

新课标提出对学生的探究能力进行评价。培养学生的探究能力是义务教育阶段生物课程的重要目标之一。在教学过程中，教师应帮助学生在探究活动中逐步形成观察、归纳和发现问题的能力，逐步形成设计实验、调查研究、动手实验的能力，逐步形成收集和分析数据、表达和交流的能力等。教师应结合探究活动的全过程评价学生的探究能力。例如，"探究种子萌发条件"的活动中，应该结合学生表现出来的探究能力进行评价。

案例 "种子萌发环境条件"探究活动

让学生在日常生活和观察的基础上提出种子萌发可能需要的环境条件，如水、空气、温度、阳光、肥料、土壤等，然后设计实验，并实施实验，收集实验数据和资料，总结出种子萌发必需的环境条件。

教师和学生可以参照下列各项给予评价：

（1）能否根据观察或生活经验提出问题，根据问题提出假设？
（2）能否利用身边的材料设计探究的实验方案，包括设计对照实验？
（3）能否按照实验计划准备实验材料，有步骤地进行实验？
（4）能否按照实验操作的规范要求完成实验？
（5）能否安全地使用各种实验器具？
（6）能否实事求是地记录和收集实验数据？
（7）能否分析实验数据并得出结论？
（8）能否在探究活动中与他人合作和交流？

总之，新课程标准对探究性实验教学内容、教学建议以及教学评价等方面都做

了明确的说明。探究性实验教学体现了新课程改革的核心目标——课程功能的转变,这对于绝大部分生物教师来说是一种全新的挑战。首先,探究性实验教学要求改变课程过于注重知识传授的倾向,强调使学生形成积极主动的学习态度,使学生获得基础知识和基本技能的过程,同时成为学生学会学习和形成正确价值观的过程,这就要求教师要从"经验型教师"向"研究型教师"转变;其次,探究性实验教学强调从传统教学单纯注重传授知识,转变为引导学生学会学习、学会合作、学会生存、学会做人。这就要求教师改变教法,善于引导学生发现和提出问题,并探索新的评价方法。而且,探究性实验教学强调摒弃传统的精英教育思想,强调关注学生"全人"的发展。这就要求教师在教学过程中面向全体学生,关注学生的整体发展。最后,探究性实验教学强调发挥学生的主体作用,尊重学生的兴趣和爱好。这就要求教师转变传统的"唯师是从"的观念。因此,探究性实验教学的发展对于大部分教师来说是前所未有的挑战,它要求教师在观念、能力、知识、方法上实现全方位的转变,才能适应新课程改革的需要,才能在教学中真正培养学生的创新精神、实验能力,促进学生的探究性学习,真正在实验教学中实施探究性教学。

第五节 探究性实验教学的现状

就生物实验教学而言,传统教材中涉及的实验更多的是验证性实验,教师只要保证学生知道实验操作步骤,能够正确使用实验器具,顺利验证实验结果,就算是完成了教学任务。然而随着新课程改革的推进,"倡导探究性学习"理念的提出,在义务教育课程标准实验教科书(以下简称新教材)中,生物学探究实验的数量大大增加,这就要求生物教师要在实验教学中引导学生进行探究性学习,贯彻"倡导探究性学习"的新课程理念,使学生积极主动地参与探究活动,"初步学会生物科学探究的一般方法,发展学生提出问题、做出假设、制订计划、实施计划、得出结论、表达和交流的科学探究能力。在科学探究中发展合作能力、实践能力和创新能力"。应该说,绝大部分学校的生物教师能够积极按照新课程理念的要求,开展探究性实验教学,引导学生进行探究性学习,培养学生的科学探究能力、合作能力、实践能力和创新能力。然而,在少数学校,探究性实验教学还存在着一定的问题。

一、学校硬件设施不足

探究性学习分为提出问题、做出假设、制订计划、实施计划、得出结论、表达与交流等几个步骤。在这几个步骤中,查阅资料、收集信息、对相关信息进行分析和处理是必不可少的环节。然而,由于地区经济发展不均衡,不同地区的学校硬件设施的配置也相差很大。有的学校因经费紧张,没有图书馆、电子阅览室等获得信息的硬件设施,在很大程度上限制了教师和学生获取信息的来源,阻碍了教师进行探究性实验教学和学生进行探究性学习的进一步发展。有的学校甚至连像样的实验室都没有,不要说探究性实验,连一般的传统实验的正常进行都无法保证。

二、重视程度存在差异

在传统教育观念中,生物学科不过是一门副科,一门可有可无的科目,长期以来都得不到学校、教师和学生的重视。随着社会的发展、教育理念的更新以及新课程改革的推进,生物学科已经由以前的非考查科目变为现在的考试科目,人们对它的态度也开始有所转变。但是,由于受应试观念的影响,以及个人对新课程理念理解程度的不同,一些学校甚至是教师本人对生物学科的重视程度存在差异,这种差异决定了探究性实验教学改革发展的差异。因此,虽然基础教育课程改革在轰轰烈烈地进行,可是有的学校和教师并没有给予足够的重视,很多探究性实验仍然是按照验证性实验的方式进行,有的甚至省略不做。另外,现在的基础教育仍然摆脱不了高考指挥棒的束缚,应试教育痕迹明显,有的学校依然看重学生的分数,只要学生记住了实验步骤、实验结果,甚至可以将实验省略不做,认为"分数就是硬道理"。忽视学生创新能力的培养,只要学生考试成绩好,中考、高考能考出理想的成绩,做题能拿高分,学生懂不懂探究,会不会探究,有没有创新精神、实践能力都不重要。说到底,还是摆脱不了"应试教育"的束缚,导致探究实验教学往往是流于形式。

三、课时不足

现在大部分初中每周只有两节生物课,每节课 45min。除去考试日和节假日,一学期真正可用来上生物课的时间可能不足 32 个课时。可是初中生物教材每册就有约 30 个实验。以七年级上册为例,共 30 个实验活动,其中包括 11 个观察类活动,8 个操作类实验,5 个探究类活动,5 个讨论类活动及 1 个游戏类活动。课时明显不足,而且其中的探究性实验耗时较长,如"探究种子萌发"的过程,用一节课的时间根本无法完成,从选择种子、查阅资料,确定方案到实施计划、数据记录、得出结论、表达交流,所需时间至少也要几天,即使使用的是发芽最快的种子,现有的课时也是完全不够的。正是由于时间的不足,有时为了完成教学进度,教师不得不把探究实验演变成半探究实验,甚至是验证实验。

四、教师的专业能力不足

由于历年来教育界对生物学科不够重视,很多生物教师纷纷改行,有不少学校的生物教师都是由语、数、外或其他学科的教师兼职,他们的生物知识不够专业,对于生物学科的变革也不是很清楚,对于什么是探究实验、如何进行探究实验,就更不明白了,在这种情况下他们又如何能指导和组织学生进行探究性实验呢?所以,在教学实施的过程中,有些教师只是让学生死记硬背探究实验的方法和步骤,学生却并未真正体验探究实验的过程。

五、教师给予学生过多的指导

探究性学习能力的发展与学生学习的主动性密不可分,探究能力是建立在学习活动性的基础上的,主动性的发挥程度,反映了探究能力的水平。学生只有主动地感知、主动地质疑问难、主动地解疑,调动思维积极参与,其智力活动才会具有更高的创造性。然而,在现在的探究性实验教学中,很多教师对学生的能力不放心、不信任,喜欢要求学生按照统一的模式去思考,对实验原理、实验步骤都给予了十分详细的讲解和指导,使学生缺乏主动探索、自由发展的情景,这样不利于培养学生的探究能力。

六、对教师探究性实验教学能力的评价标准不一

探究性实验教学虽然能够培养学生的科学研究能力、实践能力、交流与表达的能力和创新能力,但是耗时长、见效慢,且需要教师付出很多的时间和精力。目前评价教师教学能力的标准在很大程度上依然是看学生的应试水平,于是同样一节实验课,在教师可以选择用探究性实验教学方式、验证性实验教学方式和演示实验教学方式的情况下,很多教师会选择后两者,因为耗时少、见效快。因此,要想真正促进教师进行探究性实验教学的积极性,发展学生的探究能力,学校和社会应该把教师探究性实验教学能力作为一项评价标准,同时降低对学生应试能力的检测。

七、教师的组织能力不够

探究性实验教学要求发挥学生的主体作用,尊重学生的兴趣爱好,让学生自己提出问题、做出假设、制订计划、实施计划、得出并分析结论,从而锻炼学生主动探究、学习的能力。教师既要在探究性实验中给学生足够的、自由的时间和空间,又不能放任自流,要进行有效的组织和指导。然而,这种"放与收"的尺度是很难把握的,很多教师在这方面的能力不够,需要经过较为长期的锻炼才能得到提升。

总而言之,要想大力发展探究性实验教学,不但国家要从宏观的教育方针上淡化记忆性知识的考查,加强能力考查,而且各地方、各学校要重视教师专业素质发展,提高教师专业素养,建立多元化评价机制,只有这样才可能将探究性实验教学方式真正落到实处,才能使培养学生的创新精神和实践能力真正落到实处。

第六节　探究实验教学的优化策略

一、探究性实验教学中教师行为的变革

实施探究性实验教学，对教师的教学观念和角色行为提出了新的要求，具体表现在以下这几个方面。

1. 转变观念

要迎接探究性实验教学的挑战，教师必须转变观念，树立全新的实验教学理念。第一，转变学生观。探究性实验教学注重学生在实验中的探究性学习，强调全员参与，因此教师必须面向全体学生，关注学生的整体发展。第二，转变师生关系观。在探究性实验教学中，教师作为一个指导者，必须从"唯师是从"的传统师生关系观转变为相互尊重、相互信任的民主、平等的新型师生关系观。第三，树立理性的教师权威观。原先几乎作为学生唯一知识来源的教师，已经失去了知识垄断权威者的地位，但教师不能就此放弃所有的权威理念，应树立理想的教师权威观，这一权威来自于教师谦虚进取的精神特质、严谨务实的科学态度和不断创新的人格魅力。第四，树立新的教学观。探究性实验教学的教学过程不同于常规实验教学过程。教师应该在实验教学的过程中，积极采取新的方法来指导学生完成学习任务，关注学生的自主探索和合作研究。

2. 发展能力

教师在转变观念的同时，也要在自身的角色能力上有所突破。首先是在处理教材的能力上，教师应在更高的层次以更宽的视野来把握教材，并根据教学和学生发展的需要，对教材所传递的内容进行再构思和再处理；其次是在指导能力上，教师在探究性实验教学过程中应该成为学生学习活动时具有艺术性的指导者，为学生提供探究和发现的真实情境，并指导学生进行科学加工；再者是在反思能力上，教师要从"经验型教师"向"研究型教师"转变，不断对自己的教学实践进行反思，在反思中提高和完善自己；最后是在信息处理能力上，教师要能熟练地在网络载体中获取信息，并有效地应用到教学实践中去，指导学生在实验过程中搞好探究性学习。

3. 改进方法

教师要不断改进教法，善于引导学生发现问题和提出问题，并结合学习的内容开展专题讲座，探索新的评价方法；要始终贯彻学法指导，帮助学生树立正确的学习目标，在与学生合作中，要注意引导学生积极地自我反思，以不断提高其行为意识。

4. 充实知识

教师要在自己的专业知识上下工夫，除了教科书所含知识之外，需要不断学习生物科学最新研究成果。教师还要有多元化的知识结构，当前学科综合化的趋势已经日显端倪，探究性学习涉及广泛的学科内容和知识。教师要能真正承担起指导者的身份，就必须有宽厚的知识基础，不能局限于所教专业，要拥有多元的知识背景。教师还要对探究的方法有一个系统且明了的把握，这样才能在帮助学生进行探究的过程中把握正确的研究方向，引导学生不断深入。

总之，教师只有在观念、能力、知识、方法上实现全方位的转变和超越，才能适应学生创新精神和实践能力的需要。

二、微型化的学生分组策略

为了解决实验条件有限、实验经费不足、教师准备时间过长等诸多方面的问题，可借鉴美国学者在大学进行微型实验教学的成功经验，将中学学生分组实验改为微型实验。它的核心是"实验药品微量化、实验仪器微型化"。其特点是：在降低药品用量，减少环境污染，节约实验经费的同时，高效、便捷地完成规定的实验内容，提高实验成功率，留下时间让学生思考。例如，在"DNA 粗提取"的实验中，在微量提取器里将 5g 剪碎的花椰菜和 1.5mL 研磨液一起研磨 2～3min，将花椰菜研磨液滤入烧杯中，再加入 2 倍体积的体积分数为 95％的冷酒精，就可以看到絮状沉淀，用玻璃棒将絮状物缠绕起来转移到载玻片上，用甲基绿染色，如果出现绿色，则证明是 DNA。整个实验 10min 内就能完成，而按照课本做 45min 有时也难以完成。

微型实验的开展在我国还刚刚起步，苏教版的与生物教材配套的"探究性实验工具箱"、北京川布兰生物技术开发有限公司推出的"中学生生化实验试剂盒"，为微型实验的推广和应用提供了可行性。但同时也应看到，"探究性实验工具箱"由于配备的实验指导和药品试剂等都是现成的，对学生操作技能的培养和创造性思维的发挥有一定的限制。

三、探究实验教学中的组织策略

探究实验教学既强调学生的主体作用，也重视教师的指导作用，因而在探究性实验教学的不同阶段，教师应有相应的组织策略。

1. 选择问题中的组织策略

按照传统的实验教学方式，一般学生进行实验时，对所需探索和验证的问题已经心中有数。即使是现在的探究性实验，绝大部分问题也是书中列好的问题，教师只是没有告诉学生具体的方法步骤，而让学生对探究的方法、步骤进行探索而已。实质上,真正意义上的探究性学习应该是在教师的引导下,由学生提出问题,并选择自己想要研究、探索的问题。因此,在有条件的状况下,建议教师尽量鼓励学生根据学习内容自己提出问题、选择问题。此过程中,教师一般应注意以下两个方面。

首先,在进行探究性实验教学的过程中,教师要对学生当前的发展状况心中有数,特别是对学生已有的知识储备、发展趋向和兴趣爱好要深入了解,努力创设一个民主、自由、创新的学习氛围,让学生有提问的空间。

其次,教师要善于激励学生"提出问题",可以设置适当的问题情境,在情境中可以包含相互矛盾的事件,或者使问题略超出学生的知识范围,但处于学生的"最近发展区",通过努力是可以解决的。需要强调的是,此时的引导策略尤为重要:教师应引导学生注意微观与宏观的结合,让其由微观入手,从而以一斑窥全豹;应注意具体与抽象的结合,让学生从具体的事物和现象出发,逐步认识抽象的东西;应注意探究内容与个人兴趣的结合,让学生在选题过程中,对某一问题产生内在的兴趣,变"要我研究"为"我要研究",从而提高其探究的积极性;应注意当前学习与将来应用的结合,让学生将提出的问题与所学知识和现有的课程相联系。

2. 提出假设中的组织策略

教师要让学生放开手脚,冲破固有模式的束缚,大胆提出自己的独特见解,要保护学生的创造积极性,拓展学生的联想空间。例如,在实施"如何防晒"的探究学习时,学生提出了很多的方案,其中一位同学提出给太阳戴上墨镜,这一想法虽然有点异想天开,但很独特,教师应该予以肯定。

3. 实施探究中的组织策略

在学生实施探究的这一阶段,目前大部分情况下是学生直奔主题,进入实验室开始实验验证自己的假设和设计方案的正确性,这样的探究实验成功率比较低。建议教师可以分为以下几个步骤:①讲解一些收集资料、获取信息资源等最基本的科研方法;②组织学生到图书馆、网络等场所收集相关资料和信息,甚至争取社区和家长的支持和帮助,从而对自己的假设方案进行进一步完善;③确定方案后,组织学生到实验室进行实验,此时,对于学生在探究过程中产生的问题,教师应及时了解并做出反馈。反馈时,不是直接给予问题的答案,而是提供与问题相关的资料或资料来源,尽可能激励学生自己去搜集相关资料。当探究进程受阻,学生无法继续探究时,教师可以提供新信息或提出新问题,来推动探究实验的进行。

4. 评价反思中的组织策略

实验结束后,教师要组织好学生个人反思和学生小组交流与反思。在学生个人反思中,教师可就反思的内容提供指导,帮助学生就证据、逻辑推理和解释进行评价,教师应提供该问题的参考解释作为解释评价的参照。在小组交流中,教师要以组织者、促进者的身份出现,一方面组织学生就各小组的成果进行交流,使交流按照正确的方向进行;另一方面,指导学生以宽容、辩证分析的态度来对待其他学生或小组的解释,形成一个融洽而富有批判意识的氛围。在这一阶段,教师的一个重要任务就是"使探究活动直接指向过程本身",让学生对探究过程进行反思,教师可以提供某种反思的思路,如可以根据探究过程的几个阶段让学生分别进行反思,教师也可以提供反思的方法,促进学生元认知能力的发展。

教师对探究性学习的指导,也应根据内容的不同,采取相应的指导策略:在基础知识的指导方面,应提供探究基础知识、相关背景知识和学科渗透知识,但最好不直接给予知识资料,而是指出获得这些资料的途径;在研究方法的指导方面,要介绍一些常用的科研方法,引导学生学会选择最恰当的研究方法;在资料收集分类的指导方面,可以对学生的资料整理提出较高的要求,如资料目录完整且格式统一,按一定标准分类等,并要求其及时做好活动记录,在研究过程中体验和学习;在思维方法的指导方面,要循序渐进转变学生传统的思维方式,可让学生先尝试使用,然后是经常使用,最后能习惯于运用科学创新的思维方式(如发散思维、辩证思维等)来思考和解决问题;在心理素质的指导方面,针对学生热情不够、社会责任感不强、合作意识薄弱等方面的不足,教师应给予积极的关注,采取疏通、激励、引导等方式来促进学生心理素质的提高。

思考题

1. 什么是探究性实验教学?这种教学方式是在什么样的时代背景下产生的?
2. 探究性实验教学与传统实验教学方式有什么不同?在新的实验教学的理念下,教师应如何组织学生进行探究性实验教学?
3. 皮亚杰的认识发生论对探究性实验教学有什么影响?
4. 奥苏伯尔的有意义学习理论对探究性实验教学有什么影响?
5. 在二次实验法教学的初次实验过程中,教师应如何指导学生?
6. 你认为应该如何评价学生探究性实验的能力?

第六章 多媒体在生物学实验教学中的应用

在计算机行业里,媒体有两种含义:其一是指传播信息的载体,如语言、文字、图像、视频、音频等,中文译作媒介;其二是指存储信息的载体,如 ROM、磁带、磁盘、光盘等,中文常译作媒质,目前,主要的载体有 CD-ROM、VCD、网页等。通常所说的多媒体技术中的媒体主要是指前者,就是利用电脑把文字、图形、影像、动画、声音及视频等媒体信息都数位化,并将其整合在一定的交互式界面上,使电脑具有交互展示不同媒体形态的能力。它极大地改变了人们获取信息的传统方法,符合人们在信息时代的阅读方式。多媒体是融合两种以上媒体的人-机交互式信息交流和传播媒体。

多媒体技术是利用计算机技术综合地对文字、语言、图像等多种媒体信息进行处理的系统技术。它以计算机为中心,把语言、图像处理技术和视听技术集结在一起,并通过对音频、视频信号的模数转换和数据压缩、解压等过程,实现计算机对不同媒体信息的存储、传递、加工、变换和检索。多媒体系统主要包括三大系统,即计算机系统、投影系统、电视转播及显微电视投影系统。

多媒体教学在 20 世纪 80 年代已经开始出现,但当时是采用多种电子媒体如幻灯、投影机(图 6-1)、录音、录像等综合运用于课堂教学,这种教学技术又称多媒体组合教学或电化教学。90 年代起,随着计算机技术的迅速发展和普及,多媒体计算机设备(图 6-2)已经逐步取代以往多种教学媒体的综合使用地位。因此,现在我们通常所说的多媒体教学是特指运用多媒体计算机并借助于预先制作的多媒体教学软件来开展的教学活动过程,它又可以称为计算机辅助教学(computer assisted instruction,即 CAI)。

图 6-1 投影机

图 6-2 多媒体计算机设备

近年来又出现了教学类多媒体产品,一对一专业级的教授,使不少学生受益匪浅。多媒体辅助教学是指在教学过程中,根据教学目标和教学对象的特点,通过教学设计,利用多媒体计算机,综合处理和控制符号、语言、文字、声音、图形、图像、影像等多种媒体信息,把多媒体的各个要素按教学要求进行有机组合,并通过屏幕或投影机投影显示出来,同时按需要加上声音的配合,通过使用者与计算机之间的人机交互操作,完成教学或训练过程。

第一节 多媒体辅助生物学实验教学

一、多媒体辅助生物学实验教学的作用

1. 节约实验成本,增加实验可见度

由于某些仪器的短缺,一些实验难以进行或只能演示,这时可采用多媒体模拟实验过程,使仪器结构和操作过程变得直观明了。有的实验科技含量很高,高中学校不可能提供实验条件,如肺炎双球菌转化实验、噬菌体侵染细菌实验等。教师可将实验过程制成多媒体动画或影片,展示给学生,让学生对实验有更多了解。

生物课演示实验的目的是通过实验让全体学生对相关知识有鲜明而深刻的印象,培养学生学习生物学的兴趣和信心。演示实验要真正起到演示作用,不能演而不示。很多演示实验在大课堂上视觉效果不好,只有前几排学生才能看清。为了提高演示实验的可见度,传统的方法一般是抬高实验装置,增加药品用量和巡回展示结果。然而抬高实验装置具有一定的危险性,增加药品用量又太浪费,巡回展示又浪费时间,且有些现象是在实验中瞬间产生的而无法持续观察到,以至影响教学效果。教学中可以采用投影技术,投影技术主要是对实验现象进行放大,克服演示实验可见度小的缺陷,使学生能清楚地观察到实验现象,特别是一些细小的、不易观察到的实验现象。投影技术使实验的直观性得到提高,可以增强学生学习的积极性和参与程度,为培养学生的观察能力提供条件。

动画和录像在多媒体模拟实验中运用较为广泛,动画"惯性小",停放灵活,可以边讲边放,或者是选择性地播放。用这样的动画演示,可以帮助学生"看见"那些微现象,更好地接受知识,领悟抽象的规律,以形象的教学手段,开发学生抽象思维的能力。

2. 降低实验危险系数

学生实验、课堂演示实验,总是尽量选择较安全的实验开设,毒性较大且不易控制的实验,则可采用多媒体模拟演示。绿色是当今社会极为关注的话题,是世

界可持续发展的大动脉。教学实验的绿色化涵盖两方面的含义:其一是让学生远离各类实验带来的危险,其二是有利于环境保护。在实验教学中,一些具有危险性的实验(如组织培养实验、昆虫毒瓶的制作实验等),教师常用回避的策略。利用多媒体虚拟实验则可以化险为夷,可把其具体操作过程制作成交互式课件,让学生模拟操作达到实验目的。

在有些材料污染性实验中,力求通过各种途径来减轻对环境的再污染;在反应过程和化工生产中,应当尽量减少或彻底消除使用有害物质。由此看来,多媒体实验教学无疑是倡导绿色实验和清洁化实验的实践者。

3.减少实验错误发生率

实验步骤是否正确、操作方法是否规范,直接关系到实验结果与实验安全,所以规范的实验操作是实验成功的关键。在实验教学中,只通过讲解或演示实验的操作和步骤,不能让大多数学生掌握实验操作。一旦学生操作失误,不仅实验会失败,更会影响学生学习生物学的兴趣。采用计算机多媒体网络技术,可对易出操作错误的后果进行模拟,并使学生亲眼感受错误操作的危险性,从而避免错误操作的发生,提高真实实验的安全系数。例如,显微镜的操作对操作步骤要求特别严格,操作不好会损坏显微镜的镜头、玻片,这样直接影响后面的生物学实验。因此,可以通过课件以动画形式展示如何取镜、安放、对光、调焦,怎样转换高倍镜等,并且可以用多媒体模拟错误的实验让学生分析其错误之处或者在模拟实验中加入交互成分让学生选择正确或错误的操作方法,这样可以让学生学会分析各种实验现象产生的原因,提升实验效果。以交互的形式让学生反复练习,可以让学生对每一步都留下深刻的印象,对各步操作的要领熟记在心,为实验技能的培养打下坚实的基础。这样,学生在计算机上模拟操作,掌握正确的操作方法和认识到不正确操作的不良后果后再进行实验,可以大大提高学生实验的有效性。

4.克服时间、空间因素的限制

运用多媒体模拟生物学实验有助于突破时空条件的限制,使学生有机会接触更多的实验。有些生物过程比较慢或者比较快,在一般生物学实验教学中往往无法实现,利用课件模拟这些生物过程,由学习者控制它们变化的速度,可以轻松达到实验教学的目的。例如,植物向光性实验、孟德尔的遗传实验等,可把这些实验的实验过程以动画或影片的形式浓缩在一个短短的课件中,通过播放课件,让学生身临其境地感受,达到演示实验的效果。再例如,生物学实验涉及的实验材料往往集中于特定季节,如冬天有许多生物已休眠或死亡,往往无法进行正常的实验教学。多媒体生物学实验课件能够克服时间限制,从而弥补传统实验教学的不足。

空间限制也是影响生物学实验顺利进行的一项因素。例如,学习生物的多样性时,北方的学校由于空间限制往往无法实现对南方植物乃至热带植物生物学特性的学习。利用已经制作完成的实验课件模拟这些植物类型即可克服空间障碍顺利完成实验教学。

5. 弥补不易成功的实验

多媒体实验课件展示的实验操作是由经验丰富的教师选取最优实验材料完成的,而且课件中选择的各种实验现象、实验结果都是经过严格挑选的,多是平常实验过程中学生自己操作很难观测到的较理想的实验结果,这种优秀实验课件能够取得的实验效果比较理想。例如,使用显微镜观测时,教师往往无法直接就镜下观测的现象进行指导,多媒体实验课件在屏幕上显示观测结果,大大提高了实验效果。

6. 替代演示实验

有一类实验,在日常生活中较为常见,做起来也十分简单。教师没有时间也没有必要在课堂再做实物演示,但是口述又缺乏生动。利用那些起到帮助学生回忆实验过程的动画,对活跃课堂气氛、增加讲课的艺术性与课堂信息量等都起到积极的作用。

二、生物学实验 CAI 课件制作

CAI 课件又称多媒体教学软件,它是指人们根据教学目标设计的、表现特定教学内容、反映一定教学策略的计算机教学程序,它可以用来存储、传递和处理教学信息,能让学生进行交互操作,并对学生的学习做出评价。

多媒体教学课件的种类一般可以分为两类:一类是用于解决教学中的重点或难点,可以使用 Macro-media 公司的 Flash 软件制作一个动画;另一类是应用于整个课堂的完整课件,这类课件可以应用 Macro-media 公司的 Authorware 软件或 Microsoft 公司的 PowerPoint 软件来制作。网络课件一般应用于远程教育,大多以视频的形式供学习者使用。

(一)课件制作软件的选择

生物课件集声音、图像、模拟等手段于一体,能够开阔学生的视野,使抽象的知识具体化、无形的知识有形化、深奥的知识浅显化。这些显著的优点使许多生物学教师对生物课课件偏爱有加。虽然教师信息技术培训已收到良好的效果,但是由于教师队伍中相当一部分人由于年龄偏大,对多媒体课件制作没有灵感,对计算机的使用不够熟悉,还远不能掌握课件制作的新技术,只能利用 PowerPoint、Frontpage 等软件制作一些简单的课件。

用于制作课件的软件较多,有 PowerPoint、Frontpage、Flash、Photoshop、Authorware、3D-studio-MAX、方正奥思、课件大师等。其中 PowerPoint、Flash、Authorware、Frontpage 这 4 种软件是最基本的课件处理软件。PowerPoint 适合于开发演示型的多媒体课件,具有制作速度快、体积小、便于携带等特点,这是初学者的首选。Flash 是动画制作软件,可以变"静"为"动",其突出优点是占据磁盘空间少、动画效果好、交互性很强,可以直接作为课件,也可以插入到其他软件制作的课件中。例如,插入到运用 Authorware 软件制作的课件中,具有把形态结构图分解、按部分、按层次来演示的特效,形象直观。Authorware 软件也是比较容易被初学者掌握的软件,多用来开发交互性强的多媒体课件,具有把声音、图片、动画、视频等资料整合到一起的优点,是制作大课件的首选。Frontpage 是制作网页课件的软件,也可以同 Flash 动画整合收到良好效果。网上课件一般都是用 Flash、Frontpage 制作的。

教师只要根据自己的特点,能够熟练应用一或两种软件就可以制作出精美实用的课件。下面具体介绍一下几种常用软件。

1. PowerPoint

PowerPoint 主要用于演示类教学,有统一的界面格式,也可以自创,能通过超链接挑选所需要的文件进行播放。生物学教学中可以用它来介绍一些科学史实、简单的实验过程、生活现象等。

PowerPoint 以其操作简单、功能多样的特点,最易为广大教师所接受。用 PowerPoint 制作课件,其核心是一套可以在计算机上播放的幻灯片,这种幻灯片中含有文字、图表、图像、声音和电影,甚至可以插入超链接。丰富的数据类型可以很好地表达所要传递的信息,而全部的操作都是在 Windows 的界面和汉字菜单下进行,与常用的 Word、Excel 等办公软件类似,经过自学或简单培训就可以掌握,是教师自行制作主教型和演示型课件的首选工具。其在文稿编辑过程中,不需要编制程序,这对那些不擅长编程的用户尤其具有吸引力,有利于在广大教师中推广。

2. Flash

Flash 是著名的 Macro-media 公司的产品,主要应用在多媒体网络方面,其主要优点是:生成的动画文件小、画面质量高、动画播放方便、图形支持功能强、动画效果丰富多彩,非常适合课堂教学。

Flash 主要用于 gif 动画的制作,也可以直接以 swf 文件成为独立的课件。生物学中一些二维状态的渐变动画(如"植物的个体发育"、"酸雨"、"无丝分裂"等)可以由它来制作,优点是界面美观,渐变过程清晰;缺点是修改较为麻烦,且无集成功能。

3. Authorware

Authorware 是当前生物学课件制作的主要平台。主要用于集成录像、动画等 avi、mpg 文件和声音 wav 文件,并能控制 avi 文件播放;具有一定的交互作用,可以演示拖动图片、文字等,可以通过函数调用外部程序。Authorware 的功能强大,可支持多种媒体类型,与各种操作系统的兼容性非常好。Authorware 中电影图标和声音图标的运用,能使教师在程序中添加动画、电影、声音等多媒体素材,并且可以根据课件设计的需要,对声像的播放进行多种控制,实现多媒体辅助教学的功能。例如,在苏教版八年级上册义务教育生物实验教材中"植物的有性生殖"一节里的"传粉"过程用语言表述就有些乱,学生看不见、摸不着,若使用动画展示"自花传粉"和"异花传粉"的过程,就能直观形象地使学生掌握"传粉"的概念,增加学生学习生物学知识的兴趣。可以这样设计:在电影图标中导入"自花传粉"和"异花传粉"动画,利用电影图标的属性设置放映方式为"循环播放",使用等待图标和计算图标实现随时中断动画和返回主界面功能。其他如"光合作用"、"呼吸作用"、"动物的个体发育"、"细胞分裂"、"基因控制蛋白质的合成"等内容都可以用它来集成。

4. FrontPage

FrontPage 主要用于网页制作,可以直接连上 Internet,通过超链接的方式进行随意跳转;可以展示 gif 动画,或下载所有需要的材料(包括文字、音乐、图片、录像、动画等)或在线直播;可以通过查询的方式找到自己所需的资料;也可以通过外调的形式在当前窗口中显示各类.exe 文件或动画、录像等。生物学中主要用它来显示文本内容较多的知识,提供一个广阔的学习环境和资源。网络的应用将是未来生物学教学发展的方向之一。

(二)制作课件时教师应该注意的问题

1. 要注意收集素材,为多媒体教学课件的制作创造条件

多媒体教学素材的积累是一项长期的工作,需要日积月累,逐步丰富和完善。素材的来源主要有几个方面:①根据需要绘制图片;②图片素材可以从报刊、杂志、教材中选取后,用扫描仪存入光盘备用;③购买素材库光盘(含植物、动物、风光、声音、音乐等);④声音素材可以直接录入,也可以将 VCD 视频资料用超级解霸等播放软件进行剪辑处理;⑤各种素材也可以从互联网上搜索下载以及从电视节目中获取有价值的音频和视频资源并根据需要进行编辑处理。相对而言最后一种方式更实用一些。

网络资源信息量大、更新速度快,如中国中小学教育教学网(http://www.k12.com.cn)、人民教育出版社网站(http://www.pep.com.cn)等都是完整的中、小学教学资源库,为中学生物学教师提供了生物课的同步教学、优秀课件等多种资源,且处于动态更新之中。教师通过下载优秀课件和习题,再做进一步的组织

加工就能设计出适合自己风格的课件。再比如在电视节目中经常会有一些有关生物的专题节目,如"天然水源介绍"、"工厂污染水的排放"、"水污染的危害"、"自花传粉"、"异花传粉"、"血液循环"等录像资料,平时可通过录像等手段将这些资料保存下来,然后在计算机中处理并保存。资料的收集应包括文本、图片、音频、视频等多种形式,并注意进行分类整理,去粗取精。图片和视频是生物课程多媒体教学中运用最多的教学媒体,在生物课件的制作中有重要地位,具有直观性,可以形象、生动地表现教学信息,制作精美的、高质量的图片及视频,可以为教学创设丰富、生动、形象的情境。

2. 制作课件时,总体设计要合理

在制作多媒体课件时,首先要确定课件内容的层次结构;其次要选择合适的开发工具并确立使用此工具中的何种方式,统一建立课程与主题之间、主题与步骤之间,甚至课程与步骤之间的关系;最后要制订好总体设计的标准步骤,接下来就是按总体设计方案自顶向下逐一分模块编程。这样,可以做到课件功能"智能化"、课件使用"傻瓜化",为课件的广泛使用打下扎实的基础。例如,苏教版七年级下册义务教育生物实验教材中"血液循环"一节,主题为"心脏"、"血管"、"血液",制作思路可以是:选用 Authorware 工具软件,用显示图标将每一张幻灯片的图片导入,然后将其挂到框架图标上,利用框架图标自带的控制面板来实现对幻灯片播放的控制,利用导航图标,可以将程序导向任何一个图标。

3. 提高教师自身综合能力

教师是课件的关键使用者。生物课件需要丰富的信息、生动的音像、精致的内容,在媒体的组合上要实现取长补短,在媒体的设计上要做到科学合理,要根据教学内容的需要,选择最恰当、适用的教学媒体资源,进行优化组合。教师应学会一些编辑技术,如能用 Photoshop 将一些图片素材加以修改,使它更符合自己的意图;能用 Premiere 将声音和影片剪辑和加工,使它能恰到好处地表现课件内容。从教师自制的课件来看,教师动手能力的高低直接影响课件制作的好坏。多媒体课件是综合知识的产物,它集计算机应用、多媒体创作工具、教育理论、教学方法、美学、传播学等各学科知识于一身。教师一方面要不断增强专业技术能力,另一方面要积极向相关学科领域进行知识的延伸,不断提高创作技术与专业知识的衔接能力,才能保持活跃的创作思维。例如,生物学教学中常常需要显示图像中不规则的某一部分,教师可以用热对象来定义每一部分。例如,鲫鱼的外部形态:首先在流程线上导入一个完整的鲫鱼图像,再将鲫鱼各部分图导入流程线,作为热对象,同时将各部分图像拼合成一个完整的鲫鱼图,并和完整的图像重合。运行程序时,在界面上将出现一幅鲫鱼图像,当教师将鼠标指向鲫鱼的某一部分,如头部,该部分变为红色,同时出现指示该部分名称的文字和声音。只有根据教材内容灵活设计制作课件,才会有好的教学效果。

第二节 多媒体辅助实验教学的模式与实施

一、多媒体教学模式

1. 人机结合教学方式

人机结合教学方式仍以教师的讲授为主,利用计算机、大型投影仪及相关信息采集、转换设备,将教师需要讲授的内容要点、例题分析、图形图像等教学信息,逐步地、工整地用类似于教师板书的方式展现在大屏幕上。这种方式不仅简化了教师的工作,还节省了教师的时间,从而有更多的时间充实讲授内容、丰富教学手段,也比较接近学生已习惯的听课方式。最为重要的是这种方式由于采用逐步展现(边讲边显示)的方式,能紧紧吸引学生的注意力,不像网上教育,学生面对繁多的内容、文字、图像、图标、提示等,极易分散注意力。这种方式对学生自制力较弱的情况也是很适用的。另外,从设备投入的角度看,这种人机结合的方式,只需要一台计算机、一套投影机(或若干台显示器)及扫描(或摄像)、模/数转换等设备,价格相对较低廉,而且适应各种课程的辅助教学,其缺点是不适合大规模与远距离的教学。

2. 多媒体教学网络

目前,多媒体教学网络大多采用局域网方式(远程网正在发展阶段),网络系统基本上都采用模拟信号传输,从组成上大体又可分为4类。

(1)纯软件方式。这种多媒体教学网是完全依靠现有的计算机网络环境,而不添加其他设备和配件。它是在网络环境中运行一套软件,来实现多媒体电脑教学网的功能。其特点是能充分利用现有网络资源,成本低,但是动态图像和声音传输效果较差,质量不高,同时要求学生电脑和教师电脑的操作系统一致,而且对服务器性能要求较高。代表产品有"远志"的 LANSTAR。

(2)软、硬结合方式。即用添加硬件附加卡来实现影像与声音的传输,用软件控制局域网上的其他信息传输。这种方式要求对每台学生电脑添加一套影音传输卡。它弥补了全软件方式动态图像与声音传输质量不高的缺点,并较大地利用了网络资源,且投资也不大,但仍对运行环境要求较高。代表产品为 MBS 或联邦多媒体电子教室。

(3)纯硬件方式。这种多媒体教学网络中的图像、声音和控制信息都通过附加的硬件卡来传输,不依靠电脑网络环境和电脑本身操作系统(类似对等的有线电视广播),需给每台学生电脑加上一套影音控制卡,并连接在一起,构成独立的运行体系,来实现多媒体教学网络功能。这种方式弥补了前两种方式的不足,但由于没有局域网系统资源的配合,不能进行文件传输。目前代表产品有深圳巨龙公司的 TOP2000 及北京亚龙公司的 NEWCLASS。

(4) 全硬件加网络方式。是指在纯硬件的方式上,再配以计算机网络系统功能,两个网络相对独立。多媒体教学使用硬件网,它不受计算机局域网环境的影响,又可通过计算机局域网进行文件传输和资源共享,这种方式弥补了以上三种方式的不足,但这种组网方式,费用相对较大,对系统维护水平的要求也较高。

总之,多媒体教学网络作为一种有效的教学辅助平台,能使人们实现在任何时间、任何地点不受限制地任意选择所需知识和技能的学习,并且能随时参与到学习过程中去,进行相互的交流与讨论;学生由传统教学的被动者转变为自行安排学习的主动者。它的实施将大大扩展传统教育的触及面,加速社会化教育的发展进程。

二、多媒体辅助实验教学的方法

多媒体辅助实验教学的方法主要可以分为两类:①多媒体课件辅助实验教学,不需要通过网络而直接通过计算机和投影仪在课堂上展示课件;②利用网络资源辅助实验教学,包括网络虚拟实验室、利用实验室联网进行实验教学、利用卫星电视教育系统和多媒体计算机网络系统进行远程教育等。

1. 多媒体课件辅助实验教学

1) 实物展示、显微投影和录像播放

利用多媒体系统强大的投影放大展示功能,提高实验演示的可见程度,强化实验教学效果。

利用多媒体视频展台将实验仪器、实物、模型、标本等直接投影放大,让全体学生直观地了解它们的构造细节、仪器规格、使用方法。生物学教学中,为了加强直观教学,使用实物标本上课是比较频繁的。过去,为讲清某一结构,教师往往找一些标本分发给学生让学生观察或者教师下讲台直接将有关结构指给学生看,教起来极不方便。现在用实物展示台通过投影展示就方便多了。用显微镜观察标本时,学生在显微镜下看到的物像,教师无法指导,使教与学严重脱节。如果把多媒体与生物显微演示组合,会收到意想不到的效果。现在的实验室配备了电视、视频显微镜、数码解剖镜、投影仪等教学辅助设备,在教学过程中合理使用,可以使教师在教学示范中能够简洁、清楚地说明问题。学生可以对照显示屏上的标本示范,思维积极跟随教师的讲解;对学生的疑问,教师解答时也可对照电视显示屏的图像进行讲解,避免了以前对着学生的显微镜讲解常常存在指示位点不明确的缺陷,确保了教学质量。

生物切片标本的制作与观察是生物学最基础也是最基本的实验之一。长期以来,用光学显微镜观察切片是学生使用的唯一手段,实验中要保证每人一架光学显微镜和一张切片。教师若要保证学生能观察到某种细胞形态及其结构,课前必须对切片标本进行认真筛选,这样要花费大量时间与材料,而光学显微镜观察放大倍数又有限,细微的结构亦很难看清楚。通过电视显微镜的操作,将细胞中的某一种细微结构经光学显微镜→显微摄像头→中控系统由投影机放大到银幕上进行讲解,可让学生看得更清楚。

例如,在观察洋葱表皮细胞的实验中,通过生物显微演示,把在显微镜下放大的物像投到屏幕上,使物像进一步放大。教师可以通过屏幕指示图中的结构,让学生直观地看到多个形状不尽相同的洋葱表皮细胞,并选择一个看得比较清楚的细胞,使学生能清晰地观察洋葱表皮细胞的每一部分结构。每一个学生在较短的时间内,都可以准确地认识洋葱表皮细胞的结构。生物显微演示调节方便、快速,运用自如,学生可以自己动手把已经调好的显微镜放到演示台上,即可在屏幕上显示。这样,不仅大大地调动了学生动手操作的积极性,而且增强了演示和实验的效果。学生在反复对比观察的过程中,牢固地掌握了洋葱表皮细胞的结构,使以前比较棘手的生物显微镜教学,变成了容易掌握的多媒体直观教学。

利用摄像头对学生实验或演示实验的操作过程进行录像并放大播放,提高现象、过程、方法示范的可见程度,强化实验方法和实验操作的示范作用,让全体学生同时获得过程与方法的直观感觉,培养实验观察能力,同时便于引导分析,发展思维,形成理性认识,达到增强实验效果的目的。

充分利用实验录像,可以大大提高实验复习课的效率。一般采用以下两种方法。方法一:操作—看录像—操作。对于操作简单(如实验基本操作)、学生较熟悉且掌握较好的实验,可让学生先做实验以便进行自我诊断,然后看录像,看后由学生一一指出自己在实验中所犯的错误,教师再着重强调一下重点、难点,之后再让学生到实验室重新操作。方法二,看录像—操作。在进行实验的比较复习时,有些实验涉及以往实验,其内容和方法是教学的重点、难点、关键点,教师如果再重新演示已没有必要,而且浪费时间,也不利于实验的比较复习。但是如果让学生直接去实验室练习操作,又会出现大量的错误。实验内容多,教师也无法做到手把手地更正错误,所以,采取利用实验录像,通过慢放、暂停、回看的方法,潜移默化地激发学生回忆以前曾做过的实验操作过程,并系统地概括出需要比较的实验在仪器装置、原理、操作方法中的相似点和不同点,以及操作中易出现的问题,使学生对知识技能得以巩固加深,最后再胸有成竹地做实验,这样可以达到事半功倍的效果。

需要注意的是,有些演示实验的全过程需要较长的时间,且伴随着一些无关紧要的现象,干扰学生正确观察,影响实验的效果。因此,要想让学生在有限的时间内获得更多的信息,观察到更明显的现象就应采用摄像、剪辑、放像技术对实验全过程进行加工,既能为学生提供实验全过程,又可突出重要的实验现象,同时也不失实验的真实性。

利用影碟机、录放像机展示相关实验和知识的社会、生活背景,展示宏观的无法搬入课堂的自然现象,展示微观过程的显微摄像资料,展示瞬间快速发生的过程或现象,并通过快录慢放或者慢录快放和暂停定格技术,摆脱实验的时间、空间限制,给学生创造学习必需的情景氛围,让他们充分详细地了解相关过程或现象的细节,有利于揭示科学现实。

运用多媒体电视录像这一现代化教学手段,可以弥补实验教学的不足,丰富和充实教学内容。例如,珍稀动物实验课,为了激发学生的学习兴趣,提高实验教学效果,通过播放与电教中心联合摄制的对野外动物栖息生态环境的多部录像片及光盘,使学生在大屏幕上观看到不同动物的野外生态环境以及生活习性特征,这样以现代声像手段吸引学生的注意力,能激发学生的学习兴趣,更能激发学生的求知欲,极大地调动学生的学习氛围,使其积极主动地投入到学习中,呈现最佳的学习状态。例如,通过用投影播放教研室拍摄的科教片《原生动物》,形象生动地演示奇妙的原虫世界,让学生惊叹,也让学生兴趣盎然:原来我们生活中有这么多和我们息息相关的小生命,需要我们去认识和探究。在影片中疟原虫如何在人体内进行裂体生殖,又如何在按蚊体内进行配子生殖和孢子生殖也有详细的介绍。在观看后,学生都能清楚了解疟原虫的生活史、世代交替现象,这比课堂讲授更简洁、明了、易懂。

2)多媒体实验课件

在选择确立实验以后,课件制作一般分为以下几步。首先采集素材。收集与实验有关的图片、照片、文字资料,利用扫描仪输入计算机;利用动画软件(Flash等)制作实验动画或利用数字照相机将操作过程直接输入计算机;利用话筒等输入声音或收集已有声音素材。然后利用专门软件对各种素材分别编辑处理,如图片、照片资料可利用 Photoshop 润色加工,随后借助 Authorware 等对已收集的多媒体素材进行编辑加工处理,打包形成多媒体实验课件,经测试修改完善后即可在教学中推广应用。

生物学教学中除了正常的学生实验课之外,教师应当在课堂上演示的内容也很多,但有的演示实验过程较慢,不方便在课堂演示,这时候就可以借助幻灯片来完成。例如,苏教版高中生物实验教材必修一"分子与细胞"中讲到渗透作用的原理,如果用 Flash 做出动态的变化效果,就可以使学生在较短的时间内看到烧杯左侧液面上升的现象,引发学生思考产生这种现象的原因,同时再给学生提出问题:①半透膜的性质是什么?②烧杯左侧溶液与右侧溶液比较,哪个单位体积内水分子数量多?③判断水分子的运动方向,哪个方向的运动更快一些呢?④总结液面上升的原因,得出渗透作用的概念。这种通过演示实验来激发、引导学生一步步深入思考的方法,收到了良好的成效,同时还解决了某些演示实验过程缓慢、课堂内难以完成等问题。另外,根的向地性过程、种子萌发的过程、关于酶的特性探索实验的讨论等内容也都可以应用此方法。

2. 利用网络资源辅助实验教学

(1)网上虚拟实验。网上虚拟实验,也称网上仿真实验室或虚拟实验室。它通过互联网创建出一个可视化的三维环境,其中每个可视化的三维物体代表一种实验对象。通过鼠标单击以及拖曳操作,用户可以进行虚拟实验。实验者可以在网上仿真实验室内完成全部实验步骤,系统可以向实验者提供观察实验过程的视频窗口,以及导航、自测自评的助学功能。在网上虚拟实验室,无论教师在场与否,实验者都可以完成实验。例如,在讲述人体的循环系统时,利用三维动画,虚拟出人体结构和循环系统,三维图形立体、直观,如真人一般,殷红的血液在透明的人体内不断循环流动,学生对血液循环的全过程一目了然,大大地增强了教学效果。

(2)利用实验室联网进行实验教学。还可以探索用微机和多媒体辅助做实验,如一些演示实验可以利用多媒体连接摄像系统再联网显示,使每个学生都能通过小小显示器清晰地观察整个操作,这样把电化教学和实验教学充分有机地结合运用到实验教学中,既可以增加教学密度,活跃课堂气氛,又可以调动学生学习的积极性,提高课堂效率。

(3)利用卫星电视教育系统和多媒体计算机网络系统进行远程实验教学。利用卫星电视教育系统和多媒体计算机网络系统能够有效地进行远程教育,它突破了有围墙的学校教育模式,使学习者可以摆脱学校课堂的时间和地域的限制,应用更加广泛。例如,生物学有些实验因环境、地域条件的限制,在本地区难以完成。某些植物如哈密瓜的栽培,因受气候条件影响,我国南方学生就不能完成;有些实验过程带有危险性,无法组织观察,如老虎、狗熊的生态观察等,教师可以借助网络技术和一些有条件进行实验的中学或研究所联系,让他们网上"现场直播",使学生能直接观察到实验过程,真正实现远程实验。由于是同步进行的实验,学生如亲临其境,这远比单纯播放教学录像的效果要好得多。

三、多媒体实验教学的具体应用

多媒体技术在实验教学中的具体应用,可分为以下几个阶段。

1. 课前讲解阶段

实验教学中教师的讲解与操作对学生实验操作方法、步骤、程序等都具有示范性的指导作用,但由于动作快慢、部位大小、视角、距离等因素的影响,教师的示范作用并不能发挥到最佳状态。若利用多媒体技术可克服上述因素,并能突出表现每个实验用具及装置的特点、操作要领、注意事项和实验结果,还可用特技使某些过快操作动作变慢、小部件放大,通过慢动作镜头强调重点、难点,给重点现象配上区别的特征等,从而对每一个学生都能起到示范作用,规范他们的操作,提高教学仪器的利用率和实验成功率。实验操作教学是实验教学的重点和难点,是培养学生动手能力的重要途径。尤其是学生在实验中易出现的一些错误操作,仅凭教师分析错误原因及其危害,学生印象不深,在实际操作中还经常会出现错误。用多媒体模拟错误的实验操作过程,把动作放慢、放大、实验步骤分解,不仅把错误的原因清晰地展示在学生面前,而且还可以营造出生动活泼的课堂气氛,加深学生学习的印象,强化实验教学。

2. 实验操作阶段

在实验操作过程中,将计算机与仪器相配套,做到一台仪器配一台计算机,并将所有计算机连成局域网。一方面学生操作过程可通过计算机预览,采集的数据可直接通过计算机中的 CAI 相应课件进行运算、判别。实验过程中,师生、学生小组间通过网上双向交流,进行数据共享。这有利于同学对实验成果进行现场分析,同时通过计算机可将一些自控装置采集的数据直接输入计算机,避免转抄带来的误差,解决了验证实验时实验数据组数少、验证范围小与课时紧等矛盾,还可将学生的精力主要集中于对实验现象机制的分析,从而提高学生解决问题的能力,激发学生的学习热情和兴趣,培养学生的实验能力。另一方面,在学生实验操作过程中,CAI 课件可将一些实验设备中无法观察清楚或无法观察到的现象,通过局部放大,让学生从微观角度更清晰地了解实验现象。

实验教学的目的除了验证理论,更重要的是培养学生实验的分析能力和创造能力。在多媒体"实验室"可以让学生在实验室中畅游,发挥各自的才能,去探索未知世界。计算机对各种方法所产生的各种现象都会模拟,能正确判断并加以正确提示,利于培养学生对知识的巩固、应用和发展,培养学生的创造精神和创造能力,使学生从实验的基本操作逐步过渡到具有一定独立工作能力的综合性、设计性实验。

3. 成果分析阶段

多媒体 CAI 课件在实验中能自行处理和保存实验数据,进行结果分析。计算机可以根据学生设计的不同参数任意构思一系列实验方案,以及用表达式或图形方式显示或打印规范的实验结果,并直接判别记录实验者的成绩。这对加强实验教学的考核工作,检查学生的学习成绩和教学效果,鼓励和督促学生做好实验有重要作用。并且计算机可将历届学生的实验数据保留在计算机中,一方面供教师和学生调用;另一方面通过单台仪器数据的汇总分析,可为仪器维修提供依据,并让实验室工作人员掌握仪器的使用情况,提高仪器设备的利用率。

4. 实验复习阶段

在实验教学的复习阶段，一般会进行实验错误纠正、同类实验对比等，重做一遍实验，必然造成时间和器材上的浪费，若仅靠教师的讲解又达不到良好的教学效果，复习内容的板书、复习题的出示等也要花费许多时间。而通过多媒体技术，把以往所有实验项目以录像的形式存储起来，可以不受时间和空间的限制，凭需要播放、重现，让学生反复观察，加深印象。另外还可通过多媒体将同类实验综合到一起，将实验操作的正误对比、板书、复习题等有关内容设计在多媒体课件中，上课时通过显示屏显示出来，这样可增大复习课的容量，避免不必要的时间浪费，增加刺激，使复习内容能在课堂中实现达标，从而减轻学生的课业负担，提高学生的学习效率。

在实验复习中，利用计算机这个教学媒体来代替教师的实物演示，引入多媒体加强人机交互性，可以充分调动人体的视觉、听觉和思维功能，还可以组织讨论交流，发表学生自己的观察感受，培养学生的综合能力，提高复习课的教学效率，并可增强学生个体的学习机会，使学生真正参与到课堂活动中。这样不仅可以扩充实验复习课容量，而且也可以提高复习效率。另外，还可以将各种分组实验的重点、难点剪辑成录像，播放给学生看，并适当提出问题让学生回答，这样克服了使用黑板迟缓不连续的弊病，使学生在轻松愉快的气氛中不但学会了应掌握的知识，同时还大大提高了复习效率。

5. 实验习题、资料库积累阶段

利用多媒体存储信息量大的特点，可以建立实验习题库，并配备相应答案，为解答学生的疑难问题提供方便。充分利用多媒体文字处理系统的功能，实现多机分配和多窗口分配，使学生可以根据自身问题或兴趣进行选择，既能发挥学生的参与性和主动性，增强学生的学习兴趣，又能巩固实验知识。

实验报告是学生对实验数据的处理及实验的归纳总结，直接反映了实验的效果和学生用语言表达实验结果的能力。尽管教师会多次交代实验报告格式，但对于刚开始接触生物学实验的学生来说仍难以达到要求，有的过于简单，内容不完整，有的则过于繁琐、条理不清，有的甚至在学期过半后才能交上规范的实验报告。因此可以在资料库中设立各类实验报告格式样本，根据不同类别的实验给出不同要求的实验报告格式，供学生学习参考，使学生较快地掌握完成实验报告的方法，有利于提高学生处理实验数据、归纳总结实验结果的能力。

第三节　生物学实验教学应用多媒体的优化策略

一、多媒体辅助实验教学的不足

1. 不利于学生能力的培养

多媒体辅助实验教学可以为学生提供标准化的示范操作，指导学生正确进行实验，并对实验效果进行检查和评估。但如果对其过分依赖，甚至取代学生的实际动手操作，会减少学生进行探索的机会和兴趣，减少培养学生动手和动脑能力的机会，不利于学生能力的培养。

2. 不利于学生科学探索精神及良好心理素质的培养

首先，任何实验都是一个动态过程，很多变化很复杂，只有亲手做才能有所体会和引发思考。其次，有些实验反应要有足够的时间，这些都需要有吃苦耐劳、耐寂寞的科学精神去对待。此外，只有通过对实验数据的测定、实验条件的控制、实验现象的观察和记录这些复杂过程的体验，对实验结果的分析评价才可能有第一手材料。许多科技创造，正是基于这种科学态度才产生的。现在提倡原始性创新，更需要有这种艰苦探索的精神。多媒体模拟实验一般不具有这些功能。多媒体模拟实验也不利于培养大胆、细心、耐挫折等良好的心理素质。

3. 教师与学生情感的交流被弱化

在课堂上，教师与学生之间除了知识的传授和技能的培养外，更重要的是师生之间情感的交流。而多媒体实验教学却无法达到师生交流的目的，既不利于学生阅读，增加了学生视觉上的负担，又不利于学生自主学习能力的培养。在教学过程中，教师关注更多的是多媒体的操作，弱化了对学生的知识掌握和技能培养的信息反馈；学生关注的是屏幕上所演示的内容，教师只是一个多媒体的操作者，人际化的师生情感交流被冷冰冰的人机对话所取代，教师也就将课堂拱手让给了多媒体。因而，教师对多媒体的运用要适宜、适时。

二、生物学实验教学应用多媒体的优化策略

（一）一节课的教学

现代教学中，不能用多媒体技术完全取代传统教学。传统教学有着悠久的历史和它自身的优点。教师的语言、手势、板书，是人与人之间的交流，教师用自身的思想、灵魂和人格魅力去感化和教育学生，可以在教书过程中进行育人，体现人文关怀。教师的教学方法、教学态度将使学生在学习课本知识的同时，感悟到科学的世界观和方法论，这是任何机器都无法替代的。

很多媒体宣传多媒体教学的优点,但决不能由此全盘否定传统的教学手段,因为各种教学手段均有其各自的特点和优点。在今天的教学中,教师应该正确认识各种教学手段的作用和地位,充分发挥各自的特征功能,使它们相互补充、取长补短,只有合理地将多媒体与其他教学手段结合起来,才会获得更好的教学效果。因此,教师在教学过程中应该注意以下几个方面。

1. 开头要精彩

现代教学理论明确指出:学生不是教师教会的,而是自己学会的。学生是学习的主体,教师为学生创设学习的情景,引发其学习兴趣,在教学过程中教师的作用是引发、指导和点播。因此,课件的制作和使用必须符合这一原则。导课这一任务可以很好地发扬多媒体技术的长处,把学生生活中已知的东西展示在屏幕上,快速激发学生的思维。例如,引导学生认识光合作用,可制作两个简便的动画吸引学生:屏幕左侧种在旷野土壤中的大豆种子,水、肥、阳光一应俱全,伴随着轻快而又充满生机的"生长"旋律,这粒豆子长成了一株苗壮的小苗;与之对照,屏幕右侧,同样一粒大豆种子,除了没有阳光,其他条件相同,大豆种子吸水、膨胀、发芽,此时,让学生预测结果会怎样。在小结学生的不同答案后,进一步演示豆芽的变化,最终,小苗又细又长,伴随着"萎缩"的旋律,小苗夭折了。看到两粒相同的大豆不相同的结局,学生的思维被激活了,自然而然进入光合作用的思考领域。

2. 画面要简洁

中学生好奇心强,周围的任何变化都可能影响学生的注意力。为了把学生有限的注意力尽可能多得吸引到教学活动中来,对教师多媒体课件的应用也就提出了一些特别的要求。有的教师制作课件时,把屏幕几乎所有的地方都布置得很漂亮,每个地方都很吸引人。例如,一个普通的按钮,用一只翩翩起舞的蝴蝶作成,每按一次都发出特别吸引人的音乐。这样一来,很多学生都被翩翩起舞的蝴蝶和美妙动人的音乐所吸引,却忽略了教师阐述的主要问题。因此,在制作课件时,尤其应该注意,课件最主要的目的是突出教学重点和突破教学难点,所以为了避免学生注意力分散,要删除一切没有必要的东西,如按钮的声音或漂亮的按钮。

3. 重点要突出

强调课件的画面要简洁,其实也是从重点要突出的角度而言的。事实上,课件的文字不必像电视剧中的"中文字幕",把教师每一句话都写在上面,而应该是把那些不易说清、不易道明的事情在屏幕上通过图像影像来表达清楚,或者是把通常情况下不易观察到的太小、太快或太慢的东西在学生面前放大、慢放或快放而已。例如,种子的萌发,可以在几分钟内把自然状态下一个星期的变化表达出来,让学生看到先生根后发芽的事实。简洁实用、恰到好处的课件,可以起到开阔思路、引起联想的作用。另外,课件的设计制作要实用、紧扣教学大纲的要求;课件的设计思路、结构特点要适合学生的年龄特征,符合学生的认知规律;课件的结构和表现形式要符合教学原则和教学方法的要求。对于抽象的问题及难以理解的知识点,可利用课件集文字、图像、动画为一体的特点,形象、生动、具体地展示在学生面前,从而化解学生在探究中的思维阻塞。为更好地说明问题,最好是一段时间里屏幕上只有教师想要表达的东西,而且将其放在屏幕的主要位置,既大又清晰,给学生强烈的视觉冲击,学生看得明白也记得清楚。课件是为上课服务的,上课要求重点突出,课件本身也就更应该重点突出。

4. 误区要避免

生物学教学离不开生物学实验,要能在实验中调动学生的各个感官,培养学生的观察能力,提高学生的动手能力,激发学生的创造性思维。每个实验只有让学生亲自动手实践、探究,才能加深学生的理解与记忆。要始终记住,多媒体课件所演示的东西都只是"模拟",而不是现实。不能把该让学生动手实践的东西随便搬到屏幕上去,更不能把现实中不存在的东西盲目地通过计算机技术来虚拟,这与当今倡导的体验教学原则是背道而驰的。教师要研究新教材、新课标,根据新课标的要求和学生的心理特点等,构思课件框架结构,创作课件动作脚本,突出重点,突破难点;并且努力协调好课件的各个环节,如声音不能太突然,画面不能太花哨,以免分散学生的注意力,努力与其他教学手段分工协作,过渡自然,避免进入由课件取代教师的误区,实现生物课件与课堂教学的整合,提高教学效果。

(二)整个宏观教学过程

除了处理好每节课的教学问题之外,在整个宏观教学过程中,教师还应重视以下几个问题。

1. 摆正多媒体辅助实验与实验的关系

不少教师认为做实验工作量大,且难组织,费时费力,运用多媒体既精彩又省事,只要学生认真看就一定能理解,比教师讲实验、粉笔写实验、学生背实验的效果要好得多。它能够较好地帮助教师分析讲解,帮助学生理解记忆,对提高学生的观察能力、理解能力有很大的帮助。对于因为条件的限制而无法操作的实验,或对学生的安全有威胁的实验,或是太微观、太宏观的实验,最好用多媒体辅助实验教学。但多媒体实验教学的立足点是"辅助",不是替代。对于大多数学生可以操作的实验,一定不能用多媒体来代替,否则,学生只会看不会做,对学生的操作技能、合作意识、对生物学科的兴趣的培养也就无从谈起。因此,在引进多媒体生物学实验教学时,必须注意处理好多媒体与实验之间的关系。无论多媒体的功能多么完备、教师制作教学软件的技能多么高明,它仍然只能起到辅助教学的作用,而不能替代教师在实验中的引导,不能替代师生之间、学生之间的多向交流探讨,更不能提供真实的技能训练,所以凡是能够用实验去研究的教学问题就绝不能脱离实验。因此,教师不能因计算机辅助教学的开展而削弱实验教学,仍应坚持以实验为基础的教学原则。

2. 根据具体情况选择实验手段

(1) 根据实验内容选择实验手段。教师应根据不同实验的特点具体安排多媒体教学所占的比例,对于一些原理简单、现象直观的实验采用实物实验效果更好;而对一些实验现象出现时间极短、实验结果抽象、实验现象不易观察的实验,应用多媒体课件就可以直观地解释一些现象和规律,实现将实验现象由抽象到具体、由动到静、由微观向宏观的转变,从而激发学生的兴趣,提高学习的效率。针对不同的实验内容,应选择不同的多媒体手段:由于多媒体课件具有强大的交互性,当学生进行不同的操作或输入不同参数数据时,计算机可自动计算结果,显示变化过程和图像,使学生可观察到参数变化对实验过程的影响;对比较复杂的实验过程,可重复演示;对无法开设的或复杂的、成本高的实验用计算机模拟,将大量的图形、动态表格、生物现象模拟动画及声音效果、实验过程视频文件引入课堂,能开阔学生的眼界,加深学生对知识的理解。同时,利用多媒体课件进行实物实验前的预习,不仅可以帮助学生理解实验原理、预测实验现象,还可以通过课件中实验仪器的具体介绍、仿真实验中的模拟操作及实验技巧小提示等帮助学生提高实验效率、减少出错频率,激发学生的学习兴趣。学生在完成了实物实验后,更加验证了课件模拟的实验现象和过程,使学生明白课件模拟的实验现象和过程是对真实实验过程的一种重现。教师应根据实验的具体内容及目标选择合适的实验手段。

(2) 根据学生的特点选择实验手段。因为多媒体具有呈现信息量速度快和容量大的特点,所以多媒体容易成为代替教师向学生灌输知识的机器。中学生正处于一个求知欲强、接受新鲜事物快的年龄时期,多媒体所具有的声、光、电的综合刺激,能够激发学生的积极性,引起学生的注意。但是心理学也表明,中学生的大脑皮层长时间处于高度兴奋状态,容易使身心疲倦,所以课件的播放一定要注意时间适量。因而,使用多媒体时要注意两点:一是界面制作要平和、自然,切忌花、艳、乱;二是一定要适时适度,切忌频繁滥用,否则其结果必然事与愿违。

3. 重视信息反馈和学生的体会

课堂教学中的信息反馈是联系教师和学生的重要纽带,是教师了解学生学习情况和学生了解自身学习效果的重要依据,教师与学生都应充分重视课堂教学过程中的信息反馈。教师作为课堂教学中的组织者和教学信息的传递者,要及时收集、处理学生的反馈信息。在计算机及互联网相当普及的今天,学生已经具备从网上获取并下载各种信息,包括收集与实验相关的资料的能力,甚至有兴趣的学生会对实验方法和过程进行钻研。因此,教师要注意倾听学生对多媒体辅助实验教学的看法,引导他们探讨、交流自己获得的知识信息,发表自己创造性、探究性的想法和建议,随时调整自己的教学内容与程序,调整教学信息的容量和速度等。

在具体的应用过程中,教师应注意学生的表情变化,如果学生出现烦躁或不耐烦的情绪,说明课件缺乏趣味性,要及时改动;观察学生动手操作过程,如果操作流畅,说明预习很好。应用之后,一定要及时和学生沟通交流,摸索多媒体播放的最佳时机,就是什么时候播放效果最好,即恰当时间的问题;还要摸索总结不同特点的实验选用什么形式的课件,或选择什么样的仪器等,形成模式,丰富实验教学资料。在使用录像、课件等进行实验教学时切不可将一切解说及总结性的谈话都用计算机来代替,这样不利于教师与学生的交流,也不利于调动学生的学习积极性。

4.多种媒体和教学手段配合

每一种媒体都有自身的长处,只对某种特定的教学和学习有效,不存在一种处处适用的全能媒体。因此要把现代媒体和传统媒体(板书、幻灯、投影、模型、标本、电教设备等)结合起来,相互补充,取长补短。

思考题

1. 什么是计算机辅助教学?
2. 多媒体课件辅助实验教学可以通过哪些形式进行?
3. 多媒体技术在实验教学中的具体应用可分为哪几个阶段?
4. 你认为在多媒体辅助实验教学过程中还有哪些需要注意的问题?说出你的理由。

第七章　生物学实验教学评价

　　教学评价是根据教育目标的要求,为了检查和促进教与学,按照一定的规则对教学效果做出的描述和确定,是教学环节中必不可少的一环。在长期的教学实践中,已经产生了多种不同的评价标准和评价方法,如相对评价和绝对评价,诊断性评价、形成性评价和总结性评价,定性评价和定量评价等。教学评价作为现代化的管理手段为保证教学的顺利实施发挥了积极的作用。生物学实验教学评价是生物学实验教学系统的重要组成部分,它具有诊断、调解、导向、激励、改进等多重功能。通过实验教学评价不仅可以了解教师的全面素质和教学水平,而且可以了解学生对实验知识、实验技能、实验能力的掌握情况。实验教学评价提供的反馈信息,可以调节教与学的双边活动,调动教师教学的积极性,激发学生学习的主动性,提高中学生物学实验的教学质量。

　　在生物学实验教学活动中,按照全面实施素质教育的价值标准,以生物课程标准为依据,通过科学的评价手段,掌握学生实验知识水平、实验能力和情感、态度、价值观等方面的变化,为改进实验教学和构建素质教育的实验教学体系提供依据,并能最大限度地促进教学效果的提高,是生物学实验教学评价的本质所在。

　　目前,我国由于受传统应试教育的影响,除课改实验区外,很多学校实验教学的评价要求与当前围绕素质教育实施的基础教育课程改革的评价要求存在着较大差距,主要表现在以下几个方面。

　　(1)评价方式单一。目前,中学实验评价一般采取两种方式,一是纸笔测验,二是操作观察。纸笔测验侧重于考核学生对实验结果或要证实的理论的掌握情况,是目前实验教学最主要的评价方式。因为高考对学生实验水平的了解主要是通过纸笔测验的成绩来评价的,这种单一的评价方式也造成了实验教学的投机取巧,使少数教师不踏踏实实教实验,产生了在黑板上讲实验的奇怪现象。操作观察是在实际的实验操作中通过教师的观察、给学生打分考核学生实验技能的一种评价方式。现在有不少学校采用了这种方式,但往往是突击性的,为了应付上面的检查,让学生们在短时间内反复机械地训练实验操作技能,这样很难达到促进学生能力发展的目标。

　　(2)忽略过程性评价。生物学实验的教学目标就是评价的依据,目前很多中学对实验成功与否的认定仅限于实验结果导致有些学生为了追求结果的正确性,编造实验数据,这些都不利于培养学生严谨的科学态度与科学精神,不利于学生实验技能的发展、创新意识的形成和创造能力的发挥。

(3)缺乏科学的评价标准。生物学实验教学目标除了巩固知识和培养实验技能以外,还应包括培养学生的生物科学探究能力,使学生了解科学实验方法、培养学生的科学态度和科学精神等。为了实现这些目标,就应该建立一个科学的、多元的评价标准。但是目前的实验教学评价,没有统一的、科学的评价标准。有些学校的实验考察仅凭老师的主观观察打分,不同教师的评价标准不一,使得实验成绩缺少可比性。

(4)评价主体单一。目前,对中学进行实验教学评价主要由教育局组织或者学校自行组织,教育系统外任何组织都无权干预。校内评价主体将学生排除在评价主体之外,忽略了学生发展过程中的自我评价和自我调控。评价主体应该是多元的,包括学校管理者、同行教师、学生、教师本人、校友等。其中,学生间的自评与互评有利于他们相互学习、相互监督,同时也避免了学生始终是被评对象,处于消极被动地位的局面,激发了学生实验的积极性,体现了学生在实验教学中的主体地位。

第一节 新课程下生物学实验教学评价的实施

一、生物学实验教学评价的指导思想

教学评价是指根据教学目标,系统地收集学生学习情况的信息,对教学过程中的学习活动以及成果给予评价。通过教学评价,教师可了解学生学习生物课程的情况,不断改进教学的方法和策略;学生也可以了解自己的学习情况,促进自己更好地发展。生物教学评价应有利于实施素质教育、有利于学生的主动发展,因此,教师应注意终结性评价和形成性评价相结合、定量评价和定性评价相结合,同时,还应重视学生自评和互评。教师应充分发挥教学评价在教学中的正面导向作用,积极引导学生真正改变学习方式,提高终身学习能力。

如何科学有效地评价生物学实验教学是当前亟待解决的问题。评价应以《标准》为依据,根据课程目标和具体的教学目标进行,要客观、公正、合理,要从促进学生学习的角度恰当地解释评价数据,以增强学生学习的自信心,提高学生学习生物学的兴趣,激发其学习的动力。评价的内容应符合《标准》的要求,兼顾知识、能力、情感态度与价值观等方面。

1. 对学生的探究能力进行评价

培养学生的探究能力,注重从多个侧面评价学生的探究能力是中学生物新课

程的重要目标之一。在生物学实验教学过程中,教师应关注学生在实验探究活动中逐步形成的观察能力、设计实验的能力、表达和交流的能力等。教师应结合探究活动的全过程评价学生的探究能力。

  案例 "种子萌发所需的环境条件"探究活动

  让学生在日常生活和观察的基础上提出种子萌发可能需要的环境条件,如水、空气、温度、阳光、肥料、土壤等。

  设计实验,进行实验,收集实验数据和资料,总结出种子萌发必需的环境条件。教师和学生可以参照下列各项给予评价。

(1)能否根据观察或生活经验提出问题,并根据问题提出假设。
(2)能否利用身边的材料设计探究假设的实验方案,包括设计对照实验。
(3)能否按照实验计划准备实验材料,并有步骤地进行实验。
(4)能否按照实验操作的规范要求完成实验。
(5)能否安全地使用各种实验器具。
(6)能否实事求是地记录和收集实验数据。
(7)能分析实验数据的相关性并得出结论。
(8)能否在探究活动中与他人合作和交流?

2. 对学生情感态度与价值观的发展状况进行评价

学生的情感态度与价值观是学生心理发展的基本内容,在生物学实验教学过程中,教师应密切关注学生情感态度与价值观方面的进步以及良好实验行为习惯的养成。例如,"探究鼠妇的生活环境"的实验活动中,不仅应该评价学生相关的知识和技能,同时也应评价学生爱护小动物、珍惜生命的情感。

  案例 "认识保护生物圈的意义"系列探究活动

(1)利用普通的纸板、凡士林等制作"空气尘埃测定板",探究什么地方尘埃污染严重。

(2)利用普通花盆、沙子、土壤及生活垃圾,设计实验探究哪些垃圾可能被自然降解,哪些垃圾不能被自然降解。

(3)学生在家长的帮助下收集和称量每天垃圾的质量,计算每人每周产生的生活垃圾量。估算一个城市或一个乡镇每周生活垃圾的总量。

(4)让学生设计问卷,调查每个家庭对生活垃圾中可再生利用的垃圾的处理方式,写出调查报告。

教师和学生可以参照下列各项给予评价。
(1)能否积极主动地完成一周垃圾的收集任务。
(2)能否实事求是地分析调查活动的数据。
(3)能否独立思考,并提出与他人不同的见解。

(4)是否在调查报告中表现出对社区垃圾污染环境问题的忧虑。

(5)能否在调查报告中积极提出垃圾处理方式的建议。

对于学生的其他特殊表现和良好行为习惯的重要转变也应给予相应评价。

3. 采用"学习卡"和"档案夹"作为评价工具

学生学习记录卡是教师用于系统观察记录学生平时学习情况的评价工具,也是教师和学生进行交流的工具。学习卡可由教师根据本班学生的具体情况自行设计,主要项目包括以下几项:①学生的出勤情况;②教师对学生实验课表现的评价;③学生在小组合作学习中的表现;④学生完成实验报告的情况。

采用"档案夹"的目的是对生物学实验教学的全过程进行综合评价,以激发学生进一步学习生物学的兴趣。"档案夹"封面贴上学生的姓名、所在班级等情况,伴随学生的学习过程,逐步收集学生学习过程中的测试卷、实验报告或小论文、小制作或小标本、查阅的文献资料、收集的生物图片和照片、剪报、获奖证书等。

4. 利用检核表评价学生的实验操作技能

对实验操作技能的评价可利用实验操作检核表等工具。利用检核表评价操作行为时,要依次列出需要检核的项目及操作行为要点,然后,观察被检核者是否表现了这种行为,并予以记录。检核表的制作应以实验步骤和操作的规范要求为依据。

二、新课程下生物学实验教学评价的目标、内容、原则与方法

1. 评价目标

课程标准对学生生物学实验技能方面只给出了描述性的指导原则,没有根据学生的认知水平和规律进行具体化;目前,对学生实验技能训练和发展的目标,还没有人进行全面提炼和整理,并形成相应的目标体系。生物学实验教学目标对生物学实验教学具有重要的导向作用,以下是根据课程标准的要求,并结合生物学实验教学的实际情况而设定的实验教学目标(表7-1)。

表7-1 生物学实验评价目标的构成体系

认知领域目标	实验基础理论知识	通过实验能够创造性地学习、理解、掌握生物学的基本事实、基本原理和规律等基础理论知识，并将之迁移运用
	生物学实验实践知识	实验室常用器皿、药剂的知识，具体实验操作技术的知识，实验过程的知识
	自我构建的实验新知识体系	能够利用从多种渠道获得的知识信息，按照自己的思路重新组合，形成一种新的知识结构系统，并用于探究解决新问题
技能领域目标	生物学基本实验技能	具备实验器皿使用技能，实验材料获取与处理的技能，药品试剂的配制与使用技能，实验结果的记录与描绘技能
	实验中科学过程技能	(1) 具有较强的独立观察能力，能根据观察所得发现问题、提出问题，并通过对比、分析提出独立性见解 (2) 能够收集资料、分析资料并得出结论，进而运用所获资料设计实验 (3) 初步掌握科学研究的基本过程和方法；会选择仪器、设计步骤；会按照实验要求正确、安全地进行实验操作；会观察对象、设计表格、记录数据、得出结论 (4) 通过探究过程，提高直觉思维能力、发散思维能力和聚合思维能力；理解生物学实验中的操作规程、注意事项和实验要点；懂得实验的目的及实验中应该观测的生物现象和生物量，掌握观测的方法，并能解释测量结果和现象 (5) 培养创新意识和实践能力，能对实验提出改进意见，设计新实验 (6) 培养科学交流与评价的能力；深入了解实验各部分间的制约关系，能进行误差分析，能找出实验失败的原因，并能设计新的实验方案 (7) 具有较强的信息意识，能够主动获取信息、处理信息；会对实验结果进行分析，找出产生误差的原因；在正确进行实验的基础上写出实验报告 (8) 具备初步的合作交往能力和自主学习能力 (9) 提高表达与交流的能力
情感领域目标	德育目标	培养实事求是的科学态度 培养关爱生命的意识 培养保护环境的意识 培养珍惜资源的意识 培养爱护公物的品德 培养热爱国家、民族、家乡的道德 培养乐于助人的精神 培养辩证唯物主义世界观
	美育目标	能够发现生物界的美 能够发现生物科学的美 能够发现科学家的美 能够发现生物学教师的美 能够发现生物学教学手段的美
	心育目标	培养情动力 培养意志力 培养注意力 培养自评力 培养调控力

2. 评价内容

生物学实验评价的内容包括实验设计方案评价、实验过程评价、实验结果评价三方面。实验设计方案的评价是核心,它是整个评价的起点和归宿,通过评价,富有价值和切实可行的方案才能付诸实施;实验过程的评价是重点,通过评价,可以及时了解实验教师对实验方案的把握程度和分析实验所处的状态,以便调整实验教学策略,提高实验结果;实验结果的评价是对实验目标达成程度的判断,也是对阶段性实验的总结,通过评价,可增强学生的自信心,激发其成就感。同时,结果评价也是判断学生实验效果的一个主要依据。

评价指标体系的设计:在设计评价指标体系时,必须全面落实新课程评价的指导思想,把指导思想细化到评价指标之中。在具体设计时,必须把握以下几点。①方向性:评价指标必须体现基础教育课程改革的基本原则(如主体性原则、发展性原则等),体现素质教育的内涵和要求。②简明性:评价指标不能细而繁,应当简而明,要尽量降低操作上的难度,提高评价的便捷度。③可行性:指标的设计不能脱离学校的现实和教师的可能。各项指标,通过发挥教师的能动性和挖掘潜能可以实现或基本实现。④可测性:各项指标应可用操作化语言加以定义,可通过一定操作(如观察、比较)加以测量。⑤独立性:同一层次中各项指标必须是相互独立的,不相互包含、交叉、重叠。

3. 评价原则

生物学实验的评价除遵循教育评价的一般原则外,还应强调以下 4 项原则。

目标原则:教改实验评价的根本目的在于推动课堂教学改革的深化,提高课堂教学效益,促进学生主动、全面地发展。操作过程中一定要围绕这一目标,不能偏离方向,以免产生误导。

公平原则:教改实验评价时,应坚持客观、公正的态度,不能主观臆测,也不能掺杂感情色彩,否则,将直接影响到评价的结果。

可比原则:教改实验评价方案一定要具有可比性。无论是实验方案评价,还是实验过程评价或实验结果评价,都必须具有可比性,包括横向比较和纵向比较,否则,就失去了评价的基础。

激励原则:教改实验评价一方面是诊断、解决问题,促进教改的健康发展;另一方面是激励实验教师、课题组成员勇于探索和实践,同时也唤起更多教师投入到教改实践中去。因此,评价时应坚持激励原则。

4. 评价方法

评价应注意定性评价与定量评价相结合、过程考评与结果考评相结合。评价形式有多种:考查、评估、考试。考查是教师平时对学生实验活动表现的观察与检查,它属于定性评价。这种评价较全面,包括对学生能力、技能、实验态度等的评价,只是人为因素大,评价缺乏准确性。评估,是对学生的实验进行量化测评,首先确定实验评估的指标体系,然后根据评估标准由教师评价、同组同学互评和学生本人自评,三方面有不同的评估权重。这是一种定量评价,较准确、公平,但有些内容很难量化,因此评价内容往往不全面。考试有口试和笔试两种形式,一般用于对学生理论知识的考评,其实,实验课也可采用考试的方式,只是注意考试内容一定要与实验有关,一定是亲自做过实验才能回答出来的。但不管怎样,考试对实验动手能力考评的局限性使其只能作为实验评价的辅助手段。生物学实验能力是一种综合表现,任何一种评价方式都有其局限性。只有多种评价方式互相补充、综合运用才能全面、客观、准确地反映出学生实验的真实水平,体现生物学实验的教学目标。

第二节 生物学实验评价中的评价方法

一、档案袋评价

1. 档案袋评价的含义及意义

档案袋评价是发展性评价的一种,又译作成长记录袋评价、档案评价和卷宗评价等,它兴起于20世纪80年代后期的美国,最早是为了取代传统的标准化考试,以体现学生学习实际水平的一种评价方法。

生物学实验教学的档案袋评价,是指评价者(学生自己、生物教师、家长或同学)依据生物学实验档案袋中的材料,对学生生物学实验学习的过程和结果所进行的一种客观、综合的评价,以检查学生的努力、进步、过程和成就。通过生物学实验教学的档案袋,教师和家长可了解学生实验的学习情况,并对学生的学习过程和成长历程做出恰当的判断,从而帮助学生制订进一步的发展计划。同时,学生可以通过和同学交流自己的生物学实验学习档案,展示自己独特的生物学实验学习过程,还可以通过反思自己的生物学实验学习的情况,进行自我评价,从而有利于其个性的发展。

2. 生物学实验档案袋的内容构成

(1)前言:对生物学实验档案袋的一个总的说明和提示,包括档案袋的内容、搜集目的和搜集原则等。

(2)目录:以提纲的形式展示各部分生物学实验学习材料的关联,必要时配有页码。

(3)内容构成:依据对培养学生的生物科学素养这一功能可将生物学实验档案中的材料内容划分为4大类。①过程型材料:反映学生生物学实验学习过程的原始材料,重点呈现与展示学生学习进步、探索、进取和达到目标的历程,如实验材料的选择、实验方案的设计与完善以及实验的实施等。②成果展示型材料：是指展现学生生物学实验学习成果的材料，如实验结果及分析、实验报告等。③评价型材料：反映教师、家长和同学评价学生学习生物学实验的过程和结果的材料，如生物学实验课的评价表和生物学实验情况记录表等。④反思型材料：是指学生自己对生物学实验的学习过程与结果进行自我反省的一类材料，如实验探究方法的总结、实验成败之处及原因分析、实验改进的建议和体会等。在材料的搜集中应记录时间、实验地点，以便显示被评价者的成长轨迹和进步趋势。

（4）交流与总结：档案袋中的材料应该是开放的，使其成为学生与学生、学生与家长交流的依据。

3. 档案袋评价在生物学实验教学中的优势

（1）展示学生的真实业绩。档案袋的最大优势是向教师、家长和学生展示出一个真实、丰富的学习过程，比起纸笔测试和其他传统评价更能说明学生知道什么、做了什么和需要了解什么。如果设计合理，它还可以展示学生实验过程中的思考能力和解决问题的能力、所使用的策略和过程性技能及知识的建构。除此之外，它还可以表明学生的持续力、努力以及意愿的改变情况。

（2）评价的主体是多元的。档案袋评价改变了过去传统的仅由教师评价的形式，加强了自评、互评、社会评和家长评等评价方式，使评价成为教师、学生、家长和社会共同积极参与的交互活动。

（3）评价具有全程性。档案袋评价打破了过去评价的时空局限性，将评价延伸到课外、校园、家庭和社会中，通过多种评价主体对生物学实验的学习行为、态度和过程进行多方位的评价。档案袋评价体现了"学习是个过程，学习评价也应有过程性评价"的思想，是一种"真正的评价"。生物学实验的特点和学习目标又特别强调在实验过程中注重培养学生的各种生物学能力，所以档案袋评价应该说是一种比较好的生物学实验教学评价方法。

（4）有利于学生和教师、家长间的相互沟通。档案袋所搜集的内容能够比较全面地反映学生各方面的素质，有利于教师和家长发现学生的闪光点，促进教师和家长间的沟通。

二、表现性评价

1. 表现性评价的含义

表现性评价是 20 世纪 90 年代在美国兴起的一种评价方式。生物学实验的表现性评价，是依据学生在实验活动中的行为表现，对学生的实验过程及结果所进行的一种客观、综合的评价。它是在学生学完一定的知识后，通过让学生完成某一实际任务来评价学生的学习状况，包括表现性任务和对表现的评价。它的评价方式有别于传统的纸笔测验评价,是对学生的能力行为进行直接的评价。

表现性评价主要有如下几个特点。

(1) 表现性评价离不开一定的生物学实验活动,这种活动力求在真实的情境中完成。

(2) 活动具有较强的目的性,学生在生物学实验学习活动中需要达到既定目标。

(3) 评价不仅关注学生活动的结果,更关注生物学实验过程中的一系列行为。

(4) 评价不是一次性的,而是通过一系列的活动来实现。

2. 表现性评价的内容

表现性评价力求在真实的情境中评价学生的全面科学素养,不仅要关注学生的认知,也要注重学生生物学实验操作技能、生物学实验探究能力及生物学实验情感态度与价值观等方面的评价。在评价深度上,不能局限于学生的一些外显行为,还要挖掘学生外显行为下的内涵,如创新精神、实践能力等(表 7-2)。

表 7-2 生物学实验表现性评价指标

评价指标	评价内容	评价等级
考勤纪律	A. 无迟到、早退,严格遵守实验纪律 B. 无迟到、早退,但实验纪律一般 C. 有迟到早退现象或实验纪律较差	
爱护公物	A. 仪器设备按规程摆放,无损坏、丢失现象 B. 仪器设备无损坏、丢失,但未按规程摆放 C. 有损坏、丢失仪器的现象或完全未按规程摆放	
节约资源	A. 按需求开关水电、取用试剂 B. 偶有忘关水电或取用试剂过多造成浪费的现象 C. 浪费水电、试剂现象较严重	
实验知识	A. 认识常见的生物试剂和仪器,理解实验基本事实或原理 B. 认识部分的生物试剂和仪器,不能完全理解实验基本事实或原理 C. 不能认识常见的生物试剂和仪器或不能理解实验基本事实和原理	
操作技能	A. 仪器操作规范准确 B. 仪器操作偶有错误 C. 仪器操作不规范,错误连连	
能力表现	A. 观察能力强,具有探究性,有很强的解决问题的能力和创造力 B. 一般 C. 较差	

续表

评价指标	评价内容	评价等级
合作与交流	A.能与他人很好地合作并积极参与交流 B.一般 C.合作与交流能力不强	
课堂问答	A.能正确描述、解释生物学实验现象,回答问题正确 B.基本能描述或解释出生物学实验现象,回答问题不够全面 C.不能描述或解释生物学实验现象或回答问题错误	
实验报告	A.书写格式正确、观察记录数据准确、解释合理、推论正确等 B.一般 C.较差	

综合评价或建议　　　　　　　　　　　签名：

第三节　生物学实验的考核

长期以来,生物学实验的考核主要停留在书面考试上,很少进行实验操作的考核或考试,因此,部分教师、学生对实验课重视程度不够。在生物学实验教学中主要存在着"三重三轻"的弊端:重知识传授,轻实验教学;重实验结果,轻操作过程;重笔试考查,轻能力考核。因此,建立完善的实验考核评价制度已成为当务之急。一个完善的实验考核制度应该包括实验操作考核和书面测试及平时生物学实验的综合测评三部分。

一、生物学实验操作考核

1. 实施实验操作考核的意义

（1）引导教师转变教育观念,提高实验教学质量。实施实验操作考核,有利于引导教师转变教育观念,促使教师把培养学生的实验技能、提高学生的实践与创造能力摆上教学的重要位置,变应试教育为素质教育。

（2）有利于提高学生的科学素养。21世纪的人才必须具备基本的科学素养,它包括科学意识、创造能力、实事求是的科学态度和刻苦钻研的意志品质等。实施实验操作考核有利于提高学生的科学素养,提高学生的综合素质。

（3）促进实验室开放,提高仪器设备的使用率。实施实验操作考核能增强学校和教师的实验教学意识,培养教师研究实验教学的自觉性,促进实验室对学生开放,使学生有更多的机会进入实验室动手做实验。

2.实验操作考核的设想

(1)健全考核机制。可成立由教研室、招生办和生物教研组等部门负责人组成的考核领导小组,具体负责考核的组织领导工作,制订考核制度和守则,培训实验操作考核监考人员,统一思想、统一要求、统一评分标准,做到组织落实、责任落实和考点标准落实。

(2)规定考核内容。考核内容原则上可限制在课程标准规定的学生必做实验范围内,主要考核学生的基本操作技能及分析处理问题的能力。

(3)制订评分标准。评分标准一方面要注重考查学生基本的实验操作技能,另一方面也不能忽略考查学生实践和创新等方面的能力,以及实事求是、一丝不苟的实验态度等。建议从实验操作方法(包括操作顺序、装置、药品和器材选择)、操作熟练程度、实验现象和结果、实验结论和实验态度等方面进行考查给分。

(4)考务建议。①各地可根据考生分布情况,分片设置考点,设立考点办公室,并对考点学校的实验室建设、仪器设备和实验室管理等情况进行检查验收,以确保考场符合要求。②操作顺序可设计如下:点名,考前5min点名,进入考场,宣读考试规则;抽签,由考生亲自抽签,签上标明试题及桌号;考试时间,10~15min,监考人员要仔细观察,认真记录,根据评分标准当场给分。

目前,全国虽有部分城市实施了初中毕业生实验操作考核或考试,但尚属探索阶段。

二、生物学实验试题编制

1.题材的选择依据

当今社会变化快速、热点迭出,这给实验命题提供了丰富的试题背景。一些影响很大同时又是建立在学生所学生物学知识之上的社会热点问题是生物学实验试题编制时选择的重点内容,如克隆羊、人类基因组计划和细胞周期蛋白的发现等。例如,2003年普通高等学校招生全国统一考试理科综合能力测试生物部分(上海卷)第40题"目前,我国很多水域受到了严重的污染,南水北调近40%的投资将用于治理相关流域的水污染。一学生为了测定某流域河水中有机物的污染情况,设计了如图7-1的实验。1、2号试管内分别为放置一天的自来水和被有机物污染的河水各5mL,加入5~10滴0.01%的亚甲基蓝溶液。请你预测,40min后可能出现的实验现象是:＿＿＿＿＿＿＿＿＿＿＿＿＿＿＿＿＿,原因是:＿＿＿＿＿＿＿＿＿＿＿＿＿。"该题是社会生活中的热点题材,既关系到"南水北调"这种重大的国家决策方针,同时也与环境保护、人

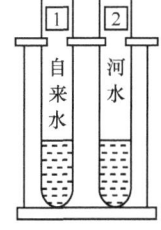

图 7-1

民生活息息相关。

2.题材内容的特点

生物学实验题材的内容,应该具有以下特点。①真实。实验题材的选取应重视其题材的真实性,材料应来源于具体的科学实验、生命现象和生产、生活中出现的问题等。②科学。以科学的标准衡量所选取题材是否符合客观规律,要保证这些客观规律是在过去的科学研究中已经得到了证实的,而不是科学幻想。确定这样的衡量尺度,本身也是尊重现阶段中学自然科学教育的实际。③直观。重视材料的直观性,以实验装置图、图示或图解、数据表格和曲线等形式,再现实验过程或生命变化,既有利于应试者理解分析事实本质,也体现了自然科学尤其是生命科学的特征。④多样。不拘泥于教材内容,而是涉足生命科学的许多分支领域,实验类型和形式应多种多样。同时为了将能力测试目标以较为丰富的形式呈现出来,可增加试题的变化,如给出实验原理、实验装置图、实验数据表和实验步骤等,从而体现出命题者新颖、灵活的命题技巧。

在操作层面上,优秀的试题题材应具备以下几个特点。①整合性。试题题材的整合性主要是指考查内容与能力要求的整合、文化知识与教育引导功能的整合、教材知识与生产和生活实际的整合、前期知识与后续学习的整合、学科内和学科间多种知识的整合等。②借鉴性。主要是指在试题材料的情景设置上,应有一定的科学情景的迁移、生活情景的迁移和知识背景的迁移等,从而生动再现自然科学及生命科学研究的主体对象在自然状态下的真实变化,体现科学探索的无穷魅力,体现学以致用的科学研究价值,同时还能为中学教学提供学习和借鉴的经验。③开放性。在考查应试者的评价能力、预见能力和实验方案的设计能力等方面的素质时,试题题材应命题目标的需要,需具有一定的开放性;同时,开放性还反映在试题题材的背景能在材料之外进行延伸。④阶梯性。这里所说的阶梯性是指试题题材具有由初级知识水平到高级知识水平之间的过渡、较低能力要求与较高能力要求的过渡。试题题材设计这样的知识梯度和能力梯度,有利于命制区分度高的试题。⑤平等性。试题题材的选取,往往会影响到考试对应试群体的公平性。考试对每一位应试者来说,应该是人人平等的。因此,试题题材需面向最广大的应试群体,注意城乡之间的差别、发达地区与不发达地区之间的差别、文化背景和宗教信仰不同的群体之间的差别等。

例如,2004年普通高等学校招生全国统一考试生物单科试题(江苏卷)第42题:环境污染对植物的生长发育有不同程度的影响。在一定程度上,植物在污染环境中也有继续保持正常生命活动的特性,这种特性称为抗性。研究植物的抗性对筛选具有净化环境的植物种类和保护环境有积极意义。

(1)一项研究表明,植物对 SO_2 的抗性与叶片上气孔密度和气孔大小等有关。所得数据如表 7-3 所示。

表 7-3

被测植物	平均受害面积/%	气孔	
		气孔密度/(个/mm^2)	每个气孔面积/mm^2
甲植物	13.5	218	272
乙植物	33.4	162	426
丙植物	57.7	136	556

①该研究说明,植物对 SO_2 的抗性与气孔的密度呈_____关系,和每个气孔的面积呈_____关系。

②在 SO_2 污染严重的地区,最好选择表中_____植物为行道树种。

(2)工业生产中产生的 SO_2 是酸雨(pH<5.6)形成的主要原因之一。有人设计实验研究酸雨对植物的毒害作用。实验过程如图 7-2 所示(除图中特别说明的外,其他条件甲、乙均相同)。

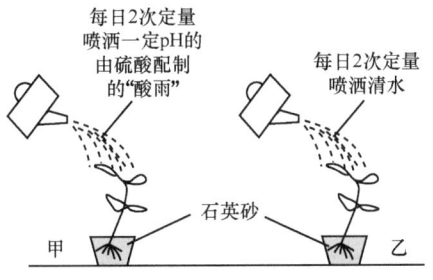

图 7-2

实验结果表明,"酸雨"使植物叶片变黄,而对照实验中的植物没有变黄。该实验说明"酸雨"对植物的生长发育有影响。

参照上述装置和试剂,以小麦种子为实验材料尝试设计实验,探究两种不同 pH 的酸雨对种子萌发率的影响。

①探究的问题:不同 pH 的酸雨对小麦种子萌发率的影响。

②做出的假设:_____。

③实验步骤(简要叙述):

④实验预期结果与分析(实验预期结果多种多样,写出其中三种并加以分析):

分析:本实验题材来源于具体的科学实验,具有真实性。所得结论"酸雨对植物的生长发育有影响"是在科学研究中已经得到证实的,而不是科学幻想,具有科学性。有关数据及实验的装置以图表和模式图的形式展现给学生,从这个角度来说该实验试题具有很强的直观性。在考查应试者观察、理解和分析前人实验的基础之上,要求应试者"以小麦种子为实验材料尝试设计实验,探究两种不同pH的酸雨对种子萌发率的影响",使试题在原有试题题材的背景之下进行延伸,这充分说明了该题的开放性。此外,题目的难度逐步加深,由初级知识水平向高级知识水平过渡,反映了该题的梯度性,使该题具有一定的区分度。

最后要注意的是,在实际操作中要能够选取合适的试题题材,设置合适的试题背景,同时还要考虑到考试的要求,预见可能出现的问题。

三、生物学实验的综合测评

一个完善的实验考核制度应该包括实验操作考核和书面测试及生物学实验的综合测评三部分。目前有些学校的生物考核已经包括了前两部分,但忽视了第三部分,这不利于培养学生形成严谨的科学实验态度及科学实验精神。此外,最后的实验考核,由于时间关系一般只能进行一次,如果由于某种原因造成学生实验的操作失误,而影响学生最终的生物学实验成绩,对某些学生来说不公平。现在很多知名的教育人士及专家正在呼吁改变"高考一纸定终生"的弊病,我们的实验考核同样也要克服这种弊病。常规生物学实验考核可以参考我们上节所提及的《生物学实验表现性评价指标》,给予最后综合评定。

思考题

1.《普通高中生物课程标准》对实验教学评价有哪些说明?

2.你认为实验教学评价目标与原则对实验教学有何指导意义?

3.生物学实验档案袋由哪些内容构成?

4.你认为档案袋评价是最好的生物学实验教学评价形式吗?说明理由。

5.你觉得你校目前的生物学实验评价存在哪些弊病?造成这些弊病的原因是什么?你将如何克服这些弊病?

6.选择一个具体的生物学实验课题,根据生物学实验评价的目标、原则和方法编制一份生物学实验评价体系表。

第八章 生物学实验教学案例

第一节 新课程标准下初中生物学实验教学案例

案例1 探究光对鼠妇生活的影响

[教材版本]

人教版生物学七年级上册第一单元第二章第二节"环境对生物的影响"。

[教学理念]

本节教学的一个特点是,依据课程标准、并结合七年级学生的认知特点,同时为激发学生的学习兴趣,将知识传授与学生探究活动相结合,通过多种开放式的教学活动(如调查、游戏等),引导学生自主完成科学探究过程,并在活动中注重学生的全员参与,更好地体现小组成员间的合作学习。本节教学的另一个特点就是注重引导学生主动参与教学过程,并激发学生对生物学知识强烈的求知欲,真正使学生的学习由被动变为主动,充分体现以学生为主体的课改精神。

[教材分析]

安排本节作为全书的第一个探究活动,主要目的是让学生了解探究的一般过程,并体会控制实验变量和设置对照实验的重要性。探究中的每一个步骤,不能直接告诉学生,而是引导学生去积极地思考。例如,要求学生根据捕捉鼠妇时所观察到的鼠妇的生活环境,尝试探究第一段呈现的问题情境,引导学生提出问题;假设不是随便做出的,应有一定的依据,教师应引导学生围绕提出的问题,根据学生已有的知识和经验做出假设;制订计划是探究的重要环节,实验法是常用的方法。在实验法中,控制变量和设置对照实验是设计实验方案必须处理好的两个关键问题。

[教学目标]

知识目标:举例说出影响生物生存的环境因素;举例说出生物之间有密切的联系。

能力目标:体验探究的一般过程,学习控制实验变量和设计对照实验。

情感态度与价值观目标:形成爱护实验动物的情感,能够认真观察和记录,并与小组的其他同学合作和交流。

[教学重点]

说出影响生物生存的环境因素;体验探究的一般过程,学习控制实验变量和设计对照实验。

[教学难点]

形成爱护实验动物的情感;能够认真观察和记录,并与小组其他同学合作和交流。

[教前准备]

学生准备:各小组准备鼠妇10~16只、湿土、干土、纸盒、纸板、玻璃板、表、笔、一份实验报告用表。

[教学内容]

教学过程设计

教师:课前同学们对第二节"环境对生物的影响"预习了吗?

学生:预习了。

教师:好,下面请同学们一起回答,影响生物生活的环境因素分为哪两类?

学生:影响生物生活的环境因素分为生物因素和非生物因素。非生物因素包括光、温度、空气、水等。

教师:"橘生淮南则为橘,生于淮北则为枳"这种差异是由哪种环境因素引起的?

学生:由温度引起的。

教师:有一首诗:好雨知时节,当春乃发生。随风潜入夜,润物细无声。描写的景象主要是由哪种环境因素引起的?

学生:水分。

教师:温度、水分等都属于非生物因素,那么非生物因素是怎样影响生物生活的呢? 让我们一起通过实验来探究。

影响生物生活的非生物因素有许多,但是我们在验证时只能一种一种地来验证。

上节课我布置了一个任务"捉鼠妇",大家都捉到了吗? 下面请捉到鼠妇的同学来描述一下你捉鼠妇的地点及其周围的环境。

学生回答略。

教师:同学们回答得都非常好。鼠妇又叫潮虫、西瓜虫,通常生活在阴暗、潮湿、富含有机物的土壤中。那么你们在捉鼠妇时,一定还看到了其他小动物,你们有没有伤害它们?

学生回答略。

教师:同学们都是保护动物的小卫士。你们在捉鼠妇时,鼠妇有什么反应? 是

"束手就擒",还是"抱头鼠窜"？还是有其他的反应呢？

学生回答略。

教师：请同学们考虑，鼠妇的反应属于我们学过的生物特征的哪一种？

学生：应激性。

教师：这种应激性的特点是什么？

学生：怕光，见到光就跑。

教师：也就是趋利避害。

教师：从鼠妇的反应中你们想提出什么问题？

学生：光对鼠妇的生活有影响吗？

教师：提出的问题非常好。爱因斯坦说过"提出一个问题往往比解决一个问题更重要"。既然同学们提出了这么重要的问题，那么就让我们一起来探究这个问题，并根据这个问题做出一个合理的假设。

学生：假设光对鼠妇的生活有影响。

教师：我们怎样才能证明同学们所做的假设是正确还是错误呢？这就需要我们制订计划，确定实验探究的方案。请同学们快速阅读课本第15页至16页，然后以小组为单位制订计划和讨论大屏幕上的问题。

(1)在这个实验中我们要探究的问题是什么？

(2)根据提出的问题作出了什么假设？依据是什么？

(3)实验探究时需要哪些材料用具？（考虑为什么不用1只鼠妇）

(4)实验时，应该在木盒中给鼠妇提供哪两种环境？除光照不同以外，其他条件是否保持一样？

(5)什么叫对照实验？本实验有没有对照实验？若有，又是如何设计的？

(6)鼠妇应放在木盒的什么位置？一定要这样做吗？

(7)最后明确该实验应如何操作，实验过程中应注意哪些问题。

(8)明确分工。

学生回答略。

根据制订的计划和讨论提纲，请同学们谈一谈你们的实验步骤。

学生：我们组的成员共计4名，分别是甲、乙、丙、丁。甲是组长兼主持人；乙是讨论内容的记录员；丙掌握时间，记录实验数据；丁是实验主操作人。

教师：全班分成8个小组进行实验，各小组成员要有明确分工，相互协作。将鼠妇放入实验装置，盒子的中央放同样数目的鼠妇，静置2min。每分钟统计一次明亮和阴暗处的鼠妇数目，统计10次。现在我们制订的计划基本完善，万事俱备，只欠东风。下面请大家用10min的时间亲自动手实践，并把实验结果填入课本第16页或大屏幕上的表格中，如表8-1所示。

表 8-1

环境	2min	3min	4min	5min	6min	7min	8min	9min	10min	11min	12min
明亮											
阴暗											

时间到,停止实验。各小组可能都有了自己的实验数据,每组的组长说出自己小组在第 12min 的实验数据:明亮处有几只?阴暗处有几只?

现在各小组的数据都写出来了,下面我们来分析这些数据。通过观察这些数据比较明亮和阴暗处鼠妇的数量,哪一个环境中的多,哪一个环境中的少?从而获得什么结论。

学生:鼠妇喜欢生活在阴暗的环境中。

再请同学们来计算 8 个小组的鼠妇在明亮处和黑暗处的平均值。各小组讨论分析自己小组的数据与平均值存在差距的原因。

学生:存在差距的原因可能与实验装置、光线或实验操作等有关。

教师:探究实验结束后怎样处理鼠妇?

学生:把鼠妇放回大自然。

教师表扬:同学们这样做非常好。

通过实验来讨论下列问题。

(1)这个实验中有哪些因素对鼠妇有影响?你如何保证实验结果的不同点是由你确定的变量引起的?

(2)为什么要用 10 只鼠妇做实验?只用 1 只鼠妇做实验不行吗?

(3)为什么要计算全班数据的平均值?

学生回答略。

探究活动结束了,请同学们总结探究实验的一般过程。

学生:发现问题、做出假设、制订计划、实施计划、得出结论、表达和交流。

鼠妇生活不仅受光的影响,还会受水分、温度等其他环境因素的影响。课后请同学们完成探究水分对鼠妇生活影响的探究报告,报告情况将记录到同学们的成长档案中。

案例 2　练习使用显微镜

崔玉霞　山东省博兴县实验中学

[教材分析]

生物学是立足于实验基础的一门自然学科。而进行生物实验最不可或缺的工具就是显微镜。认识显微镜的构造、正确使用和保护显微镜是进入生物实验课堂的必经步骤。人教版有"练习使用显微镜"一课,但是显微镜结构太复杂,想要学生一下子记住根本不可能,而且也分不出哪些是主要结构;使用显微镜的过程中的很多注意事项,以及一些特殊情况的出现,会导致学生出现手忙脚乱、毫无头绪的情况,使学生感到枯燥无味。为了解决以上问题,使学习变得轻松有趣,本节教学设计中采取新颖的教学方式,合理安排教学,为以后的实验教学成功地做好了铺垫。

[教学目标]

自行设计简易的显微镜;说明显微镜的基本构造和使用;能独立正确使用显微镜;爱护显微镜。

[教学重点]

显微镜的使用方法;独立操作能力的培养。

[教学难点]

规范使用显微镜,并观察到物像。

[课前准备]

教师:准备显微镜,并逐个检查(要准备2个不同倍数的目镜和3个不同倍数的物镜);准备4种标本(写有"b"字的玻片、印有数字"6"的透明挂历纸、印有数字"6"的不透明纸、植物保护组织玻片)、擦镜纸、纱布、多媒体课件、显微镜的使用录像带。

学生:准备草稿纸、画笔、普通笔、笔记本。

[教学程序]

1. 情景激疑,引入课题

给同学们播放一小段课件动画:一个人用放大镜在进行观察,从另外一面看,眼睛被放大。问:当我们看到放大镜能将物体放大时,我们感到欣喜,但是放大镜的放大倍数毕竟是有限的,我们能否用放大镜为原材料,制作一种工具,将我们所观察到的物像放大许多倍呢?课题由此被顺利引入。

2. 合作交流,大胆设想

(要求同学们按照自然位置前后4人为一组,进行讨论、尝试,并且在草稿纸上画出自己的创作。)

创作提示:(用课件显示)①如何将你使用的放大镜固定住?②设计装载标本的装置。③标本不透光是看不到物像的,如何才能让标本透光?④如何来反射光线?⑤如何调节光线的强弱?

学生对设计很感兴趣,在讨论设计之前,给予学生上述提示,以免出现有些学生无从着手设计的情况,甚至影响课堂教学。同时在学生创作的过程中,教师要注意巡回指导,对学生出现的疑难问题及时解答,对不同层次的学生进行分层教学,特别是对他们存在的误区进行有的放矢地纠正,为实验教学打下良好的基础。创作完成后,让几位学生来展示本组内的设计图并陈述设计原理,以提高学生的表现力和口语表达能力。最后教师要肯定(或进行总结)学生创作的新意以及勇气,并

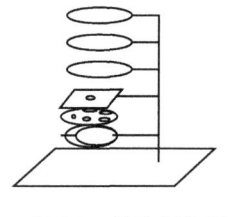

图 8-1　学生创作图

且将最好的创作拿出来与大家一起分析。学生创作如图 8-1(课件展示)所示。

3. 对比学习,认识结构(对显微镜的构造的学习)

此时学生的创作热情已经过去,但是却有了认识显微镜各个结构的迫切愿望。所以此时教师要指导学生进行实验第一步:取镜和安放。

教师指导学生拿出镜头,提醒大家注意有几个镜头,分别是什么镜头,告诉学生不要丢失,以培养学生爱护公物的好习惯。然后将显微镜从镜盒中取出,左手托镜座,右手握住镜臂。此时课件中显示出一个问题:如果你是一个左撇子,该怎样取镜和安放?针对不同习惯的人群,施以不同的方法,充分体现出以人为本、灵活处理的教学理念。

接下来认识显微镜的结构名称(图 8-2),并出示问题:显微镜的主要结构有哪些?有什么作用?最主要的结构是什么?显微镜结构分为哪几类?让学生边观察边讨论。学生在观察中会很快发现以下结论。

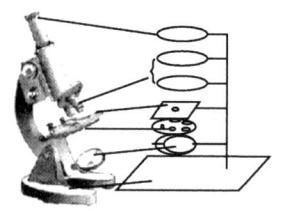

图 8-2　显微镜的结构

(1)创作设计中的 3 个放大镜恰恰是目镜和物镜中的 3 个镜头,用以观察物像,是最主要的结构,而且可以随着需要更换不同倍数的镜头。

(2)创作设计中装载玻片的结构是载物台。

(3)创作设计中载物台上的小孔可以透过光线,是通光孔。

(4)创作设计中反射光线的结构是反光镜,可以反射光线。

(5)创作设计中调节光线强弱的结构是光圈。

(6)创作设计中起支持作用的支架是镜座、镜臂。

除了上述结构之外,还要认识粗准焦螺旋、细准焦螺旋、转换器和压片夹等结构以及它们各自的作用等。在这样的认识过程中,学生的学习由被动变为主动,由枯燥无味变为生动有趣,并且学生能从中发现自己的设计与正规显微镜的差距,如没有设计使镜头升降的结构、没有考虑压片夹、没有考虑随着要求改变镜头的放大倍数等,从中认识到科学创作不是件容易的事情,学好知识是科学创作的前提,这可以培养他们爱学习的态度。

4. 观察录像,亲身实践(显微镜的使用)

观看显微镜的使用录像带,学生可以根据个人情况记录笔记,找出其中的注意事项。看完后,自己亲自动手实践。

1) 对光

对光时要将显微镜调出明亮的视野,这是实验成功关键的一步。教师指导学生将 4× 和 10× 两个倍数的目镜和物镜分别装入镜筒和转换器,按照课本要求进行对光,并且在课件上展示对光过程中应该注意的问题:①使用最大光圈对准通光孔;②进行对光时,用一只眼注视目镜;③不要使用直射的阳光作光源。

对光操作结束之后,向学生提问:哪些结构在同一条直线上?并且请学生说出他们在对光中采用了什么方法,使这些结构在同一条直线上的?为什么一定要调出明亮的视野才能进行观察?然后,留给学生一定的思考时间,学生很快会发现是目镜、物镜、标本,还有通光孔在一条直线上;明亮的视野透光性好,能够更好地观察标本结构;对光的方法也能说出很多,并不是一定要像课本上介绍的那样,用一只眼注视目镜才能对光。

2)观察

观察是每个学生在使用显微镜时,必须掌握的一种重要技能,也是本实验的核心所在。所以,先让学生自己讨论在观察中所要注意的问题,在学生的讨论交流中,教师也适时地提出疑问并点拨,使他们能顺利地找出注意事项。

经过讨论之后学生纷纷发表意见。

①标本要对准通光孔正中央,并用压片夹夹住,以防滑落或者挪动,影响观察。②当镜筒下降时,眼睛一定要注视物镜,防止玻片标本被压坏,甚至于损坏镜头。③镜臂不能倾斜过大,否则标本可能会滑动而影响观察效果等。

教师对学生发表的意见给予肯定的评价,此时可以请学生进行观察,另外还要提醒同学们在观察的过程中还有什么问题请及时提出来。学生在进行一段时间的观察后,会提出自己的疑问。例如,①视野模糊该怎么办?②为什么视野中的物像太靠右,把玻片标本往左挪了一下反而找不到了?③没想到用肉眼几乎看不到的"b"、"6"被放大了许多,但是到底被放大了多少倍?④为什么把不透明的挂历纸放在载物台上,黑漆漆的什么也看不到?⑤为什么显微镜下看到的不是"b"、"6",而是"q"、"9"?

学生在观察中提出了诸多的问题,可见学生的观察能力是很强的,另外学生对实验课的热情也变得很高。在此,教师所采取的方法是让这些问题在学生中间自行解决,请同学们大胆地将对这些问题的看法说出来。因为这些问题对一部分学生来讲可能是个难题,但是另一部分学生可能已经将它解决了。果然在很短的时间内,学生纷纷举手。疑问被一一解决:①调整细准焦螺旋;②目镜中看到的物象是倒像,需要向右移动标本;③目镜与物镜放大倍数的乘积;④玻片标本需要透明;⑤挂历纸挡住了光源;⑥显微镜下看到的物像是倒像(左右颠倒,上下颠倒)。

其实,学生还有很多问题没有注意到,接下来教师让学生将植物保护组织玻片标本放在显微镜下观察,并且注意一些新问题的出现。给学生充足的时间观察后,采取选择题的方法,让学生的知识面尽量扩大。例如,用显微镜观察装片,若光线

较弱时,应使用(　　)

A. 大光圈、平面镜　　B. 小光圈、凹面镜　　C. 大光圈、凹面镜　　D. 小光圈、平面镜

3)整理和存放

教师积极地引导学生对显微镜进行整理与存放,讨论应该怎样整理和存放才不损伤显微镜。很多学生谈了自己的看法:用纱布擦拭镜体,用擦镜纸擦拭镜头;不要将物镜对准通光孔,要偏向两旁;镜筒要下降到最低处;要将显微镜放回镜箱内等。教师对正确的做法进行肯定,针对错误的做法提醒大家注意并给予纠正,然后请学生整理完毕后离开实验室。

提高学生的科学素养,培养学生的创新精神和实践能力,变被动接受式学习为主动探究式学习,符合新教材的教学要求和学生的发展需要。本节课的设计充分体现了学生的主体性和教师的主导性。学生在教师的启发引导下,充分调动自己的感官,积极思维,大胆想象,并通过相互讨论,合作交流,创作出自己的作品,充分感受到了人人都是学习的主人。在实验过程中,创新性的设计和意想不到的效果使学生感到了惊喜,这样学生的求知欲和表现欲得到了满足,自我价值得到了肯定,在兴趣这一催化剂的作用下,顺利地掌握了知识,培养了能力(崔玉霞,2005)。

[同行点评]

崔玉霞老师的"练习使用显微镜"一节的教学设计,粗粗一看,本人觉得特别荒谬:这是学生进入初中以来的第一节生物实验课,一个七年级的学生,要来设计显微镜,怎么可能啊!但是仔细品来,不由得赞叹不已。对其中的一些做法,本人不揣浅陋,发表一些看法。

1. 教学设计的思路

显微镜的结构和使用方法,从教学内容上看是让学生掌握生物实验最基本的,也是最重要的动手操作技能。从学习阶段上看是七年级学生进入中学后的第一次实验课。因此这一节实验课的教学质量如何将直接影响学生的学习情绪和以后实验课的教学质量。常言道:良好的开端是成功的一半。如何上好这一节课呢?按以往的做法是先讲显微镜的结构,然后让学生通过观察现成的玻片标本,练习并掌握显微镜的使用方法。笔者在多年的教学实践中发觉这种方法确实存在不少弊端。首先是教师在实验中讲得太多,但不讲不行,学生急于动手,教师又不放心,课堂纪律难于维持。此外,学生对显微镜的结构及使用方法的掌握效率较低,多数学生要经过多次实验后才能掌握,影响以后实验课的效果。那么第一节实验课能不能从一开始就调动学生学习热情,从而克服学习效率较低的现象呢?案例中崔玉霞老师的做法是一种不错的方法,值得大家借鉴。她一改以往的套路,大胆创新,灵活组织教学。先让学生设计显微镜,然后将其与真正的显微镜比较,再去进行操

作训练。教学方法令我们耳目一新,也极大地激发了学生的学习热情。

2.教学时间安排

案例中未对本课的教学时间安排做一定的说明。根据本人的教学经验,按照这个设计来组织教学,一课时肯定是不够的。如果要将各个环节都组织得很到位的话,要安排两课时才行。两节课连在一起上,可以提高实验课的效果,从心理学上看有利于克服遗忘率。如果只用一课时,就容易造成草草结束,下次再重复,又要占用时间,影响实验的进行。因为显微镜的操作必须经过多次反复练习才会熟练和巩固,学生也需要获得充裕的观察时间。事实上,如果学生显微镜使用的技能掌握得比较好,以后在进行使用显微镜观察的实验时可以减少很多时间。

3.教学程序

(1)情景激疑,引入简易显微镜的设计。通过一小段动画,让学生直观感受到放大镜的作用,并激发其想用一用的冲动;然后通过课件展示4个富有启发性的问题,对学生进行创作提示,这一步是必不可少的,否则有些学生会无从下手。这样只要学生能创造性地去思考几个提示问题,并通过小组内的相互合作和老师的及时答疑,设计显微镜这个活动就一定能顺利开展。这项设计也由此成为本节课的亮点。

(2)对比学习,认识结构。在上一流程的基础上,进行这个学习过程是顺理成章的事。我们可以想象,当学生发现他们的设计即为正规显微镜的核心部件时,他们的内心会充满自豪感,会充满巨大的成就感。这时候那些复杂的显微镜的结构名称对他们来说一定不会难,因为这是他们自己的设计啊!

(3)观察录像,亲身实践。这一步安排得也很巧妙,不是教师懒散自己不做演示,而是在刚才的探究基础上,借助于音像资料,既可以向学生呈现准确无误的信息,还可以避免由于教师演示时,后排同学看不清楚的问题。

但是本案例接下来的做法,本人觉得有些不妥当。本节课进行到这里,如行云流水非常顺畅,教师和学生心情都非常愉快。对学生来说,接下来最快乐的事情,莫过于自己使用显微镜观察实验桌上教师事先准备的4种标本了,而且到这个时候,他们已经完全有能力来进行相应的观察了。这个时候教师就应该像刚才那样,将主动权交给学生,让他们去实践,而不是和本节课的整体设计思路背道而驰,将学生重新拢在一起开始讲解,如对光中的问题、视野模糊怎么办等。其实这些问题,在学生进行操作后就不成为问题了。当然这些问题并不是不要讨论,而是应该放在学生练习结束后进行。

本人认为可以用书面的形式,提供给学生简单明了的观察任务,让学生有针对性地进行实验,使学生能观察得更加认真、仔细,让学生在实验过程中掌握观察的方法,并随时做好记录工作。同时,也让学生在观察中体验到成功的喜悦,培养了学生严谨求实的科学态度。

总之,这个案例可以引发教师智慧的碰撞,可以长善救失,取长补短,明显提高教育教学效果。

(点评者:陈九云 江苏省如皋市石庄中学)

案例 3 馒头在口腔中的消化

[教学目标]

知识目标:了解食物中的淀粉在口腔中发生了变化;知道淀粉在口腔中发生变化与牙齿的咀嚼、舌头的搅拌以及唾液的分泌都有关。

能力目标:培养设计探究实验的能力;培养仔细观察、善于思考、动手实践和与人合作的能力。

情感态度价值观:体验和领悟科学的思想观念及科学研究的方法。获得成功体验并增强对生物学科的兴趣和信心。

[教学重点]

引导学生通过探究实验来验证自己的假设。

[教学难点]

在探究实验过程中培养学生的实践能力和创新能力。

[课前准备]

教师设计一个开放性的实验环境:将所有实验器材放置在教室的两边,让学生自主选取器材,并精心布置了两个小陷阱:100℃、37℃、0℃的水浴;大小不一的试管。前一节课教师已向学生介绍了几种收集唾液的方法,让他们回家练习,并要求学生课前收集好唾液。

[教学方法]

合作式探究教学法。

[教学过程]

教师:平时吃馒头时,细细咀嚼会觉得有甜味,为什么呢?

学生讨论并猜想,有下列几种看法:①馒头变甜可能与唾液的作用有关;②馒头变甜可能与牙齿咀嚼和舌头搅拌有关;③馒头在口腔中变甜,可能是馒头中的淀粉发生了变化。

教师组织学生讨论,并进行探究实验的设计。

教师让学生自己选材、分工并进行实验(在学生选取的材料里,教师已事先安排了两个陷阱:有 100℃ 开水、冷水、37℃ 温水、大小不一的试管)。

教师观察,学生实验(共 11 个探究小组)。

(1)有 6 个组参考书上的实验设计,用了 3 支试管:A 试管,放入切碎的馒头、唾液,用玻璃棒进行搅拌;B 试管,放入切碎的馒头、清水,用玻璃棒进行搅拌;C 试管,放入没有切碎的馒头、唾液。

(2)有4个组在书本的基础上有所创新,增加了3支试管:D试管,在A试管的基础上再放一些醋,旨在探究唾液在酸性环境中是否能发挥作用。E试管,与A试管相似,但放的是一半清水和一半唾液,旨在探究唾液的浓度是否会影响淀粉的分解。F试管,与A试管一样,但进行了100℃的水浴加热,旨在探究唾液在高温环境中是否会产生作用。

(3)有1个组进行了创意实验:他们将两块馒头分别放入两位同学的口腔中,一个在口腔里含着,另一个在口腔里用牙齿咀嚼、舌头搅拌;再取一个试管模仿B试管放入切碎的馒头、清水,并用琉璃棒进行搅拌,37℃水浴中加热。10min后分别取出滴加碘液,摇匀观察。

教师组织学生对实验的结果进行交流和分析,并表扬有创新实验的小组。学生从实验结果中得出以下结论:馒头在口腔中的变化与唾液的作用、牙齿的咀嚼和舌头的搅拌有关(A、B、C试管);唾液在酸性环境中作用降低(D试管);唾液的浓度会影响淀粉的分解(E试管);100℃的高温下唾液不会产生作用(F试管)。

教师将探究实验中不规范的例子与学生进行讨论:有的小组用了3支大小不一的试管进行实验;有的组在试管上没有贴标签做标记;有的组试管内注入的液体量多少不一;有一组在创意实验中,有的放入口腔中进行,有的在试管内进行。讨论得出:做探究实验时要注意科学性和严谨性。除了所要探究的因素外,其他条件都要相同。

教师对本次探究实验活动进行总结,肯定学生在实验过程中所表现出来的科学素养,并提出:为了让唾液、牙齿、舌头在口腔中发挥最大的作用,我们平时吃饭要注意些什么?(学生答:细嚼慢咽!)

[案例点评]

1.处理好教学过程中的放和收

新教材中探究活动较多,旨在培养学生观察问题、思考问题、分析问题及解决问题的能力;培养其科学素养,使学生在实践体验中获取知识。探究课的形式多种多样,有的需要学生在课外进行一段时间的实验观察、记录和分析后得出结论;有的则要求学生在课堂上完成整个探究实验的过程。"探究馒头在口腔中的消化"就属于后者。短短一节课,要完成整个探究实验的全部过程有一定的难度,也不可能使学生各方面的能力都得到锻炼。此时,教师要处理好教学过程中放和收的关系,教学设计上应有所取舍,有所侧重,要明确本节课主要是培养学生哪几方面的能力、教学时间安排上侧重于哪些部分。针对初一学生年纪较小的实际情况,很难要求他们在课堂上短时间内凭空想出一个与众不同的探究实验方案。因此,教师在课堂上可以引导学生充分利用课本资源,组织学生针对书本上的实验设计进行讨论,明确实验原理。在此基础上,再鼓励学生大胆地去设计有创意的探究实验。教师将重点放在实践体验过程和交流过程中,让学生积极参与实验,在实验过程中获得体验,在体验中使知识得到内化,在交流中展示学习的收获,得到教师和同学的肯定。

2.设计开放式的实验场地

开放性实验场地的设置可以给学生提供选择和处理实验材料的机会,有利于培养学生的动手能力和严谨的科学态度。教师在进行本节课的实验设计时,将所有的实验器材放置在实验室的两边(刻意设置了两个实验陷阱:100℃热水、37℃温水、0℃的冷水;大小不一的试管),让学生自主地选取器材进行实验活动,为学生提供有利于创新的实验条件。在实验过程中发现:有的学生选取了大小不一的试管;有的几支试管都没有贴标签;有的将试管都放入了100℃的热水中;有的在参考书本设计后有所创新:如在试管中加入大约1mL醋,发现唾液在酸性环境中作用降低;或者是加入了一半唾液和一半清水,发现唾液的多少会影响淀粉的分解;有的直接在口腔中进行,发现在口腔含着的馒头分解的速度比在口腔里用牙齿咀嚼、舌头搅拌后的馒头分解的速度慢。探究实验的目的并不在于得到全班学生统一的结果,而重在使学生真正参与探究过程,在实践中获得具体的经验体会,让学生懂得科学的探究方法,培养严谨的科学态度,让他们的创新意识得到发挥,这可以让学生受益终身。

3.问题来源于生活,回归于生活

从学生的生活经验出发,引导学生进行探究活动,在实践中获取知识,再运用知识去解释生活现象,有利于激发学生的好奇心和学习兴趣,培养学生运用知识的能力,形成学生主动发现问题→思考问题→解决问题→发现问题的良性循环,利于迁移能力的培养。教师平时应对学生的兴趣、爱好、生活体验有所了解,教学时从学生的生活实际入手,引导学生提出问题;同时还应注重理论联系实际,有意识地引导学生运用所学的知识解释日常生活现象,使学生能够在实际生活中自觉地运用知识,学以致用。本节课开始就是从平时我们咀嚼馒头会感觉到有甜味引入问题:"馒头为什么会变甜?""馒头在口腔中发生变化了吗?""什么使馒头在口腔中发生了变化?"然后通过一系列的探究实验得出:馒头在口腔中发生变化与唾液的作用、牙齿的咀嚼和舌头的搅拌有关。在最后又提出:"为了让唾液、牙齿和舌头在口腔中发挥最大的作用,我们平时吃饭时要注意什么?"(学生答:细嚼慢咽!)在实验中有学生发现唾液稀释后,对淀粉的分解作用降低,从而得出:"平时吃饭时,不要一边吃饭,一边喝水,否则不利于消化。""问题来源于生活,回归于生活"应贯穿整个探究实验过程的始终。

4.体验成功,鼓励创新

教师要善于利用学生的好奇心。初一学生年纪小,好奇心强。而好奇心正是创造性思维的萌芽,表现为探究过程中的"好问"。对于学生的好奇心,教师要及时进行捕捉,并使之强化。例如,本节课中有学生问道:"加入醋,唾液还会起作用吗?""唾液如果变稀了对淀粉的分解有影响吗?""不放在水浴中,直接在常温下进行实验有什么不同吗?""可以直接在口腔中进行实验吗?"此时教师可以不直接回答,而是鼓励他们用实验去验证这些有创意的想法。教师要及时给予鼓励,在课堂上营造一种敢于创新、乐于创新和积极创新的学习氛围,拓展创新意识的培养空间,让学生获得成功的体验。对于学生在探究实验过程中出现的"失误",教师不应随意地进行否定,要善于引导学生尝试从另一个角度去分析问题,发现学生在实验过程中的闪光点,要及时予以肯定,使学生获得成功的体验,形成良好的情感体验,这样有利于学生学习兴趣的培养。例如,本节课中有 1 组学生将 3 支试管全部放入 100℃的热水中加热,10min 后滴加碘液发现 3 支试管全变蓝了,当发现与别的小组实验结果都不相同,他们很失望,认为自己失败了。这时候教师并没有否定他们,而是微笑着拿起这 3 支试管,请全班学生一起帮他们分析:"为什么这 3 支试管都变成了蓝色?"经过讨论分析后得出:原来他们将试管全部放入 100℃的水中加热。这时教师又问:"从他们的结果中可以得出什么样的结论呢?"学生回答:"唾液在高温下不能催化淀粉分解。"教师说:"虽然这组同学模拟的不是口腔中的环境,但是却意外地给我们带来了新的知识:唾液在高温下不能催化淀粉分解。我们用掌声向他们表示感谢!同时老师也希望你们再尝试一下,如果将它们都放入 37℃的温水中,实验结果又会有什么不同? 好吗?"全班响起了热烈的掌声。探究实验过程是学生体验实践、发挥创造意识、培养创造能力和形成科学素养的过程。在这个过程中教师要建立一种平等和谐的教学氛围,尊重学生,鼓励学生有独到的设想、与众不同的创意,允许学生在实验过程中"失误";杜绝从语言或行动上挫伤学生的积极性,不能使学生"乘兴而来,败兴而归";应鼓励学生别出心裁、标新立异,努力创造新情境,培养学生独特的思维能力和创造能力。

案例 4　血型鉴定模拟

刘春风　江苏省通州市石港初级中学

1.创设情景,引入课题

"红灯停,绿灯行",这是大家熟知的交通规则,违反它,就可能引发事故。瞧,在十字路口,赵某(后坐钱某)正驾驶一辆摩托由东向西疾速而行,红灯闪烁,他视而不见,与由西向东的孙某(后坐李某)撞了个正着。顿时,赵、钱、孙、李都被撞翻倒地,血流不止,热心的行人急呼 120,迅速将他们送往附近医院。经诊断,他们因失血过多而昏迷,为挽救他们的生命,此时医生需要马上做什么?(学生答:输血!)

2.提出问题,设疑激趣

(1)输血需要供体,把血液献给他人,会影响自己的身体健康吗?

教师：课前老师要求同学们调查你认识的人中哪些人曾献过血，同学们调查了吗？

学生：调查了。

教师：很好，现在我们就来交流一下调查的情况。

学生A：我妈妈曾参加过学校组织的无偿献血。

教师：问妈妈献血后的感受了吗？

学生A：妈妈说献血后对身体几乎没什么影响，她上午献血，下午还到学校上了两节课，拿到无偿献血证，心理特别高兴。

学生B：我家隔壁的伯伯曾在流动献血车上献过血，他说献血后和平时没什么区别，而且对血脂黏稠度也有调节作用。

学生C：我叔叔曾参加单位组织的无偿献血活动，但没献成，因为在献血前的血液检查中，查出他的血中带有乙肝病毒……

教师：献血到底对身体健康有影响吗？引导学生阅读课本第41页有关内容，让学生认识到"人体一次失血如果不超过血液总量的10%（约400mL），对身体就没有太大的影响。"

教师：根据临床实践和科学研究，献血者心血管疾病的发病率大大降低；长期坚持献血的人，体内新鲜的血细胞含量明显高于未献血者，其精力充沛，身体更健康。因此，常献血更有益于健康。而且从同学们的调查结果来看，献血还能检测自己的身体是否正常，献血者首先必须是健康者。

教师：为什么要实行无偿献血制度呢？我们一起来看一些图片。展示"艾滋病泛滥成灾，走进河南艾滋病村"的图片，让学生感知不规范献血的危害。

教师介绍《中华人民共和国献血法》，该法于1998年10月1日起实施，这标志着我国献血制度步入无偿献血的新阶段。进行立法的目的在于保证医疗用血，保障献血者和用血者身体健康。凡健康适龄公民均要参加无偿献血。

(2)任何人的血液都能输给他们吗？

动画演示一个B型血的人给他输入A型、B型、AB型和O型血的后果。

小结：输血时，不同血型的血液混合后可能发生凝集反应，使红细胞凝集成团，阻碍血液循环，甚至导致死亡。因此，输血前首先要鉴定血型。

(3)怎样来鉴定赵、钱、孙、李的血型呢？

教师：介绍ABO血型系统（另外还有MN系统、Rh系统等）。ABO血型可以分为A型、B型、AB型和O型4种。可以利用A型标准血清和B型标准血清来鉴定人的ABO血型。

3.设计实验方案

(1)学生4人一组，阅读"背景知识"，理解血型鉴定的原理。

学生阅读后讨论,一段时间后组织交流。

教师:A 型标准血清、B 型标准血清分别与 A 型血进行配型实验后,有什么现象?

学生:A 型标准血清与 A 型血配型后无凝集现象,B 型标准血清与 A 型血配型后有凝集现象。

教师:A 型标准血清、B 型标准血清与 B 型、AB 型、O 型血配型后的实验现象呢?

学生逐一描述各组实验现象,鼓励学生相互评价发言情况。

(2) 各小组根据血型鉴定原理,讨论血型鉴定方案。教师巡视指导。

(3) 学生尝试说出血型鉴定过程。

教师:已制订好方案的小组请举手(各小组有一人举手)。现在我们来交流各小组的方案,看看哪一组制订的计划最简洁、周密?

A 组:把 4 种未知血型的血液分别滴到 4 块玻片上,每种血在玻片的左边、右边各滴一滴,然后向 4 块玻片的左边血液中滴入 A 型标准血清,右边血液中滴入 B 型标准血清,观察实验现象,并判断出血型。

B 组:在一块玻片上滴两滴同种未知血液,用 A 型标准血清、B 型标准血清分别与之配型,观察现象,并判断出血型。照同样的方法,鉴定出其他 3 种未知血液的血型……

各小组交流后,师生共同评价,优选制订的实验方案,并用幻灯片展示。

方案:用胶头滴管取待测血液样本,在载玻片上偏左、偏右处各滴一滴,分别用 A 型标准血清、B 型标准血清滴入,看是否发生凝集反应,再根据现象判断血型(图 8-3)。

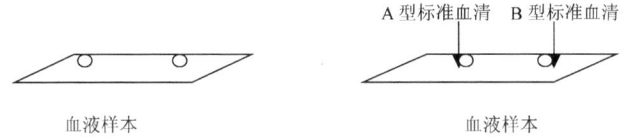

图 8-3

4. 实施实验

教师:赵、钱、孙、李的血液样本都已取好,并放在各位"白衣天使"的面前,现在就请你们用"A 型标准血清"和"B 型标准血清"鉴定他们的血型。鉴定时一定要认真细心,这可是性命攸关的事情!

学生分组实验,教师来回巡视指导,提醒学生及时做好实验记录,把实验现象填入实验报告。

5. 得出结论,表达和交流

根据实验现象,判断出血型,将血型鉴定结果填入实验报告中。各小组派代表交流鉴定结果。

6. 进一步探究

教师:根据血型鉴定结果,赵、钱、孙、李分别应该输入什么血型的血?请同学们阅读课本第 44 页有关内容,说出输血原则,讨论确定 4 人所应输入的血型,把结果填入实验报告,并交流结果。

医生从血库中取出相应血液给赵、钱、孙、李及时输血,他们的生命因此得以挽救,这真是车祸无情血有情!同学们,如果血库中没有充足的血,他们的生命能及时得以挽救吗?(学生答:不能!)当你年满 18 周岁后,你是否愿意无偿献血呢?(学生答:愿意!)

听到同学们响亮的回答,我打心眼儿里感到高兴。我已有过 3 次无偿献血的经历,每次献血时,想到用自己的血液可以挽救另一个生命时,我感到欣慰、崇高与神圣。同学们,无偿献血,匹夫有责,我希望你们将来能积极地加入到这一行列中来!

7. 自我诊断

1) 体现了新课程的理念

这节课较好地体现了新课程的理念,自主学习、合作学习和探究学习都在课堂中得以体现。生物课程的根本任务是提高学生的科学素养,特别是一个普通公民终身发展所需的生物科学素养。为完成这一任务,我们每一个新课程的实践教师在教学中都要提高贯彻课程目标的自觉性,引导并组织学生进行探究性学习,加强和完善生物实验教学,落实科学、技术和社会相互关系的教育。本课中,在教师的设疑引导下,学生的探究欲望得以激发,在实验中他们主动参与、勤于动手、团结协作,培养了科学探究能力、合作能力以及分析问题和解决问题的能力。

2) 过程清晰、有特色

考虑到学生的身体情况,我不限于教参提供的试剂,针对具体情况做出了改变,试剂毒性小,现象明显,为学生创设了适宜的探究情境。

3) 设计问题明确

新课标的核心内容是强调科学探究,而探究始发于问题。教师先创设了需要输血的情景,接着提出:"输血需要供体,把血液献给他人,会影响自己的身体健康吗?""任何人的血液都能输给他们吗?""怎样来鉴定赵、钱、孙、李的血型呢?"探究主题自然生成,学生步入探究历程。限于初中阶段学生的知识水平,他们对血型鉴定原理的理解可能还存在着一定的困难,教师引导学生对各种血的配型现象逐一分析判断,在明确原理的基础之上再让各小组设计实验方案,交流实验方案,然后实施实验,得出结论。至此,问题得以解决。初中阶段学生的探究能力不是十分强,教师在合适的时候扶他们一把,参与到他们当中一起来解决问题,当好引导者的角色,才能让他们逐步学会探究。让学生做探究实验,我们的目的不是把每一个学生培养成生物研究人员,而是要让他们在亲自尝试和实践后知道科学探究的历程,学习探究的一般方法。

4) 存在的问题以及解决措施

提醒学生注意顺序问题。实验时有些小组将4块载玻片横排放置,易混淆4种待测血液。有些组竖排载玻片,易操作,且能对比实验现象,易分辨,值得提倡。实验结束之时和学生总结实验的成败,有利于提高学生的实验水平。

实验时有些小组的个别成员闲在一边,只是看着他人做。对于这种情况,我制订了如下的改变措施:将小组成员编成A、B、C、D,让他们在实验中分别承担不同的任务,如有的完成操作、有的负责记录实验现象、有的负责发言交流、有的负责完成实验报告,下次实验再互换角色。

实验后,有些学生问我,刚才做的血型鉴定实验,是不是真人的血液?血型鉴定真是这样做的吗?针对这个问题,我觉得应向学生说明这是模拟实验,但血型鉴定的原理及过程和真实的血型鉴定一样。

第二节 高中生物实验教学案例

案例1 观察植物细胞有丝分裂

[教学设计]

1.学习内容分析

"观察植物细胞的有丝分裂"是高中生物的一个重要实验,通过实验不仅可以使学生对细胞有丝分裂的过程和染色体的概念有一个感性的认识,还可以培养学生操作显微镜、制作临时装片的技能,为以后的学习奠定基础。

1) 实验目的

观察植物细胞有丝分裂的过程,识别有丝分裂的不同时期;初步掌握制作洋葱根尖有丝分裂装片的技术;初步掌握绘制生物图的方法。

2) 实验重点、难点

要求学生能独立制作临时装片,通过观察不同类型的细胞描绘出这些细胞的特点,并在此基础上分析出不同细胞内染色体的形态和数目的变化。

2.学习者分析

装片制作中,常出现取材不恰当,解离、漂洗和染色时间掌握不好,压片效果不够理想等问题;观察临时装片时,常出现使用显微镜不熟练、没有充分观察与寻找有丝分裂的各个时期细胞、不能准确分辨有丝分裂的各个时期等问题;在小组合作的实验过程中,常出现有些学生不愿意独立完成实验,有些学生不专心进行实验、纪律性较差,有些学生不善于参加交流讨论、表达自己的想法等问题。

3.教学目标

熟悉解离和染色的操作程序,能规范地制作临时装片,熟练掌握压片方法;能在高倍镜下找到处于有丝分裂分裂相的植物细胞,准确地描述植物细胞分裂间期和各分裂期的特点,能绘出各个分裂时期的简图。

4.教学媒体的选择

在本实验中使用视频技术可以取得较好的效果,有助于突破难点。可选择带有显微摄像的投影机或显微电视,进行操作演示;可使用教学录像,演示实验材料的培养过程及临时装片的制作过程;可通过提供错误操作的媒体资源,让学生进行分析;可利用显微实物投影,分析并交流学生制作的装片和教师制作的演示装片。

5.教学策略

本实验可采用问题解决式的教学策略,在"指导与练习"基础上,借助于多媒体,让学生发现操作与观察中的问题,并尝试去解决问题,最后通过全班的讨论与交流,完成教学目标。

6.教学活动设计

1)创设问题情境

自然界存在着千差万别的植物,这些植物在生长时都要经历细胞数量增加的过程(可用多媒体的形式向学生展示多种植物的细胞),那么植物细胞是通过什么方式进行增殖的呢?我们能否亲眼看到植物细胞的增殖过程呢?问题情境是问题式学习的起点,用提问的方式引发学生对问题的探索兴趣是问题情境创设中常用的方法。

2)界定问题

学生们开始分析问题,经过讨论,把问题确定为"能否运用现有的实验条件,探究植物细胞的增殖方式,并能够剖析植物细胞的整个增殖过程"。

3)寻求问题解决

(1)自由分组。为学生提供多种不同的实验材料,让学生自由选择他想要使用的实验材料,对于课本上没有介绍的实验材料,教师可以事先将该实验材料的实验过程和方法提供给大家。根据学生所选择的实验材料的不同,将学生分成小组,并选出或指定组长,组长将负责本组的实验纪律和组内活动。并且教师还应要求每组有一位同学在实验结束后向全班汇报本组的实验过程和实验结果。教师也可以针对实验材料提出一些问题,增长学生的知识,如培养根尖时,为什么要放在温暖的地方并经常换水? 为什么要选取根尖部位进行实验?

(2)制作装片。教师可以对制片的过程进行简单的讲解,注意提醒学生容易出现的问题,并留下一定的思考题(结合教学目标),如制作装片时为什么要解离? 在解离的过程中盐酸起什么作用? 解离需要多长时间? 染色的目的是什么? 龙胆紫溶液在染色的过程中起什么作用? 染色剂为何被称为碱性染料? (染色剂本身是酸性的,因为它是带有正电荷的阳离子染料,所以被称为碱性染料)染色需要多长时间? 怎样的压片效果较好,为什么等。根据学生的实验基础,决定是否要播放制作装片的录像。

(3)观察细胞。低倍镜下观察生长点的问题有:怎样用低倍镜观察细胞? 分生区细胞有什么特点? 高倍镜下观察处于分裂间期的细胞的问题有:怎样用高倍镜看清楚细胞? 分裂间期和分裂期的细胞有什么区别? 你认为染色体是在哪一时期复制的? 为什么要花费这么长的时间进行复制? 高倍镜下观察处于分裂期细胞的问题有:处于有丝分裂各个时期(前期、中期、后期和末期)的细胞内染色体有什么变化? 在一个视野里,找不全细胞有丝分裂各个时期的相怎么办? 各个时期的细胞有什么区别? 如果时间较多,还可以引导学生针对下列问题进行进一步观察:观察时能否看到纺锤体? 为什么根尖切片上可以看到? 能否数清楚染色体的数目? 为什么比较难数? 能否看到染色体的着丝点(着丝粒)? 为什么? 有兴趣的同学或者自制装片不理想的同学可以观察教师事先准备好的有丝分裂各个时期细胞的装片。有条件的学校可以观察马蛔虫受精卵的有丝分裂永久装片。

4)报告问题探究结果

每个小组的一名成员向全班汇报本组的实验过程和实验结果,并利用投影机和显微镜将本组效果最好的临时装片供全班观察。全班进行交流讨论:制作效果好的有丝分裂装片的关键是什么? 还可以创设一些新情境下的新问题,培养学生解决问题的能力。例如,某同学制作装片时,选取了一个经过长时间培养的根作材料。他严格按照实验步骤和实验要求制作临时玻片标本,但制作成的装片在显微镜下无论如何也看不到细胞分裂的各个时期,问:为什么会出现这种现象? 制作装片时,有些同学常在视野里看到较为完整的根尖,结果使得实验无法进行下去,你认为这是为什么?

5)复习巩固

画图或描述观察结果,通过观看课件分析问题出现的原因与解决办法。

6)结束实验

收好显微镜,固定装片,清洗实验器材。

7)探究活动评价

本实验评价的重点应放在装片的制作和细胞的观察上。具体应评价以下几个方面的内容。

制作装片：能否清洁玻片；能否将水滴于玻片正中且不溢出玻片；能否用镊子尖很好地将根尖细胞分离；盖片时无明显气泡；压片时能否使材料分散成一均匀单层细胞的薄层。

解离：能否准确切取根尖；能否准确把握解离的时间；解离的效果如何。

染色：能否准确把握染色的时间；染色的效果如何。

观察细胞：能否在高倍显微镜下找到处于各个不同有丝分裂期的植物细胞；能否准确描述有丝分裂各个时期的细胞内染色体变化的特征；能否绘出植物细胞有丝分裂的简图。

合作与参与：能否与同伴很好地分工配合，认真完成实验；能否自觉按照实验规范操作；能否积极参与讨论。

表达与交流：在本实验中注意培养学生表达与交流的能力，包含口头、文字和绘图各方面的表达交流能力。在绘图中，要求学生能正确地将图与文字相结合，准确地表达和描述。

作业评价：能否科学、准确地描述处于有丝分裂各个时期的细胞内染色体形态变化的特征；能否分析植物细胞分裂过程中染色体数目的变化；能否绘制植物细胞有丝分裂各个时期的简图，要求细胞结构完整，结构比例基本正确，注图正确，特别要注意需有明确的图注，注明观察条件及被观察的实验材料。

评价形式：以自评和小组评价为主，在自评（填写自我评价表）的基础上进行小组成员评价和教师评价。

本实验评价的内容与方面较多，教师可根据学生的基础、当地的条件和实验材料的特点，确定各部分在评价中的比重。

7. 评价标准

建议的评价：由自我评价、同学互评和作业评价三部分组成，共20分。

（1）学生自我评价（5分，每一题分为A、B、C三档，A是最优的）（供参考）。

a. 你是否注意按照制作临时装片的规范操作进行制片？

b. 是否很少出现错误的操作？

c. 你对自己的制片效果是否满意？

d. 你在高倍镜下是否观察到有丝分裂各个时期的细胞？

e. 你觉得在操作和讨论中你的操作和观点对你的同伴是否有启发？

（2）学生互评（5分）（供参考）。

a. 你的同伴制作临时装片的操作过程的规范程度如何？

b. 同伴制作装片的质量与观察效果如何？

c. 在讨论中同伴的意见对你有没有启发？

d. 你是否在操作中借鉴了同伴的经验？

e. 在实验过程中你的同伴是否很认真？

(3) 作业评价的要点(10分)(供参考)。

a. 画图的准确程度：线条光滑是否流畅；图的大小、比例是否得当；染色体的特征是否与细胞所处的有丝分裂时期一致。(5分)

b. 能不能正确判断细胞处于哪个分裂时期。(5分)(细胞有丝分裂间期、前期、中期、后期、末期各占1分)

[实验延展]

教师可在课余时间开放实验室，让学生开展生物学课外科技活动，结合本实验的内容开展一些实验观察与研究活动，还可以开展一些建议性活动。例如，可以引导学生探究洋葱根尖不同部位与细胞有丝分裂期的关系，并探讨其原因。

[小结]

问题式学习是一种与建构主义学习理论及其教学原则非常吻合的教学模式，它用真实的问题激发学生去认识所研究的概念和信息，并应用于实际。问题式学习作为一种核心课程的开发范式、学科教学的核心框架，已经越来越多地被诸多教育工作者关注。围绕"问题"，问题式学习大致经过这样的系列阶段：触及问题情境、分析和界定问题、寻求解决方案、解决问题的探究和评价。

问题式学习的教学策略目标旨在培养学生灵活的知识基础、发展高层次思维能力、自主学习能力以及合作能力。其中，"问题"的设计非常重要，要求问题能够较大程度地结合课程中的基础知识与技能，并考虑学生所熟悉的真实问题与真实环境，突出实践能力的培养。问题式教学为我们提高实验教学质量提供了一条新途径，从"植物细胞的有丝分裂"的实施情况来看，实验开展得非常顺利，学生的实验技能和与他人合作的能力得到了提高。因此，在实验教学中选用问题式学习的教学策略，是解决当前生物实验教学中现存问题的一种有效途径。

案例2 叶绿体中色素的提取和分离

刘学廷　江苏省淮安中学

[教学目标]

1. 知识目标

探索叶绿体中有几种色素；了解叶绿体中色素的提取和分离的原理。

2. 情感态度与价值观方面

培养协作精神和安全意识。

3.能力方面

初步掌握提取和分离叶绿体中色素的方法;培养动手能力。

[教学重点]

叶绿体中色素的提取和分离的原理;提取和分离叶绿体中色素的方法。

[教学难点]

提取和分离叶绿体中色素的方法。

[教材分析]

本实验是对光合作用一节的延伸。本实验介绍了叶绿体中色素的提取和分离的目的和要求,列出了实验所需要的材料用具,详细地介绍了实验步骤和方法。

实验成功的关键:理解实验原理;熟悉器材用具的作用;熟悉实验过程;分析实验误差。

[教学过程]

教师:同学们,叶片为什么是绿色?

学生:因为叶片含色素,其中大部分是叶绿素。

教师:色素存在于叶片什么结构里?

学生:叶肉细胞的叶绿体中的类囊体上。

教师:绿叶中色素的作用是什么?

学生:为叶片光合作用吸收、传递和转化光能,没有叶绿体中的色素,光合作用就不能进行。

教师:叶绿体中的色素分几种?含量分别是多少?

学生:

色素种类	色素颜色	色素含量
胡萝卜素	橙黄色	最少
叶黄素	黄色	较少
叶绿素 a	蓝绿色	最多
叶绿色 b	黄绿色	较多

教师:同学们回答得很好,今天这节课我们就和大家一起来提取和分离叶绿体中的色素。如何将叶绿体中的色素提取出来呢?

学生1:将叶片研磨,这样叶肉细胞中的色素就出来了。

学生2:将叶片研磨,并用有机溶剂如丙酮或酒精把它们从叶肉细胞中提取出来。

教师:回答得很好。(小结)提取原理:叶绿体中的色素都能够溶解于有机溶剂(如丙酮、酒精)中,可以先研磨叶片,再用丙酮提取叶绿体中的色素。

提取出来后如何知道叶绿体中色素的种类呢？又如何知道它们含量呢？

学生：可以设法将它们分离开，然后观察它们的颜色和含量。

教师：如何分开呢？

学生：分离的原理与4种色素在层析液中的溶解度有关。层析液是一种脂溶性很强的有机溶剂，由于4种色素的化学组成和结构不同，因此每一种色素分子在层析液分子的作用下，克服色素分子之间的引力，向层析液中扩散的速度不同，即在层析液中的溶解度不同，因而4种色素随层析液在滤纸条上的扩散速度就不同，其中胡萝卜素在层析液中的溶解度最高，扩散速度最快，其次是叶黄素、叶绿素 a，叶绿素 b 溶解度最低，扩散得最慢。依据此原理使滤纸条上处于同一滤液细线上的4种色素在扩散中分离开来。

教师：回答得很好，知道了实验的原理，我们下面就可以操作了。首先是选择材料，我们应选择什么样的叶片最好呢？为什么？

学生：取材要选取新鲜的颜色较深的叶片，如菠菜叶。因为这样的叶片含色素多，效果明显。发黄的叶片中色素大多数已被破坏。

教师：如何使叶片研磨得更充分、省力？

学生：提取色素时要加入少许二氧化硅和 5mL 丙酮，其作用是研磨充分、溶解色素。

教师：研磨时要注意什么？

学生：要快速，因为丙酮容易挥发。

教师：收集滤液时要注意什么？

学生：收集滤液后要及时用棉塞将试管口塞紧且避光，防止丙酮挥发，防止叶绿素见光分解。

教师：研磨中色素会不会被破坏？如果会怎么办？

学生：提取色素时除加入少许二氧化硅和 5mL 丙酮，还要加入少量的碳酸钙，目的是防止叶绿素被破坏。因为叶绿素分子结构中含有一个镁原子，当细胞破裂时，细胞液内有机酸中的氢可取代镁原子而使叶绿素成为褐色的去镁叶绿素，碳酸钙可中和有机酸以防止去镁反应的发生。

教师：制备滤纸条时为什么要剪去滤纸的两个角？

学生：根据小孔（边缘）扩散原理，物质分子沿边缘扩散速度要大于中间扩散的速度，因此要将滤纸条的一端剪去两角，主要是为了延长边缘长度，这样可以使色素在滤纸条上扩散均匀，便于观察实验结果。

教师：画滤液细线时要注意什么？

学生：要匀细齐，防止色素带重叠。为了使实验效果明显，还要多画几次。

教师：将滤纸条放入层析液中时要注意什么？

学生：根据烧杯的高度制备滤纸条,让滤纸条长度高出烧杯1cm,高出的部分做直角弯折。在滤纸条的另一端剪去两角并在离顶端1cm处画好滤液细线后,将弯折部分用胶水粘在烧杯内顶壁上。

教师：滤液线能没入层析液中吗？为什么？

学生：不能,因为叶绿体中色素会溶解到层析液中,导致实验结果失败。

教师：你能预测一下实验结果吗？

学生：色素最宽的是叶绿素a;色素最窄的是胡萝卜素;在滤纸上距离最近的两条色素是叶绿素a和叶绿素b;距离最远的两条色素带是胡萝卜素与叶黄素。

教师：实验材料可以用什么代替呢？

学生：在选择实验材料时,除菠菜外,蓖麻、棉花、向日葵、菜豆等植物的叶片均可选用。

教师：实验药品还可以用什么代替呢？

学生：提取液除用丙酮外,还可以在加入2～3mL丙酮后,再加入2mL石油醚(这样可以提高类胡萝卜素的提取效果)。经过充分研磨、过滤、静置后,滤液分为两层,滤液中的色素浓缩为原先的50%。

层析液还可以采用以下的配方。

(1)20份汽油、2份丙酮、2份石油醚、1份苯。将滤纸条直接用该层析液进行层析,就可以得到比较理想的效果。

(2)9份体积分数为95%的酒精和1份苯混合。

(3)汽油或四氯化碳加少许无水硫酸钠。

(4)体积分数为95%的酒精或93号汽油。

教师：好,大家开始动手操作吧,注意安全。

学生：(开始操作)

……

教师：大家将做好的滤纸条展示一下,看谁做得最好。

学生：(开始操作)

[典型例题解析]

【例1】叶绿素不溶于( )

A.水　　　B.石油醚　　　C.丙酮　　　D.苯

【解析】叶绿素的化学性质是不溶于水但能溶于有机溶剂。在题目给出的选项中,B、C、D都是有机溶剂。

【答案】A

【例2】(2005年粤)叶绿体色素的纸层析结果显示,叶绿素b位于层析滤纸的最下端,原因是( )

A. 分子量最小　　　　　　　　　B. 分子量最大
C. 在层析液中的溶解度最小　　　　D. 在层析液中的溶解度最大

【解析】层析液是一种脂溶性很强的有机溶剂。叶绿体中的 4 种色素在层析液中的溶解度不同：溶解度高的随层析液在滤纸上扩散得快；溶解度低的随层析液在滤纸上扩散得慢。这样叶绿体中的色素就在扩散过程中分离开来。所以选 C。

【答案】C

【例 3】某同学在做"叶绿体中色素的提取和分离"实验时，操作情况如下所述。

①将 5g 新鲜完整的菠菜叶，放入研钵中，加入丙酮、石英砂、碳酸钙以后，迅速研磨，然后按要求过滤。

②用毛细吸管吸取少量滤液，沿铅笔线处小心均匀地画出一条滤液细线，并连续迅速地重复画 2 或 3 次。

③把画好细线的滤纸条插入层析液中，并不断摇晃，以求加快色素在滤纸条上的扩散。

但结果实验失败，请指出其错误所在：

(1)_____；(2)_____；(3)_____。

【解析】用"类比分析法"解。对新鲜绿叶应除去粗的叶脉后再行称重，以增加单位重量叶片所含的叶绿素；此外，还需将叶尽量剪碎，提高研磨效果；画滤液线时，需待所画的滤液线干燥后再重复画线，否则会造成画线过粗和色素浓度低的情况；滤纸条插入层析液后，由于摇晃，使层析液接触滤液线而将色素溶解，会严重影响实验结果。

【答案】(1)未去除粗叶脉和将叶剪碎，降低了叶绿素的提取率；(2)上一次滤液细线未干燥，即画下一次线，使滤液线过粗或线上色素量较低；(3)由于摇晃，层析液接触滤液线，溶解了色素。

【破析】用"发散思维与辐合思维结合法"解答用实验原理进行实验设计的问题。

所谓"发散思维"主要是指从不同方面对同一问题进行思维的方法。发散思维与创造力有直接联系，是创造性思维的中心，是测定创造力的重要标志之一。创造活动的确需要进行发散思维，尽可能多地联想，提出多种假设或可能的解决办法；然而，创造过程并不到此为止，接着还要根据一定的标准，从中选择一种最合适的办法或经过检验，采纳某一种假设，这就是辐合思维了。人的创造力固然要依靠发散思维，但是在创造活动中发散思维与辐合思维是紧密联系的。

[历年高考题回顾]

【例 1】叶绿素不溶于(　　)

A. 水   B. 石油醚
C. 丙酮   D. 苯

【答案】A

【例2】分别在 A、B、C 三个研钵中加 2g 剪碎的新鲜菠菜绿叶,并按表 8-2 所示添加试剂,经研磨、过滤得到三种不同颜色的溶液,即深绿色、黄绿色(或褐色)、几乎无色。

表 8-2

处理	A	B	C
SiO_2(少量)	+	+	+
$CaCO_3$(少量)	-	+	+
95%乙醇(10mL)	+	-	+
蒸馏水(10mL)	-	+	-

注:"+"表示加;"-"表示不加。

试回答:(1)A 处理得到的溶液颜色是_____,原因是_____。
(2)B 处理得到的溶液颜色是_____,原因是_____。
(3)C 处理得到的溶液颜色是_____,原因是_____。

【答案】(1)黄绿色;部分叶绿素被破坏。
(2)几乎无色;叶绿素不溶于水。
(3)深绿色;大量叶绿素溶于酒精中。

[课堂巩固练习]

【例1】下列 4 个图表示的是叶绿体色素分离的装置,其中正确的是(   )

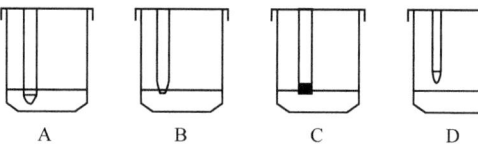

【答案】B

【例2】把下列药品选入相应的作用项内:①保护叶绿素(   );②溶解各种色素(   );③为充分研磨(   );④促进各种色素在滤纸上扩散(   )

A. 丙酮   B. 碳酸钙
C. 乙醇   D. 二氧化硅
E. 20 份石油醚+2 份丙酮+1 份苯

【答案】B A D E

【例3】在圆形滤纸的中央,滴上叶绿体的色素滤液进行色素分离,可看到近似同心环状的4个色素圈,排列在最外的一个呈(　　)

A. 蓝绿色　　　　　　　　　B. 黄绿色

C. 黄色　　　　　　　　　　D. 橙黄色

【答案】 D

【例4】 叶绿体中色素的提取和分离实验主要证明了(　　)

A. 色素分布在叶绿体囊状结构薄膜上

B. 叶绿素含量是类胡萝卜素的4倍

C. 叶绿体中色素的种类和各种色素的颜色

D. 4种色素扩散速度不同

【答案】 C

【例5】 某同学做"叶绿体中色素的提取和分离"实验,在下列操作中若有失误,请在失误处画线并更正。

①将5g绿叶片剪碎放研钵中,加入少许二氧化硅和碳酸钙,再加2mL石油醚,并迅速充分研磨。

②在预备好的滤纸条上,距剪去两角1cm处用钢笔画横线。

③用毛细管吸取少量滤液,沿横线处均匀地画出一条滤液细线,紧接重复画2或3次。

④将层析液倒入烧杯中,然后将滤纸条画有细线的一端朝下,轻轻插入到层析液中,注意层析液最好没及滤纸条上的滤液细线。

更正的内容为:

①_____。②_____。

③_____。④_____。

若用叶色很浅的菠菜心叶做此实验,效果很差的原因在于_____;若用菠菜的老黄叶作实验材料,经层析后在滤纸条上分离出来了色素带,但是色素带存在缺陷,缺陷是_____。

【答案】 失误处画线:

①将5g绿叶片剪碎放研钵中,加入少许二氧化硅和碳酸钙,再加 <u>2mL石油醚</u>,并迅速充分研磨。

②在预备好的滤纸条上,距剪去两角1cm处<u>用钢笔画横线</u>。

③用毛细管吸取少量滤液,沿横线处均匀地画出一条滤液细线,<u>紧接重复画2或3次</u>。

④将层析液倒入烧杯中,然后将滤纸条画有细线的一端朝下,轻轻插入到层析液中,注意层析液最好没及<u>滤纸条上的滤液细线</u>。

更正的内容为：

加 2mL 丙酮　用铅笔画线　干燥后再画下一次　色素线不能没入层析液　色素含量太少　缺乏叶绿素

【例6】某同学设计一个"探索叶绿体中色素的提取和分离"的实验，但缺少漏斗、试管、滤布、直尺、铅笔，怎样做才能使其提取的色素又多、分离的效果又好？请你帮助设计一个最佳方案。

【解析】用"发散思维与辐合思维结合法"解。在掌握实验原理的基础上，可以采用不同的方法来做此实验，进行充分发散思维，从中选出当时条件下的最佳方案。

【答案】方法1：在原实验（叶绿体中色素的提取和分离实验）步骤的基础上做如下改进。

(1)第一步加入的丙酮要少些(1~2mL)。

(2)将研磨液（稍稠糊状）取出，放在干净载玻片上，用另一干净载玻片在研磨液上平推一下，越平越好。

(3)将滤纸条剪角端在1cm处折180°，将折处在研磨液平面上蘸一下（要快而平），达到画滤液线效果，待干燥后可重复蘸2或3次（这样由于研磨液浓度大，滤纸条上的色素线含色素多，且简便易做）。

方法2：用粉笔分离色素。

(1)按上述方法提取叶绿体色素提取液。

(2)取一支白粉笔（干燥），把一端(0.5cm)竖直浸入叶绿体色素提取液中，充分吸液，然后让其干燥。

(3)取一培养皿，注入少量95%酒精，把上述粉笔绿色一端竖立于酒精当中，片刻，可以看到不同色素沿粉笔分离。

[板书设计]

实验六　叶绿体中色素的提取和分离

一、实验原理

二、材料用具

三、方法步骤

[操作步骤简介]

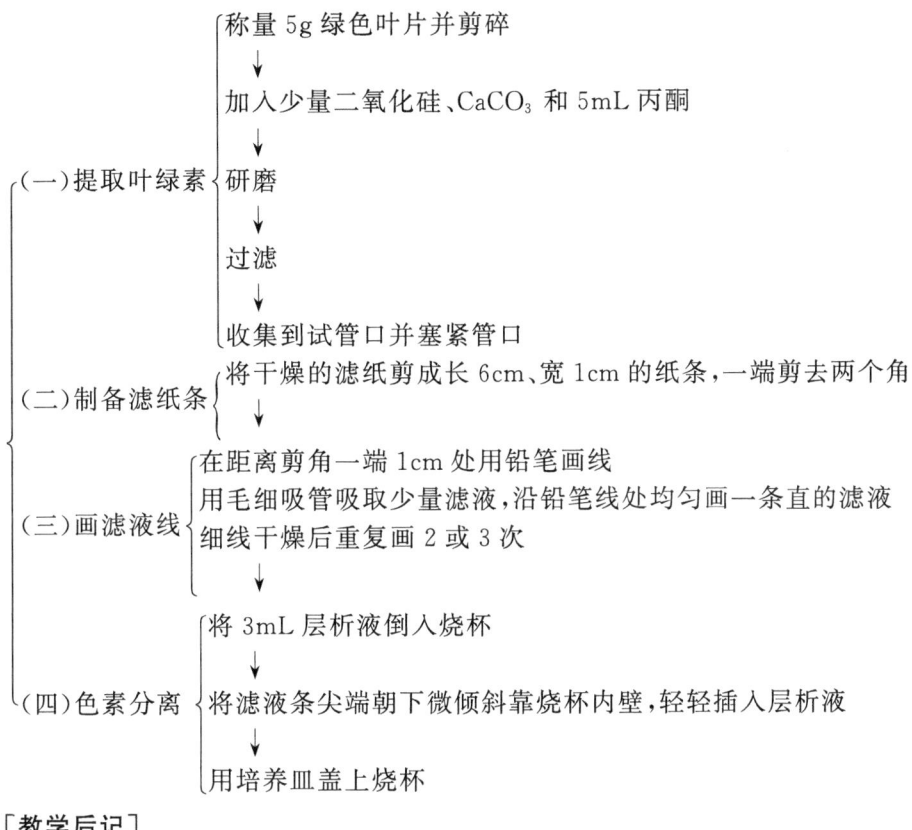

[教学后记]

_____

_____

_____

案例3　检测生物组织中的可溶性还原糖和蛋白质

张秀华　江苏省大港中学

[教学思路]

在学生完成教材验证性实验的基础上,通过优化实验教学设计,有意识地创设新的探究情境,增加实验的探究性内容,将教学活动组织为在教师引导下师生共同参与的探究活动,使学生通过参与高中生物课第一次完整的探究性实验,体验科学探究的过程,掌握科学探究的基本方法,培养和发展科学探究的基本能力和获取新知识的能力。

[教学目标]

知识目标:掌握检测可溶性还原糖、蛋白质的基本方法及原理。

能力目标：通过实验，能够简述科学探究的基本过程；通过对现象的分析，培养分析、解决问题的能力；发展交流与合作、实践与创新能力。

情感目标：渗透科学的实验思想，激发学习热情，增强自信心，培养实事求是的科学态度和勇于实践的科学精神。

[教学重点与难点]

教学重点：掌握鉴定生物组织中可溶性还原糖、蛋白质的基本方法及原理。

教学难点：如何在有限的课堂时间内培养主动参与探究过程、勤于动手和动脑的科学精神，逐步掌握科学探究方法。

[教学过程]

导入新课：

提出问题：我们已学习过有关化合物的内容，其中有机化合物中三大能源物质是哪些？这些能源物质主要存于哪些食物中呢？常见的糖类中哪些是还原糖？

学生回答略。

过渡：今天这节课就让我们通过实验，自己动手来探究一下这些食物中的主要成分，由于时间关系我们只探究糖类和蛋白质。课前已经让同学们进行了预习，请同学说说本实验的实验原理。

1. 实验原理

(1)可溶性还原糖与斐林试剂反应产生砖红色沉淀。

(2)蛋白质遇双缩脲试剂呈现紫色。

请学生说出斐林试剂和双缩脲试剂的区别。

2.实验材料

梨子样液、冰糖溶液、西瓜汁液、蛋清稀释液。

3.实验步骤

1)可溶性还原糖的鉴定

选材：本实验最理想的实验材料是还原糖含量较高的植物组织（或器官），而且组织的颜色应较浅或近于白色。

步骤：（由于时间关系，已事先制备好各种组织样液）

取样液 2mL，注入 1mL 斐林试剂，振荡，水浴加热，观察颜色反应（边讲边板书）（注意：斐林试剂是甲液和乙液等量混合均匀再使用）。

2)蛋白质的鉴定

选材：最好选用富含蛋白质的生物组织，植物材料常用的是大豆，动物材料常用的是鸡蛋。

步骤：（由于时间关系，已事先制备好各种组织样液）

取样液 2mL，加双缩脲试剂 A 液 2mL，摇匀后滴加几滴双缩脲试剂 B 液，观察颜色反应(边讲边板书)。

4.实施探究过程

1)实施阶段

教师：我们在掌握检测还原性糖和蛋白质的基本方法后，同桌的2位同学一组可以探究一下当改变实验的材料、实验的条件和操作的先后顺序时，实验现象有什么变化。下面大家思考一下，看看你们各组想探究的问题是什么，希望你们提出的探究问题与众不同。

学生：原本到实验室以为只要对照书本，"依葫芦画瓢"就完事了，现在一听还要提出新的问题，教室里一下子就安静多了。

教师：这可是同学们进入高中学习阶段中第一次进行科学研究，难道大家没有信心吗？我相信在座的每位同学通过各自组内的共同努力都能完成任务。不管你的问题如何，只要达到了参与探究的目的，也就实现了本节课的目标。

学生们开始小声地讨论，课堂气氛逐渐活跃起来，同学们带着兴奋和冲动，陆续地提出了一些问题。

学生1：斐林试剂和双缩脲试剂成分相似，我们组想探究一下能否用双缩脲试剂鉴定还原性糖。

教师：你们可以尝试看看。

学生2：我们想要探究一下加入斐林试剂后为何一定要在水浴中加热，而不直接放在酒精灯上加热，两者结果有何不同？

教师：值得一探。

学生3：我们想按检测还原糖的步骤探究一下不同的实验材料，见表8-3所示。

表 8-3

材料	梨子样液	西瓜汁液	冰糖溶液	蛋清稀释液
预测				
实测				
原因				

学生4：老师，为什么斐林试剂甲液和乙液要混合均匀后使用，而不能分别加入组织样液中检测，我们组想看看两种使用方法的实验现象有什么不同？

学生5：在鉴定蛋白质实验中，我们想将双缩脲试剂A液和B液颠倒顺序或混合均匀后再加入，不知结果怎样？

学生6：蛋白质鉴定实验中，若用斐林试剂代替双缩脲试剂，实验现象不知还会不会一样？另外，能进行水浴加热吗？

......

教师：同学们刚才提出了很多想探究的问题，说明大家都已经开始积极地思考问题，这些问题我现在无法一一给你们回答，你们可以自己通过实验去寻找原因，寻找你们想要的结果。实验完成后，完成一份实验报告，要写出你们探究的问题、实验步骤、实验现象以及对实验结果的分析。时间允许的话，也可以再探究其他组提出的问题，这就要求在实验过程中同组的成员要分工合作，密切配合，共同努力。我知道现在有的同学已经迫不及待了，但还要强调的是，在实验过程中要注意安全。下面开始进入实验。

按照方案，动手进入实验，通过分析实验现象和数据，总结实验结果。在这一阶段中，学生根据方案去收集支持假说所需的事实和证据，以此证明假说。教师巡视，并指导学生实验，启发引导学生分析结果。

2）现象分析

教师：选择几个具有代表性的小组展示结果并启发学生分析结果，必要时教师帮助学生检测结果。

教师：现在能否有同学告诉我，鉴定还原性糖时为何要水浴加热，而不直接在酒精灯上加热？

学生1：我们组通过实验验证，发现直接在酒精灯上加热不是不可以，只不过实验速度太快，砖红色很快出现，又迅速变黑，难以仔细观察；另外实验室人员太多，试管口难免对着人，容易喷出液体伤着人，不太安全，因此隔水加热比较好。（学生展示实验现象）

教师：我发现有的同学在鉴定还原性糖时，在试管中出现的颜色是黑色，这是什么原因？

学生2：我们组的实验现象就是这样：蓝色→砖红色→黑色，通过查找原因后发现是在隔水加热时，出现砖红色现象后还继续加热，就出现了黑色，我们分析，应该是氢氧化铜分解产生了氧化铜的原因。

教师：鉴定还原性糖时斐林试剂甲液和乙液为何一定要混合均匀后才加入？

学生3：同学们请看，我手上拿的两支试管，左边的试管中是斐林试剂甲液和乙液混合均匀后加入的颜色变化，右边的试管中是斐林试剂甲液和乙液分别加入后的颜色变化。我们发现还原性糖的鉴定要在碱性环境中进行，因为斐林试剂为一定浓度的氢氧化钠和硫酸铜配制而成的淡蓝色 $Cu(OH)_2$ 沉淀的悬浊液，葡萄糖溶液在加入斐林试剂后，在加热条件下还原为砖红色的沉淀，而葡萄糖氧化成葡萄糖酸。其反应式为

$$CH_2OH\text{-}(CHOH)_4\text{-}CHO + 2Cu(OH)_2 \longrightarrow Cu_2O\downarrow + 2H_2O + CH_2OH\text{-}(CHOH)_4\text{-}COOH$$

教师：在鉴定还原性糖的实验中为何选择的材料在颜色上要浅些或近白色？

学生4：大家看我手上的两支试管，左手试管里加的是苹果汁液，实验现象是砖红色；右手试管里加的是西瓜汁液，实验现象是黄色乳浊液，说明如果选择颜色过深的植物组织材料，材料中的色素会对颜色反应起掩盖作用。

教师：斐林试剂能否用来检验非还原性糖？

学生5：我们组通过实验验证发现不能，根据我们对还原性糖的一点点了解，我们猜测可能是非还原性糖没有醛基或酮基，不能将氢氧化铜氧化为 Cu_2O。我们想在课后再去查阅资料进一步了解。

教师：蛋白质鉴定实验中，能否用斐林试剂替代双缩脲试剂，这两种试剂成分非常相似。

学生6：不能，鉴定蛋白质是在 NaOH 溶液加入后制造的碱性溶液环境下，$CuSO_4$ 和肽键形成红紫色络合物，而鉴定还原性糖的反应实质是—CHO(醛基)和 $Cu(OH)_2$ 发生的氧化还原反应，生成 Cu_2O 砖红色沉淀，虽然两种试剂都用到了 NaOH 和 $CuSO_4$，但反应实质是完全不同的。

……

教师：由于时间关系，我们不能一一提问了，若有同学感兴趣，也可以利用课余时间来实验室将未探究完的实验继续做完或者进行进一步探究，实验室将定期开放。

教师带领学生简单地回顾实验过程，总结出科学探究的步骤，同时对学生进行了情感教育：科学探究并不是一帆风顺的，科学家们在进行探究过程中，经历了反反复复的失败后，才获得成功，所以无论做什么事都不要害怕，要敢于挑战困难，不怕失败，最终会获得成功。

5．探究后的反思

"检测生物组织中可溶性还原糖、蛋白质和脂肪"是高中学生学习生物学以来的第一个检测实验。该实验内容多，如果安排为验证实验，那么学生没有兴趣，而且往往是手忙脚乱地赶着做完实验，效果当然不会好。另外，学生刚刚开始接触生物学，完全放手让学生来自主探究有一定难度，不知该从哪入手，这就要求教师先解除其恐惧心理。针对学生实际，将实验设计为教师指导下的探究，从提出问题、做出假设，到设计实验、进行实验，以及结论分析等，都是在教师的启发下，学生一步一步亲自完成的。在具体实施过程中不断地鼓励他们大胆设计，尽可能地用建议的口吻让其改进实验，对学生提出的各种设计方案及时地肯定和表扬，而不是像原来做实验时，学生若不按书上实验步骤进行,一旦发现就要受到批评,还要他们及时地纠正过来,动不动就否定他们,长期以来,学生仅有的一点探究欲望都被扼杀了,每次做实验都是按部就班地完成任务就算大功告成了。今天通过学生自己选材、自己设计和自己动手探究,不仅培养了学生的创新精神,提高了动手实践的能力、收集分析资料和提取重要信息的能力,同时,也培养了学生相互合作、互相帮助、协调配合的习惯。我们探究实验的目的并不在于得到全班统一的结果,而重在使学生真正参与探究过程,在实践中获得具体的经验体会,让学生懂得科学的探究方法,培养严谨的科学态度,让他们的创新意识得到发挥,这可以让学生受益终身。

案例4 探究影响酶活性的条件

蒋选荣 江苏省扬州市新华中学

[教学设计]

1. 生物课程标准要求

说明酶在代谢中的作用(具体内容标准)。探究影响酶活性的因素(活动建议)。

2. 对教材的分析

人教版必修一教材和苏教版必修一教材均设计了相关实验,使学生通过实验和对实验结果的分析来认识酶的作用、本质和特性。但两本教材在实验设计、实验步骤、实验材料的选择上是有差异的。人教版在实验设计上更加重视学生的自主性,如"探究影响酶活性的条件实验"明确要求学生根据实验假设确定自变量、设置对照组、控制无关变量等;苏教版教材中实验设计清晰、明了,强调探究性实验的过程和对实验结果的分析,如教材中通过表格形式列出了酶特异性实验设计的操作流程。笔者在教学设计的过程中兼顾两种教材实验设计的优点,使实验过程简易,操作性强,能体现学生进行科学探究的过程。

3. 教学目标

知识性目标:举例说明酶在代谢中的特性和酶促反应过程;说明酶在代谢中的作用。

能力目标:确定变量,做出假设和预期;设计可行的实验方案;利用数学方法处理、解释数据。

情感态度与价值观:认同酶在细胞代谢中的作用。

4. 教学重点

酶的作用和特性。

5. 教学难点

探究影响酶活性的因素。

6. 教学策略

通过学生实验的过程和对实验结果的分析,主动建构知识,明确酶的作用和特性。通过"影响酶促反应速率的因素"实验,让学生进一步明确"观察→产生问题→做出假设→设计实验→实验结果处理、分析→得出结论→修正假说,进入下一个"认识周期"的科学探究的过程。

7. 教学过程

教师导入:同学们,你听说过酶吗?酶与我们日常生活又有什么关系呢?

(引导学生与生活经验建立联系,激发学生兴趣)

师生互动交流:①加酶洗衣粉应用介绍;②体验咀嚼馒头的感觉。

师生共同分析:洗衣粉中添加了有关酶后,洗涤效果更好;体验咀嚼馒头的感觉有甜味,这是因为口腔唾液中的淀粉酶将淀粉分解成了麦芽糖。

教师:希望同学们课后阅读书本"放眼社会"栏目,了解酶与疾病的关系。

教师:酶具有什么作用呢?

探究性实验1(表8-4):

表 8-4

试管 操作顺序	3%的 H_2O_2 溶液	$FeCl_3$ 试剂	肝脏研磨液	蒸馏水	点燃的无火焰卫生香插入试管后的现象
1	2mL	—	2滴	—	
2	2mL	—	—	2滴	
3	2mL	2滴	—	—	

实验结论:酶具有催化作用。由酶催化的化学反应称为酶促反应。(根据1、2试管对照实验现象分析)

教师:酶的化学本质是什么?

探究性实验2(表8-5):

表 8-5

试剂	试管1	试管2	实验现象
蛋白酶	2mL	—	
稀释蛋清溶液	—	2mL	
双缩脲试剂A	2mL	2mL	
双缩脲试剂B	3或4滴	3或4滴	

结论:酶的化学本质是蛋白质。(教师补充:有些酶的化学本质是 RNA)

教师:酶是活细胞产生的具有催化作用的有机物,又称为生物催化剂。酶在细胞内和细胞外都能发挥催化作用。

教师:酶的催化作用与无机催化剂相比具有哪些特点呢?

探究性实验 3(表 8-6):

表 8-6

项目	试管 1	试管 2	注意事项
可溶性淀粉溶液	2mL	—	
蔗糖溶液	—	2mL	
淀粉酶溶液	2mL	2mL	轻轻振荡试管
保温时间	5min	5min	试管下部入水
加入斐林试剂	2mL	2mL	
水浴加热时间	1min	1min	试管下部入水
结果			

实验结论:

(1)酶的催化作用与无机催化剂相比具有高效性。(根据探究性实验 1 中 1 号和 3 号试管的对照实验现象分析)

(2)酶的催化作用具有特异性。(根据探究性实验 3 结果分析,淀粉酶只能催化淀粉水解,不能催化蔗糖水解)

教师:研究表明,酶促反应的速率与温度、pH、酶的浓度和底物的浓度等有密切的关系。

问题:pH 真的对酶活性有影响吗?

做出的假设是:pH 对酶的活性有影响

设计实验:

1)实验材料

3 只盛有体积分数为 2%,pH 分别为 5、7、9 的过氧化氢溶液的烧杯(标号甲、乙、丙),浸过酵母菌液的小滤纸片(1cm×2cm)9 片,分 3 组,每组 3 片,秒表 1 只。

2)实验操作步骤

甲、乙、丙 3 只烧杯内同时放入 3 张滤纸片,记录每张滤纸片上浮所用时间。

3) 实验过程数据统计(表 8-7)

表 8-7

烧杯	滤纸片	滤纸片上浮所用时间	平均值
甲	1		
	2		
	3		
乙	1		
	2		
	3		
丙	1		
	2		
	3		

4)根据实验数据,绘制曲线图(图 8-4)

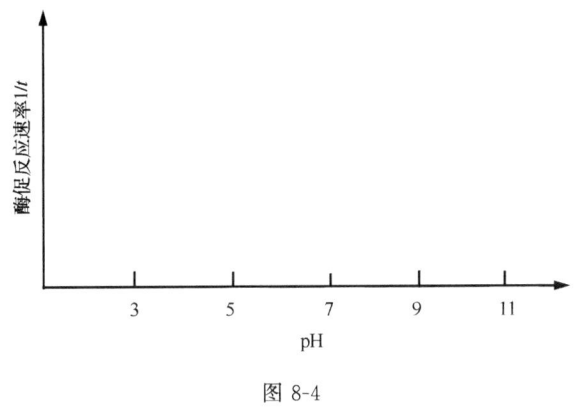

图 8-4

实验结论:pH 对酶活性有影响,同一种酶在不同 pH 条件下反应速率不一样。

8. 继续探究

(1)上述实验设计合理吗？你觉得怎样设计更加完美？

(提示:增加 pH 梯度;增加每组滤纸片的数量,以增加重复平行实验次数,减少实验误差等)

(2)关于影响酶活性的因素,你还存在哪些问题？

(如温度对酶活性是否有影响等)

(3)针对你提出的问题,你的假设是什么？

(酶活性受温度的影响)

(4) 你如何设计实验来验证你的假设？

（如设置温度梯度，不同温度条件下处理的酵母菌液分别滴入等量的 H_2O_2 溶液中，观察点燃的无火焰卫生香插入试管后的现象）

[教学过程实录]

教师：同学们，这袋洗衣粉是你们家中常用到的，这袋洗衣粉有跟普通洗衣粉不一样的地方，袋子上有这5个字：加酶洗衣粉。请问：加酶洗衣粉与普通洗衣粉在洗衣服时有什么不同？你感觉对衣物的洗涤效果有什么不一样？知道的同学请举手。

学生：加酶洗衣粉可以洗去更多的污渍。

教师：加酶洗衣粉可以洗去更多的污渍。请坐。还有什么意见吗？请同学谈谈自己的看法。

学生：衣服上有番茄汁可以沾上洗衣粉洗掉。

教师：那能不能进一步解释一下它能快速洗掉污渍的原因是什么呢？

学生：因为加了酶能帮助洗掉这些污渍。

教师：也就是说加了酶以后就能帮助洗掉这些污渍。好，关于洗衣粉的认识我们先讨论到这，现在看我的讲桌上，这些是同学早上从餐厅拿过来的，之前已经请同学品尝过了，这是馒头。请A同学谈一下你仔细品尝的结果。

学生：越嚼越觉得甜。

教师：那你有没有想过是什么原因呢？

学生：可能是口腔里有某种东西能把馒头里的淀粉分解成了有甜味的东西。

教师：好的，这位同学认为口腔里有某种东西能把馒头里的淀粉分解成有甜味的东西。那么通过刚才两位同学的讨论，我们应该感受到，我们的讨论都围绕着一个关键的主题，这是什么呢？就是我们这节课的标题：酶。酶与我们的日常生活有十分密切的关系，请同学们打开书本第59页，课后有一个"放眼社会"栏目。请同学们在课后阅读第59页"酶与疾病"的内容，进一步了解酶与疾病的关系，这个在课后完成。下面我提一个问题："酶究竟具有什么作用呢？"今天大家通过共同的探究性实验来了解它，最后通过实验结果来回答这个问题。请大家把学案拿出来，学案的探究性实验1，看一下这个实验要求：要用到3个试管。反应底物是什么呢？过氧化氢。除了等量的过氧化氢，3只试管里面再分别加入肝脏研磨液、蒸馏水和三氯化铁。然后，我们要点燃卫生香，它是没有火焰的，插进去，看看最后效果是怎样的。通过这个实验来验证：酶究竟具有什么作用呢？我们大家思考一下，完成这个实验有没有什么问题？这个课题已经给大家了，看看有没有什么问题？如果没有问题的话，请每组的两名同学配合好，按照我们设计的这个流程来进行，好不好？

教师：有问题可以举手提问，有没有问题？（教师环顾学生发现没有问题）好的,请开始进行第一个探究性实验。

学生:(学生实验中)。

教师:两个同学相互配合,注意试管用之前先洗一下。再提醒各位同学,我们桌上有3个棉球,加了试剂以后把试管塞住,要不然过氧化氢产生氧气以后可能就跑掉了。点燃没有火焰的卫生香放进去。好,我们有动作比较快的同学已经加完试剂了,下面点燃卫生香,把没有火焰的卫生香放进去。插卫生香的时候注意啊,拿试管的手不能抖,要不然卫生香插进去的时候会碰到管壁,就要熄灭了。小烧杯里是肝脏研磨液。大家及时把实验现象记录下来。……(在学生中指导)好,做好的同学请举手,没做好的再继续做。……我们下面请同学来交流一下:A同学,你来说一下,经过这个实验,1号试管有什么现象?

学生:卫生香的火焰变得明亮了。

教师:1号试管的火焰变得明亮了。2号试管呢?

学生:有复燃现象。

教师:哦,2号试管有复燃现象。3号试管呢?

学生:没有什么变化。

教师:3号试管是没有什么变化的。请坐。再请一个同学来交流一下,B同学。

学生:1号试管有一点火焰。

教师:1号试管有一点火焰。

学生:2号试管无明显现象。

教师:2号试管无明显现象。

学生:3号试管变亮。

教师:3号试管是变亮的。好,请坐。那么我们再请一个做的不太成功的同学来交流一下,哪一组没有做成功?(教师扫视各组发现一组没做成功)你们这一组,你认为你存在的问题是什么?

学生:放卫生香的时候碰到试管壁了。

教师:好,请坐。放进去的时候可能碰到试管壁了。那还有可能是什么其他的原因吗?课后可以再探讨一下。好,下面呢,根据实验现象,大家能得出酶的作用是什么呢?我们根据几号和几号试管的对比来说明这个问题呢?我们大家看一下表格,是几号和几号试管对照?

学生:1号和2号。

教师:1号和2号试管对照可以说明酶具有什么作用呢?C同学。

学生:具有催化作用。

教师:说明酶具有催化作用。请坐。(板书)那么由酶所催化的化学反应我们叫酶促反应(板书)。下面我们再提一个问题:酶的化学成分究竟是什么呢?下面请一个同学上来我们来做一个演示实验。哪位同学自告奋勇上来？我这里已经准备了两只试管,每个试管中的溶液是2mL,我们看一下探究性实验2。一只试管里面装的是2mL稀释的蛋清,另一支试管里装的是2mL蛋白酶,一个是稀释的蛋清,一个是蛋白酶,都是2mL。我们知道,稀释的蛋清加了双缩脲试剂会出现什么现象呢？

学生:变成紫色。

教师:哦,那我们这个蛋白酶加了双缩脲试剂又会出现什么现象呢？希望同学带着这个疑问来做这个演示实验,哪位同学愿意上来？抓紧时间,好的,D同学来。试管应该先加几毫升的双缩脲试剂A啊?

学生:2mL(学生动手,老师指导)。

教师:下面的操作是什么？你来说。试管2中双缩脲试剂A应该加多少啊？

学生:也是2mL。

教师:拿着白纸衬在后面给大家看一下实验现象,你告诉大家哪一支试管加的是蛋清？

学生:这一支是蛋清,另一支是蛋白酶。

教师:好,大家看一下现象,谢谢这位同学。下面我们根据这个实验现象进行一下讨论:蛋清加入双缩脲试剂以后变为什么颜色？

学生:紫色。

教师:紫色非常明显。那么这一支试管我们加的是蛋白酶,来看一下有没有一点紫色？

学生:有的。

教师:是有,比较淡。那么来想一下,这个现象的原因是什么呢？有一点紫色。E同学,通过这个对照试验你来说明一下我刚才提出的问题——酶究竟是什么呢？它的化学本质是什么呢？

学生:蛋白质。

教师:你认为酶的化学本质是蛋白质,那么就这个实验来讲的话,你回答这个问题的依据是什么呢？

学生:它的颜色有点像紫色。

教师:哦,颜色像紫色,而这个是明显的紫色是吧？所以你认为酶的化学本质也是蛋白质是吧？好请坐。那么为什么这两种紫色不一样呢？这个显色的程度不一样是为什么呢？F同学。

学生:有可能酶里面还有其他成分。

教师:哦,我们用的这个酶里面还有其他成分,不纯。还有没有其他原因呢？G同学。

学生：温度不够。

教师：哦，可能温度不够，没给它加温。对的，这是你的想法。还有没有别的想法？H同学。

学生：浓度不够。

教师：哦，有可能我们这个溶液中所含的蛋白酶浓度比较低，而我们稀释的蛋清里面蛋白质浓度比较高。我们这个探究实验就探究到这，如果还有需要完善的地方，希望同学们课后集思广益，能够提出探究的方案，自己试试来完成。下面，我们将探究的结果写到学案上去。那么什么是酶呢？酶的化学性质是什么？是蛋白质。科学家通过其他的科学实验也证实了少数酶的化学成分是RNA。这个呢，我们这节课不再来探究了。酶，其实是活细胞产生的具有催化作用的一类有机物，酶的催化作用既可以在细胞内完成也可以在细胞外完成，那么酶的催化作用的发挥受到哪些条件的影响呢？酶的催化作用具有什么特点呢？我们现在一起来探讨一下刚才做的探究实验1，我们刚才对照了1号试管和2号试管，我们现在来对照一下1号试管和3号试管，也就是说过氧化氢里面一个是加入了肝脏研磨液，一个加入的是三氯化铁溶液。那么探讨一下加入肝脏研磨液和加入三氯化铁溶液后插入卫生香的现象是否一样？谁来回答这个问题？I同学。

学生：三氯化铁的现象是出现红色。

教师：哦，出现红色。就是卫生香更明亮一些。还有加入肝脏研磨液的呢？

学生：这个我们失败了。

教师：啊，这个你们失败了。请坐。还有哪个同学愿意回答这个问题呢？J同学。

学生：肝脏研磨液的现象是出现火焰。

教师：哦，出现了火焰。插进去了以后你看到了火焰。

学生：加入氯化铁溶液的那个试管的实验现象是火星变亮。

教师：哦，火星变亮。那么你分析一下原因是什么呢？

学生：原因我猜测是肝脏研磨液的催化效果比三氯化铁的好。

教师：哦，催化效果好。那么肝脏研磨液里有什么呢？

学生：过氧化氢酶。

教师：哦，过氧化氢酶。这也说明了什么？可以验证什么？

学生：酶的催化效果比无机催化剂要好。

教师：好，请坐。我们重新归纳一下，根据实验现象，得出一个实验结论：酶的作用特点是什么呢？也就是说酶具有什么特性？酶与无机催化剂相比具有高效性（板书）。酶的作用特点除了高效性以外还具有什么特点呢？下面我们继续来完成一个探究性实验3：实验3也是取两个试管，这个实验可能会复杂一点，要用到水浴加热,现在就请同学们把大烧杯里的水放到三脚架上,点燃酒精灯,要注意安全啊!

学生:(学生操作)。

教师:下面我们看一下实验流程,仍然是取两个试管,按照实验流程来完成,现在就开始,把试管洗干净。有什么问题,请举手。

学生:(学生操作)。

教师:淀粉酶在使用的时候先稍微振荡一下。水温现在基本是在 60～70℃,我们就不用再用温度计测量了。这一组同学已经保温了,这时候你开始配制斐林试剂。(深入指导)保温时间将近 5min,这时候要配制斐林试剂。斐林试剂加进去以后要振荡一下。好,我们这一组同学实验进展比较顺利,他们已经开始加斐林试剂了。提醒一下,斐林试剂加进去以后稍微振荡一下,进行水浴加热的时候要注意了,要注意颜色的变化过程把它记录下来。(深入指导)好,提醒大家,在实验过程中你可以把实验台简单地整理一下,把试剂瓶放好。(深入指导)好,停下来,我们刚才观察了一下,这个实验事实上我们上次已经做过了,但是从今天这个现象来看不是太明显,尤其是这一组,你看,这一组虽然有点颜色变化,但是它不能说明问题,为什么呢?他违反了几个原则,两边的量一样不一样啊?

学生:不一样。

教师:是的,所以我刚才看了一下,几乎没有一个试管出现明显变化。我们都知道,如果出现还原糖,最后应该是什么颜色?

学生:砖红色。

教师:是的,我们今天没有看到(现象),我们上一次实验结果还是比较清楚的,那么我们来分析一下失败的原因,可能因为我们今天用的酶已经设置了两天,是这里可能涉及淀粉酶的变化等。我们下面就针对这个问题大家来讨论一下,为什么没有出现砖红色沉淀? A 同学。

学生:淀粉没有分解成还原糖,所以就不会和斐林试剂发生反应。

教师:哦,淀粉没有分解成还原糖,不会和斐林试剂发生反应。请坐,也就是说可能是淀粉酶的活性的原因。由于这个实验结果呢今天很多同学都没有得出来,所以我们以后继续改进,把这个实验想办法做出来,今天由于时间关系,这个问题不再讨论。由于我们上一次的实验已经知道了淀粉加入淀粉酶以后再用斐林试剂处理以后会出现什么颜色呢?

学生:砖红色。

教师:哦,那正常情况下淀粉加入斐林试剂有什么变化啊?

学生:没有变化。

教师:哦,没有变化,请坐。那实际上这个可以说明,当然今天不能说明,反应酶具有另外一个特性,是什么特性呢?特异性。下面请把酒精灯的火焰熄灭注意安全。那么我们大家要注意了,我们这里加入淀粉酶以后为什么要进行水浴加热呢?B同学。

学生:可以让它更好地反应。

教师:哦,可以让它更好地反应。请坐,就是为什么要水浴加热5min呢?这说明什么?酶要发挥作用可能受到温度、pH等环境因素的影响,那么下面我们提出一个问题:pH真的能够影响酶的活性吗?带着这个问题,我们做最后一个探究性实验,大家注意,我们每个人桌上都有一个培养皿,培养皿里面是什么呢?酵母菌菌液。另外每个桌上有9片小纸片,我们等会把9片小纸片浸泡到培养皿里面,同时桌上有3个烧杯,这3个烧杯是不同pH的H_2O_2溶液,我们每个小组的同学依次把浸过酵母菌菌液的小纸片放进去,从沉下去开始计时,计算纸片上浮所用时间,每个烧杯里面应放几片小纸片?

学生:3片。

教师:取什么值?

学生:平均值。

教师:有不清楚的举手。

学生:(学生操作)。

教师:把纸片浸泡其中,然后一片片放入烧杯,拿秒表计时。沉下去后开始计时,计算纸片上浮所用时间。每个烧杯3片,分别计时。有同学成功了。来,注意了,完成的请举手,好的。请C同学来谈一下:3个烧杯纸片浮起来有没有时间差异?

学生:有差异。

教师:哦,有差异。你来介绍一下:pH为9的过氧化氢烧杯中,小纸片浮起来大概需要多长时间?

学生:8s。

教师:好,8s。pH为7的呢?

学生:5s。

教师:好,5s。pH为5的呢?

学生:3s。

教师:好,pH为5的是3s。请坐。大家把你收集到的数据填入学案上给你提供的表格里,并以每个烧杯里面的反应速率作为纵坐标,以pH为横坐标,把3个点描起来。通过作这个曲线图,你能不能得出一个结论?pH会不会影响酶的活性呢?

学生:会。

教师:是的,会,这个工作希望大家课后完成。同时提出一个思考性问题,除了

pH影响酶的活性还有哪些因素会影响酶的活性呢？希望大家能够设计实验，以后有时间的话咱们来共同完成。

[案例点评1]

"酶与酶促反应"一课给我的整体感觉是课堂容量很大，实验数量很多，能在短短一节课中完成这么多的实验，确实应归功于教师课堂教学设计紧凑、巧妙。但由于实验太多，一节课的大部分时间学生都是在忙着做实验，没有时间思考和分析实验，有一部分学生实验没有做成功，甚至有个别学生连实验都没来得及做完。这样，学生就缺乏分析和思考的时间，仅仅是做做实验而已，那么课堂教学的效果就略显欠缺了：学生忙了一节课而收获不多。我觉得本节课的课堂组织形式可以改变一下：把一部分实验改成师生共同演示完成，以留下足够多的时间给学生观察和思索，让学生有时间分析实验结果，让学生从课堂中获得更多，从而使课堂教学效果更好！(点评者：许云霞 江苏省锡山高级中学)

[案例点评2]

通过本节课的教学设计，可以看出教师是颇费心思，独具匠心的。关于教材的处理，不仅整合了苏教版和人教版的内容，两相对比，取其精华，还融入了自身的思考，并加以调整、增减，最后以学案的形式呈现出来，这体现了新课程的教材观："是用教材教，而不是教教材"。这种处理是以有利于学生的认知为依据的，并为学生预留一定的发展空间，既有利于挖掘学生已有的经验、知识，又能激发学生思维，推动对新知识的探究。

整堂课的设计体现出"实践出真知"的理念。通过教师的精心设计、耐心引导，激发学生的创造性思维，遵循"提出问题—做出假设—设计实验、完成实验—得出结论"的科学探究历程，最后达成对酶的本质、特性的认识。这种安排不仅符合由直观到抽象的认知规律，更是调动了学生的所有感官，有利于学生的积极参与，有利于学生养成乐于探究、勤于动手的良好习惯，提高分析和解决问题的能力及交流合作的能力。

虽然本节课设计得很好，安排也很用心，但在实施中也反映出一些问题。看得出，学生事先是经过预习、培训的，因此动起手来，还是很有条理，基本上按部就班，没有出现什么"意外"。但从学生的操作过程中，可以明显看出操作技能的不熟练，也出现不少的"小问题"，如量筒的使用不当、试管放入烧杯的时间不同步、加入斐林试剂后未加以振荡……酒精灯的熄灭方式几乎无人是连盖两次的标准操作，甚至有一组因熄灭不当引起酒精灯盖子燃烧，而学生束手无策。这些都反映出学生平时的实验可能并不是经常进行，而实验技能的培养并不是一蹴而就的。如果只是公开课才开展实验，必然会出现各种问题。

实验能力的养成要依靠平时的点滴积累，而现在的大多数学校由于时间和条件所限,很难做到重视实验教学。我想可以通过以下方式来加强实验教学:①组织兴趣小组,先培养一批能手;②采用同学互助的方式训练技能;③开放实验室,鼓励有兴趣的同学利用课余时间去实践;④老师鼓励学生参与实验的设计、安排,材料的选择,工具的制作……经过自身的思考和实践,相信效果会截然不同。

  本节课其实有许多值得探讨的问题。各组的实验过程、现象明显不同,而老师可能是由于时间限制,只选取一两组做得较好的同学进行展示和讲解,而许多不成功的例子则被忽略。同学们的困惑没有机会提出,也无暇思考,只是被动地跟着老师走。最后一个"酶的专一性"实验,斐林试剂并没有显现出应有的颜色变化,教师也意识到让学生分析失败的原因,但大多数学生并没有参与,也没有对实验本身的设计、试剂成分、温度的问题等提出疑义,实际上失去了许多值得挖掘的"生成点"。

  不积跬步,无以至千里;不积小流,无以成江海。科学素质的培养是细水长流的工程,这需要我们教师的共同努力。

(点评者:徐闻 江苏省江阴市第一中学)

第九章 生物学实验室的建设与管理

第一节 生物学实验室的建设

一、新课程标准下的生物学实验仪器及试剂的变化

生物学实验室是生物课程的重要教学资源之一。课改后,实验内容发生了很大变化。例如,经全国中小学教材审定委员会 2004 年初审通过,人教版的《普通高中课程标准实验教科书 生物》共有 6 册,涉及 14 个实验操作、10 个探究课题、4 个模型建构、1 个制作和 16 个生物技术课题。而现在中学所使用的人教版《全日制普通高级中学教科书 生物》教材,必修教材有 12 个实验操作,选修教材有 3 个实验操作,没有涉及探究课题、生物技术课题等内容。新课标更加注重科学探究、实验过程以及科学思维的建立。这样新课标下的实验室在生物教学中就起着更加重要的作用。中学要想创造有利于实施新教育的校内环境,就得适应课程改革,在实验室新增必需的设备。

1.高中生物学实验室增加的仪器

新课标下编写的生物必修课本中新增了几个实验,有些实验仪器在现在的中学生物实验室里是没有的,归纳起来有以下几种实验仪器:容量瓶、干湿计、注射器、血球计数板(2mm×2mm)、标准生态缸框架(100cm×70cm×50cm)、防护手套(耐酸碱)等。

选修课本中涉及的是 6 个生物技术专题,即 16 个生物技术课题。课本中涉及的实验仪器有离心机、恒温水浴锅、高压蒸汽灭菌锅、干热灭菌箱、无菌工作台、PCR 仪、微量移液器、微量离心管、紫外分光光度计、电泳仪、电泳槽、色谱容器、磁力搅拌器、透析袋、刻度移液管、细玻璃管、比色管、涂布器、分液漏斗、圆底烧瓶、冷凝管、牛角管等。

2.新课标下高中生物学实验室新增的药品

必修课本中新增的药品有:美蓝(即甲基蓝,用于酵母菌染色)、健那绿(即 Janus green B,用于线粒体染色)、吡罗红甲基绿粉、乙酸钠、酚酞、溴麝香草酚蓝、洋红、碱性品红、常用的生长素等。选修课本中新增的药品有:刚果红(CR)、伊红(曙红)、硼酸、氢氧化钾、氢氧化钙、氢氧化铝、重铬酸钾、碳酸钠、碳酸氢钠(小苏

打)、磷酸氢二钠、磷酸二氢钾、N-1-萘基乙二胺盐酸盐、亚硝酸钠、硝酸钠、硝酸铵、硝酸银、七水合硫酸镁、七水合磷酸氢二钠、氯化钾、氯化汞(升汞)、次氯酸钠(漂白粉)、硫酸亚铁、硫酸锰、硫酸锌、硫酸镁、无水硫酸钠、碘化钾、乙二胺四乙酸二钠、钼酸钠、氯化钴、氯化钙、海藻酸钠、高锰酸钾、羧甲基纤维素钠(CMC_2Na)、交联葡萄糖、四氯化碳、葡萄糖、尿素、纤维素粉、甘氨酸、乙酸、乙酸乙酯、丙三醇(甘油)、山梨醇、来苏水(甲酚皂溶液)、对氨基苯磺酸、乳酸、乙醚、盐酸硫胺素(维生素B_1)、盐酸吡哆醇(维生素B_6)、肌醇(环己六醇)、烟酸(尼克酸,维生素B_3)、琼脂、牛肉膏、蛋白胨、酵母膏、水解酪素、新洁尔灭等。

二、中学生物学实验室的建设

随着课程改革和教育教学改革的深入,新的培养目标和教学理念将逐步形成,并在教学实践中取代旧的教学理念。因此,在装备实验室时应充分关注并依照新的理念,为新的课程标准的实施打好物质基础。

1. 实验室布局基本要求

(1)要符合科学实验的基本要求。实验室是一个严肃的工作学习场所,是开展实验教学最主要的基地,因此在建设时一定要保证它符合完成科学实验的基本要求,不能因为是中学实验就随意降低标准。一旦在建设时有疏忽的地方,会令以后的实验教学很难顺利开展。这方面可参考《科学实验建筑设计规范》的要求。以组织培养室为例,《科学实验建筑设计规范》提出:"生物培养室应防止人流交叉感染。宜布置在建筑物的尽端,不宜开设外窗。有外窗时,应做双层密闭窗及遮光百叶。生物培养室与各功能房间玻璃隔断墙上的门,宜采用推拉门。"

(2)实验室布局要适应探究性学习方式。新课程理念倡导探究性学习,因此,生物实验室的配置与布局也需做出相应的调整,力图尽可能多地让学生参与实验和其他实践活动,目前最重要的一点就是应该有利于开展小组合作和讨论,这样的理念和以往的指导思想不同。因此,在实验室的设计和布置上,应尽量为学生着想,力争满足学生的多种需求。例如,提供足够的实验桌面,保证水、电甚至煤气的供给;保持实验仪器、药品的开放性,常用的、工具性的仪器最好有固定的位置,并配有详细的使用说明书,供学生随时使用;利用实验室剩余的零散空间摆放一些标本、模型,以及一些正在培养的实验材料,将这些不常拿出来的教学资源放在平时进行展示,激发学生的好奇心和探知欲。

(3)实验室的布局应适于培养学生的合作探究精神。科学探究常常是协作性的活动,因此学生们应该在小组合作中认识到进行信息、观念、思考的分享和相互启发的意义,并获得交流合作的经验和能力。现在的教育目标不单要培养学生独立解决问题的能力,还应重视学生之间的交流与合作能力的培养。新课标中提出的实验类型有很多,其中有很多分析材料、小组讨论、合作探究的内容,灵活多样。美国 BSCS 高中教材中对学生分组的要求不是固定的,依实验内容的不同而变化:课外观察、记录和查阅等必须自己完成,所以1人1组,实验室中的实验分组1~6人。实验分组和实验桌的排布有关,目前流行的2人一组不利于开展小组探究活动,实验桌的组合性能也差,应着手研究合理解决这一问题的方案。根据实验内容、类型的不同,学生分组可能会是1人、2人、3人、6人甚至8人或更多。操作性较强的实验器材可以做到2人1份或1人1份,如"探究 DNA 双螺旋结构"所用的组件,做显微镜观察有关的器材(如显微镜)以及玻片标本等,虽然仪器份数增多了,但是小组成员仍然在一起活动,而像"探究光合作用和哪些因素有关"的器材和许多的生理生化实验器材以及较大的模型就没必要那么多了,每组1份足够了。

分组不同,实验桌的布置也应不同。过去的生物实验室常常是两个学生共用一张实验桌,面向黑板,和教室相仿,突出教师的作用,这是和以往验证性实验和强调操作技能的演示实验要求相适应的,但是无法提供小组合作、共同讨论的环境。另外,有很多学校设置两间实验室,一间供显微镜观察用,一间供解剖用,中间设有两排水槽和上下水,占用了许多宝贵的空间。显然这些设置也和新教材实验内容安排不相符,因为新教材没有那么多的解剖实验。实验桌的排布为实验的内容服务,可以采取灵活多变的方式,可以多应用一些岛式的、组合式的或可移动式的实验桌椅,为学生尽可能提供宽大的实验台面,方便小组活动与讨论。实验室桌椅排布的组合形式是多种多样的,不要所有的实验室都是一个模样。许多学校受条件所限,不可能应用岛式的或组合式的实验桌椅,可以考虑用大一些的实验桌,比如4人桌或6人桌。这并不代表装备上的倒退,看似实验分组少了,但仪器的配备标准不能降,工具性的器材,如显微镜,最好是每人一台,变的只是实验环境和氛围以及实验教学的理念。

(4)生物实验室的布置应充满生命气息。每个实验室必须要有实验室的文化。充满生命科学信息的实验室将直接影响学生的发展。例如,有个学校这样布置实验室的环境,学生一走进大门,右手边有2m长的鱼缸,游动着五彩缤纷、自由自在的热带鱼,在灯光的照射下美丽而鲜艳,左边养殖着一棵四季常青的发财树。走廊两侧布置着配合生命科学教学的图片:细胞的构造、植物根尖细胞有丝分裂的各个时期……这些图片都是实验室管理员制作而成,并根据教材内容进度定期更换,常换常新,使生命科学实验室有着浓郁的生命科学气息。观看图片后,学生经常感慨地说:"生命科学真有趣,实验室布置得那么生动、丰富多彩,增添了我们学习生命科学的兴趣"。这些图片对学生做实验既有参考作用,又有指导作用。

2.生物学实验室的改造

(1) 实验室的重新分配。在实验室的实际改造过程中,不可避免地要遇到实验室重新分配的问题。高中新课标在增加了学生实验及实践内容的同时,增加了实验的灵活性和可选择性,特别是选修课程和校本课程,实验内容多了,但每一个实验参与的学生人数可能会减少。这样一来,学校原本就不充裕的实验室更会显得捉襟见肘。学校应根据实际情况将原有实验室的布局重新调配,以更好地发挥实验室的功能,提高使用率。

根据教学实际需要,生物实验室可以不区分显微镜实验室、演示室及生物解剖实验室,最好能做到普通生物实验室集学生实验、显微镜观察、课堂演示于一体。有条件的学校可以不单设演示室,因为一来利用率较低,二来其功能应该可以在教室或实验室中完成。在"热爱自然、珍爱生命,理解人与自然和谐发展的意义,树立可持续发展的观念"这样的情感态度与价值观的培养目标的指导下,新课标删除了与解剖有关的所有实验,因此生物解剖实验室就没有保留的意义了。可以根据需要将演示室和解剖室改造为更符合探究性学习方式的实验室。

另外,标本室也是占据面积较大而利用率较低的,若要进行改造,又面临着标本无法处置的问题,且有些标本对保存的环境条件是有一定要求的,如要防虫、防霉、防晒等。如果将那些对保存条件要求不高、体积较小的标本(如一些浸制的或干制的标本)放置于学生实验室四周,这样既可以减少标本室所占面积,又可以供学生在上课间隙观察学习,更好地体现标本的价值。

有条件的学校应增设植物组织培养室、现代生物学实验室(分子生物实验室)等具有探究性的实验室,以满足新课标提出的要求。这类实验具有一定的科研、实践色彩,不一定面向全体学生,因此对实验室的专业要求高,而面积不需要很大。在建设时要注意一些特殊性要求。例如,组培室中的接种室和培养室要求达到无菌状态,现代生物学实验室的多数仪器对环境有较高的要求,需要有平稳、固定的台面,相对安静的环境等。因此在设计时,应统筹考虑,根据具体要求合理分配各实验室的位置、大小。这类实验室的布置也应和普通学生实验室有一定的区别,应该突出其研究氛围。用中央实验台代替固定的学生实验桌椅,以方便教师授课、学生讨论及实验。实验仪器和试剂分别固定放置在实验室的某位置,学生可以根据需要自己选择、设计实验方案,并在教师的指导下进行操作。

(2) 设置实验准备室。有些学校因为实验室紧张,便把准备室改作实验室,给实验教师准备实验带来很大的麻烦。因为新课程的实施在很大程度上加大了实验员的工作量,过去实验员就是准备些实验材料,配些实验试剂,不管教学。今后实验员却要参与到整个实验教学的过程中,就是准备材料、配制试剂也比过去困难很多,因为材料、试剂的种类多了,而且有些是需要特殊培养(如微生物材料)或配制(如培养基)的。如此繁重的工作必须具备一个操作空间。教师准备室宜设在离各个实验室都相对比较近的位置,最好能与实验室直接连通,这样可以方便教师准备实验。

(3)配置计算机信息技术设备。探究性实验不仅包括动手实践的环节,还包括查找资料、分析、讨论等过程,因此,有条件的学校可以在实验室中引入多媒体、设备,如投影仪、计算机、视频展示台、生物显微演示装置、数码显微镜系统等。学校可以根据实际需要将其中某些设备引入实验室。在生物实验室中装备了数码显微镜系统,以方便学生与教师、学生与学生之间的交流与互动。

(4)实验室的安全性设施。对学校来说,保证学生及教师的安全是非常重要的。我国的国情决定了多数学校是学生多、空间小,特别是在实验室。因此在建设和改造实验室时要特别注意安全性的考虑,而这也正是被很多学校忽视的地方。首先一定要保证生物实验室面积达标,这也是最基本的安全保证。保证安全出口和通道的畅通也是非常重要的,有些学校因为学生多,就占用了门(特别是后门)的位置放置实验桌或其他物品,有些学校实验室虽然有两个门,但后门从来不开。这样在发生危险时,会很不利于学生的疏散。实验室中间纵向通道及实验桌端部与墙面间的通道也是安全疏散通道,一定要严格按各标准规范的要求执行。其次要提高配备安全设备的意识。国外的实验室不但配备有灭火器,更为学生配备了防护围裙、护目镜、防护手套、防火毯等。也可以设置电源、水源、气源的总开关,以使突发事件时教师采取措施;采用耐酸、碱和抗腐蚀的实验台面;采用防漏电的电源并合理安排水源、电源位置等。

另外,随着实验室的仪器设备的不断增多,实验室的开放性加强,学生在使用仪器时发生危险的可能性也随之增加。一些危险性大的仪器,如离心机、高压灭菌锅等在放置时要选择好位置,并随时处于教师的监管之中。

第二节 生物学实验室的管理

一、目前实验室管理和利用中存在的问题

1. 实验室缺少生机

目前,许多学校对实验室建设都非常重视,花费一定的资金建起了现代化的生物实验室。实验室内的标本、模型、器具摆放整齐、有序,但缺少生机,与"生物"有点名不符实。标本、模型大多数锁在橱柜里,学生只能看,不能动。实验室使用率也不高,学生在实验室内活动的时间少,探究学习的机会更少。

2.实验室及器材设备的配备也不能满足新课改的需要

面对新课改,实验室的建设还不能完全满足探究性学习活动的需要。新课改下的实验教学,除了传统的验证性实验、测定性实验和仪器使用技能训练性实验外,还增加了大量的探究性实验,而传统的实验室布置只是为学生的实验观察和解剖提供了很好的平台,很难给学生创设探究的欲望。实验室内的器材设备也不能完全适应新课改的需要,一些新增加的探究性实验还不能找到相应的器材或替代品使用,导致一些实验不能进行。

3.实验室缺少专职的实验管理员

实验管理员的工作不仅包括搞好卫生、保管仪器,还包括掌握初中或高中生物学科各年级应开设的各类实验,提前准备好实验用品,帮助任课老师组织学生并做好每一个实验。而现在很多学校因为教师少,多数是任课老师兼任实验管理员,或者是一个教师同时管理物理、化学、生物实验室,对每一科的实验要求和规则都不懂,这样实验教师就不能很好地准备实验,只能负责实验室的卫生及器材管理。实验准备工作只好由任课教师完成,而新教材实验多,任课教师也没有充足的时间准备,而且现在的评价方法仍然是单一的考试,这就只好教师讲,学生听、记,与新课改中培养学生动手、提高操作技能的理念是不相适应的。

二、实验室的有效管理

生物实验室的管理主要包括实验设备管理、实验教学管理和实验室常规管理。其中,实验设备管理是实验室管理的基础,实验教学管理是实验室管理的核心,实验室常规管理是实验室管理的保证。生物实验室管理的原则是配置好、使用好和管理好。其中,配置是基础,使用是目的,管理是关键。

1.实验室设备管理

教材变革导致实验内容的猛增,显微镜、粉碎机、电子秤等实验仪器的使用频率大幅提高,特别是显微镜这种精密光学仪器。对于显微镜,每次使用前都要求学生认真检查,发现问题及时报告并予以解决。每次实验结束后,实验员一定要及时检查目镜、物镜,并用专用的清洁剂清洗。收藏时要注意防尘、防潮、防油等,一定不要怕麻烦。粉碎机、电子秤等设备使用后及时处理并收好。水浴锅、干燥箱、恒温箱、冰箱等设备要做到用完即关闭电源。一些锐器(如解剖刀、剪刀等物品)使用时一定要提醒学生注意安全。玻璃仪器使用时应遵循轻拿轻放的原则。实验仪器必须全部入橱,分类存放,合理排列,定橱定位,并根据重下轻上、水平或竖直放置的原则做适当的调整,特高特大的仪器设专柜,教师演示仪器与学生分组仪器分开存放,做到科学合理、美观大方、取用方便,确保各仪器随时处于可用状态。备用仪器另行装箱,列清单备查待用,破损仪器及时报废。

2. 实验试剂管理

随着新课程标准的实施,中学生物学教材中实验数量大幅增多,实验药品也越来越多,据统计,中学生物实验室和实验中所需用到的药品有60余种,涉及单质、氧化物、酸、碱、无机盐、有机物、指示剂、染色剂、激素等类别,有的药品(如酸、碱、氯化钠、酒精等)还要配制成多种不同浓度的溶液,还不包括生物探究性实验和实践活动,以及学生自己设计的方案中所采用的药品。用科学环保的绿色化理念管理和使用各种试剂,做到节约资源减少污染,不仅是生物教师和实验室人员在教学和管理中要注意的,同时也是培养学生良好的实验习惯、提高综合生物科学素养不可缺少的环节。

化学药品要分门别类地放在药品橱内。要避光保存的药品,不宜放在有玻璃门的橱内。危险品和毒品,应严格管理和使用,如可设双人双锁制度。酸碱等腐蚀药品,应严格要求学生规范使用。

(1) 一般化学试剂的保管。保护标签:刚购回的化学药品,应尽量保留原装标签。在标签外面涂上石蜡,或用较宽的透明胶带贴在外面以防标签脱落或遭受腐蚀,瓶口涂蜡密封;使用时,按先出厂先用(没有出厂日期的按先进货先用)的原则,用完一瓶再开一瓶;学生实验分装药品和溶液的试剂瓶也要在标签上涂蜡防腐;溶液要标明浓度,记录配制日期。

分类存放:较大规模的实验室,应设立生物用化学试剂专柜或生物化学试剂保管室,按无机物和有机物分大类,再按酸、碱、盐、有机物、指示剂、染色剂等分成小类存放,以便用时方便易找。

妥善保管:注意酸、碱分开放,氧化剂与还原剂分开放,易燃品分开放,毒害品更要特别保管,记录用量,专柜上锁;药品柜或药品室应设置在阴凉、通风、干燥、远离火源和电线的地方。

学生实验用试剂瓶,每种可用木盒(或塑料提筛)统一装好,再放入柜中保存,减少拿取药瓶时的碰撞,还可节约实验准备的时间。

一些易挥发或带腐蚀性的药品,如石油醚、酒精、浓盐酸、浓硫酸等,不宜用带胶头的滴瓶分装,应采用带磨口玻璃塞的小口试剂瓶分装,以减少试剂挥发和因胶头腐蚀造成试剂污染和浓度变化。

(2)一般化学试剂的使用。不能用手直接接触药品,更不能让药品接触伤口。固体试剂要用洁净的药匙或镊子取用,液体试剂从试剂瓶中倾倒后,要随即塞好瓶塞,不可搞错瓶塞。嗅闻气体应采用"招气入鼻"的方式,不要把鼻孔凑到容器口去闻药品或反应生成物的气味,不得尝任何药品的味道,实验后要注意洗手。

注意按实验规定用量取用药品,不得随意增减。如果没有说明用量和浓度,一般应该按最少化处理,即固体只需盖满试管底部,液体取 $1\sim 2$ mL。绝不允许将试剂任意混合,以免发生意外。未经教师和管理人员同意,严禁学生将试剂带出实验室外。

用滴管或移液管取用试剂时,最好是专用,不能用未经洗净的同一滴管或移液管取用其他试剂,一些对试剂纯度要求较高的实验,如酶的高效性、酶的专一性、影响酶活性的条件等实验,更要注意,保证实验器具的洁净和专用试剂的纯度,是实验成功的前提之一。

(3) 一些特殊药品的科学保管方法见表 9-1 所示。

表 9-1 一些特殊药品的保管方法

药品名称	保管方法
过氧化氢	过氧化氢受热、见光易分解,应密封,用棕色瓶或不透明的塑料瓶装,避光放阴凉处保存。使用时要注意检查试剂的实时浓度
盐酸	浓盐酸具有强腐蚀性,有刺激性,应密封储存在阴凉、通风、避光处,不可与碱类、金属一起储存
硫酸	浓硫酸具有强烈的吸水性、脱水性和氧化性,对有机物有强烈的腐蚀性,保存时注意密封和干燥通风,不可与氧化物、有机物、金属、碱类等一起储存
冰乙酸	冰乙酸易燃,具腐蚀性,温度较低时(15.1℃)凝固为冰状结晶体,应密封防冻保存,置于16℃以上温度处,以防凝固而致使容器破裂
氢氧化钠	有强烈的腐蚀性。因强碱能腐蚀玻璃,保存时,盛碱的瓶子不宜采用玻璃塞,宜用橡皮塞或塑料塞。用废弃的盛过中西药的带塑料盖的小玻璃瓶或塑料瓶洗净晾干来盛碱性药品或溶液,既科学又节约。使用氢氧化钠时要小心,防止眼睛、皮肤、衣服被腐蚀,保存时要密封、防潮,不能和酸及镁、铝等金属放在一起
碘化钾	配制碘液时需要用到碘化钾,碘化钾遇光分解,保存时,要用棕色瓶装,注意放置在避光、干燥、阴凉通风处
碘	碘受热容易升华,宜密封,置于阴凉处保存
乙醚	生物解剖时麻醉常用。乙醚易挥发,常压下沸点 35℃,极易燃烧、见光分解。宜避光、置阴凉处密封保存,使用时注意安全
苯胺	见光分解,宜避光、密封、置阴凉处保存
α—淀粉酶	淀粉酶容易受潮结块,市面上工业产品一般为软包装。拆封后宜用塑料瓶装,密封置干燥阴凉处保存。使用前检查试剂的实时效果,如果出现结块,可用研钵研碎后再溶解使用

(4) 一些实验室物品的绿色化处理。活体材料应放归自然。例如,小鱼、蝌蚪、蚯蚓、草履虫、蚂蚁、鼠妇等,实验后放回原生活环境中。

组织器官综合利用:实验后的植物种子,用剩的肝脏研磨液、蛋白质、苹果组织液、淀粉及淀粉酶,解剖后的心脏、肾脏等可用来作为动物喂养饲料。

及时清洗容易变质的物品:蛋白质、淀粉、淀粉酶、蔗糖溶液、肝脏研磨液等实验物品常温下容易变质。实验后要及时将物体从试剂瓶中倒出并洗净试剂瓶、滴管等器具,倒置晾干,以免这些实验药品和材料变质发霉而污染试剂瓶。

回收:色素分离用的层析液有毒,用后提醒学生不要随意倒掉,可回收重复利用。

废液利用和处理:实验用过的废液,提醒学生不要乱倒,宜分类集中回收处理。许多废液可以再利用,如废酸可以用来洗涤沾上龙胆紫溶液的器皿或装过石灰水的试管和试剂瓶,还可以用来冲洗厕所;废碱可以去油污,吸收二氧化碳和中和废酸等。学校实验室不能再利用的废液应经无害化处理后再排放或深埋。

(5)安全防护。重在预防:实验中要求学生遵守实验室规则,规范操作,加强学生基本实验技能的训练。准备一些防护目镜、乳胶手套、实验室工作服等防护用品,供实验人员使用;实验室准备灭火器、水、水桶、沙等一些防火器材;常备一些常用药品和器具,如纱布、绷带、剪刀、镊子、棉签、凡士林、红药水、紫药水、体积分数为75%的酒精溶液、烫伤油膏、2%乙酸溶液、10%碳酸氢钠溶液、1%硼酸溶液、消炎粉等,以防万一。

酸腐伤时,先用大量水冲洗,再用1%~3%的碳酸氢钠溶液冲洗,最后用水冲洗,拭干后涂上烫伤油膏。稀释浓硫酸时,一定要把浓硫酸沿器壁慢慢注入水中,并不断搅拌,切不可将水倒进浓硫酸里。

碱腐伤时,先用大量水冲洗,再用2%乙酸溶液冲洗,最后用水冲洗,拭干后涂上烫伤油膏。

注意保管和防范有毒物质:生物实验中常见的有毒物质有苯、丙酮、甲醛、二甲苯、四氯化碳、二苯胺、乙醚以及干制、剥制标本中的防腐剂防虫剂等,保存和使用时要注意以下几点:①保证实验室通风条件良好。②使用后要及时用肥皂洗手。③尽量少使用有毒性的试剂,用比较环保的试剂替代。例如,提取和分离叶绿体中的色素实验,提取液可用95%酒精替代丙酮,分离试剂可用93号汽油替代层析液。

保管好易燃品:生物实验试剂中,酒精、乙醚、苯、丙酮、汽油、石油醚、冰乙酸等都是极易燃烧和易燃的物品,使用和存放时要小心,要防高温、防明火、防碰跌,要密封放置在阴凉通风、带防护措施的药品室或专门设置的砖混结构的药品柜中,采用隔离法保管,不和其他仪器材料放在一起。

在环境问题日益受到关注的今天,实验室的科学化、绿色化管理也越来越引起人们的重视。管理的目的是为了更好地使用,作为生物教师和生物实验室人员,既要积极想办法开设新课标要求的生物实验和生物实践活动,又要科学规范地管理好实验室,树立绿色环保的理念,言传身教,培养学生的环保意识和科学素养。

3.标本、模型和挂图的管理

动物标本要按分类系统放入标本柜内,注意通风、防腐、防霉、防蛀。浸制标本的瓶口封蜡要严,保存液要随时补充并超过标本材料。各类模型用后要及时归位。

有不少模型不可擦拭或擦拭不便,可经常用橡皮球吹吹其表面灰尘或用鸡毛掸轻轻拂拭。生物教学挂图,可以装上镜框,编上号码,这样取放方便,利于保管、使用。

4. 实验室教学管理

(1) 制订并实施教学计划。在每个学期的开学初,生物教师制订出本学期的生物实验计划,提交实验员。实验员按照实验计划列出各类物资,填平补齐清单,由校方统一进行全学期的物资备实,以保证本学期的各项实验教学能够有秩序、有计划地进行。

(2) 提早做好实验准备。实验课开课前,要由任课教师提前向实验室提交实验课通知单。实验员在接到通知单后,提前准备好充足的仪器、药品和样品,并做好预备实验,确保实验一次成功。

(3) 认真安排实验。在实验教学中,任课教师必须在实验前把《实验报告册》分发给学生进行预习。在实验过程中,实验员要协同教师随堂巡视。实验结束后,由学生填写"学生实验情况记载表",报损的仪器要填写"仪器报损登记表",由任课教师和实验员签署姓名和处理意见,报上一级领导审批。实验过程中损坏的设备要严格按照教学仪器赔偿制度实施赔偿,产生的废品和废液要全部放入废品箱和废液桶,课后由实验员按照有关规定,及时处理。

(4) 确保实验不出现疏漏。课前准备实验用品时,要准备好设备维修器具。如果遇到仪器出现故障,要及时排除。实验结束后,要组织学生填写实验报告册,分析实验结果,纠正失误,确保实验教学顺利完成。

(5) 规范学生的实验行为。在实验课教学中,应实行规范化管理。从学生入室就座到实验结束,从教师讲解和演示到学生分组操作,都要按照有关规章制度对学生加以严格的约束,从而达到规范学生操作行为、培养学生养成良好的实验习惯的目的。

(6) 加强实验人员与任课教师间的相互配合。在实验教学中,实验人员必须熟悉教材内容,掌握实验目的和要领,对新的实验仪器的性能、使用和操作方法都充分了解,熟练操作使用。实验前,配合授课教师,根据教学计划,做好实验的准备。在实验教学过程中,实验员要与任课教师密切配合,参与学生实验操作的指导。实验完毕时,任课教师要及时指导学生填写《实验记录单》,交送实验人员备案。

三、中学生物学实验室的开放

实验室的开放包括教学思想的开放和管理方式的开放。教师不能因怕仪器、药品损耗就限制学生使用,在鼓励学生实验的同时应注意方便教师的指导与管理。实验室也应具有很强的灵活性以适应不断变化的课程改革的需要。普通实验室应增强通用性,既能满足分科教学的需求,又能承担综合理科的实验,充分提高实验室的利用率。仪器设备强调平台功能,为学生实验与探究搭建平台,减少功能单一或演示性的实验仪器的种类和数量。实验室的开放性和灵活性还应体现在实验教学的组织上。目前,每班五六十人一起做实验,实验效率低,并且实验室的使用频率受大班授课的制约而无法提高。今后更应提倡开展小班实验课教学,特别是实施高中新课标后,这样做可以减少每次实验的学生数,加强教师对学生的指导,增加每个学生的实际操作机会,提高实验室的利用率。

随着教学改革的发展和教学理念的更新,高中新课程标准对实验教学的最高要求已由验证性实验向学生自主探究性实验转变,新的实验教学目标和模块化的教材内容对实验场地和条件的要求更加丰富和多层次,在时间上分布不平均,有时几个实验同时开,有时实验室又很空闲。如何提高现有实验室的使用效率?应该在保证质量完成实验课教学的同时,面向全体学生开放实验室,允许学生随时到实验室做实验。

1.实验室的开放提高了直观教具的利用率

在生物教学中,有些知识难度较大,又较为抽象。为了取得较好的教学效果,必须充分利用标本、模型、挂图等直观教具。而这些教具往往又是跟着教师走,上课带来,下课带走,不用就闲置在储藏室内,没有随时发挥其应有的作用。开放实验室后,学生可随时到实验室来,借助这些教具轻松愉快地进行学习。

2.使生物实验探究落到实处,有利于培养学生动手、动脑的能力

由于生物教学时间紧,任务重,实验教学往往被忽视。有些实验由于难度大,即使做了也往往收不到理想的效果,甚至出现"做实验不如看实验,看实验不如讲实验"的不正常现象。开放实验室后,学生可随时到实验室来,自己动手,补做或选做自己要做的实验;也可通过参观、复习课本知识和实验探究内容。这样就使实验探究和实验教学落到了实处,使学生动手、动脑的能力得到发展,使学生成绩不断提高。例如,"观察人的口腔上皮细胞"实验,如果不是偶然,做一次是无法达到理想效果的。开放性实验室能够使学生反复摸索,掌握技巧,达到良好的学习效果。

开放实验室也是新课标教学理念的需要。新课标下,许多生物探究活动需要学生利用课外时间在实验室里完成。这就要求向学生开放实验室,提高实验室的利用率,为学生提供更多的动手动脑的机会。学生利用课外时间进行实验操作、观察与思考,可进一步提升实验能力、操作能力和创新能力。在这种自我控制的实验中,学生会产生一种内在的探索知识的动力,这也与新课标倡导"主动参与、乐于探究、勤于动手"的探究学习方式不谋而合。

3. 使学生的特长和爱好得到发展

实验室的开放,给有兴趣的学生提供了锻炼自己、展示才能的场所和机会,便于培养学生综合运用实验技能的能力,也能促进实验教师自身水平的提高。有些学生,特别是刚刚跨入初中的新生,本来对生物学科很感兴趣,但陈旧的教学模式和理论脱离实验的课堂教学方法使他们越来越失望。开放性实验室的出现,可以激发学生的兴趣,促进学生对生物学习的热爱之情。

思考题

1. 新课程标准下的生物实验室应该具备哪些要求?
2. 生物实验室的布置应该如何具有生物的特色?
3. 如何有效发挥生物实验室的功能?

主要参考文献

曹述交.1988.中学实验人员手册.长沙:湖南教育出版社
陈继贞,张祥沛,曹道平.2004.生物学实验教学研究.北京:科学出版社
陈家杰.2005.CAI教学浅议.中学生物教学,(1~2):53~54
陈可胜.2006.多媒体与中学生物教学.时代教育,11(12):98
陈琳.2005.适应新课程的生物实验室布局和改造.教学仪器与实验,21(12):44~46
陈伟光.2004.浅谈计算机在实验教学中的作用.成都中医药大学学报(教育科学版),6(2):31
陈祥伟.2003.信息化条件下优化实验教学的研究与实践.中学生物教学,(1~2):56~57
崔玉霞.2005."练习使用显微镜"一节的教学设计.中学生物学,21(8):31~33
戴启刚,许敬.2005.多媒体网络教室在生理学实验教学中的应用探析.南京中医药大学学报(社会科学版),12(4):226
党季芳.2006.怎样提高演示实验教学效果.陕西师范大学继续教育学报,23(增刊):271~327
邓重一.2005.多媒体技术在大学实验教学中的优势与存在的问题及解决对策.现代教育技术,5(15):46~50
邸艳平.2003.多媒体课件在生物教学中的应用.保定师范专科学校学报,16(4):60~62
杜林森.2006.多媒体在生物课堂教学中的应用.中学生物学,22(12):34~35
段佩玲.2006.谈初中生物教学中的演示实验.新乡教育学院学报,19(1):135~136
段卓琦.2006.Flash多媒体课件在物理实验教学中的应用.电脑知识与技术,(3):203~204
樊庆义,张少妮.1999.浅谈多媒体技术在中学生物教学中的应用.济南教育学院学报,(4):63~64
范伟.2006.虚拟实验在实验教学中的地位和作用研究.佳木斯大学学报(自然科学版),24(2):204~205
方建春.2004.运用多媒体网络技术激发学生的无意注意.生物学教学,29(2):28~29
冯武军.2007.生物实验改进的常用方法.中学生物学,23(3):37~38
付颖,徐雅琴,李颖娇等.2007.大学化学实验教学中应用多媒体的实践与思考.东北农业大学(社会科学版),5(1):84~85
龚大洁,严峰,俞诗源.2006.多媒体技术与高校生物教学整合的探索与思考.课程与教学研究,(3):63~67
黄欣.1999.浅谈多媒体技术在实验教学中的应用.辽阳石油化工高等专科学校学报,15(2):62~64
黄修元.2007.多媒体技术在中学化学实验教学中的应用.中国现代教育装备,(7):118~119
教育部基础教育司,教育部师范教育司.2004.生物课程标准研修.北京:高等教育出版社
康玲.2003.生物教学中多媒体应用的几点思考.当代电大,5(增刊):76~77
李宏勇.2007.基于多媒体技术的多媒体教学研究.教学与管理,(8):139~140
李军民.2000.多媒体辅助教学的实施方案与优化选择.西安科技学院学报,20(3):240~242,249
李生清,王庆.1999."种子萌发条件"的实验改进.中学生物教学,(5):36
李颖.2000.运用电教手段优化化学实验教学初探.承德民族师专学报,20(2):86~87
李兆锋.2007.多媒体技术在实验教学中应用的探讨.内江科技,(1):17,20
梁燕.2007.新课标背景下的生物实验改进新方向.教书育人·高教论坛,(6):96~97
林和.2002.多媒体电化教学在生物学教学实验中的作用.实验技术与管理,19(2):43~46
林金平,闫红霞,何霞.2003.血液pH稳态的验证演示实验.教学仪器与实验,(9):21
刘俊波.2007.中学生物实验室建设新思路.教学仪器与实验,17(12):33~34

刘天学,古红梅,史留功.2003.中学生物实验教学现状分析与对策.周口师范学院学报,20(5):115~116
刘雅,郑先平.2007.计算机辅助教学的应用现状和问题分析.科技咨询导报,(1):246
聂晓云,张小云,吴玉荷等.2004.我们是如何开展生物学实验教学的.生物学教学,29(4):56~58
欧永康.2004.利用多媒体技术,丰富演示实验教学.铜仁师范高等专科学校学报,6(4):63~64
彭健.2005.新课程下中学生物教学中的演示实验.伊犁教育学院学报,(9):106~108
钱圣进.2007.运用现代教育技术,优化《科学》实验教学.科技信息,(32):51~52
秦金星.2001."水分和无机盐通过导管向上运输"演示实验的改进.生物学通报,36(1):15
秦忠民.2004.浅谈在生物学教学中多媒体技术的整合.齐齐哈尔医学院学报,25(11):1281~1282
瞿彩萍.2001.多媒体辅助教学的优势和存在问题点评.教育探索,(10):57~58
宋建陵.2004.中学生物学实验教学百年回顾.生物学教学,29(9):23~26
苏洪涛.2000.录像在生物教学中的应用.中学生物教学,(5):18
孙杰.2007.初中生物实验室的管理.中学校长,(6):31~32
单萍.2006.重视生物演示实验,培养学生综合素质.广西教育学院学报,(1):146~147
谭波涛.2007.浅谈多媒体在生物实验教学中的应用.科教文汇,1(下):123
谭洪光,唐定祥.2007.建设开放性生物实验室的做法和设想.实验教学仪器,(1):46~47
陶海霞.2002.把握多媒体在化学实验教学中的应用分寸.惠州学院学报(自然科学版),22(6):134~136
佟丽媛.2000.进行素质教育要充分发挥演示实验的作用.锦州师范学院学报,21(2):32~33
汪忠.2003.生物新课程教学论.北京:高等教育出版社
王金辉,张德清.2005.植物细胞吸水和失水演示实验的改进.实验教学与仪器,(5):14
王乃伦,王清华.2001.Flash用于化学实验多媒体教学的尝试.化学教学,(3):36~37
王培霞.2007.利用多媒体技术进行生物教学优势分析.教育艺术研究,(9):48~49
王熙伦,李雪梅.2000.多媒体技术对中小学教育的影响.天津教育,(7~8):28~29
王雪梅.2003.多媒体与生物教学.中小学教学研究,(5):58~59
王雪松,李铁,王艳.2002.多媒体技术在生物教学中的应用.高师理科学刊,22(1):79~80
王燕,曾凡龙,卫荣华.2005.郧阳医学院学报,24(2):109~110
王元军,孙敬波.2002.多媒体技术在生物实验教学中的应用.济宁师范专科学校学报,23(3):51~52
王运常,雷清春.2001.生物学课堂演示实验教学要略.潍坊教育学院学报,14(4):30,31,33
吴明祥.2000.分离叶绿体中色素实验装置的改进.生物学通报,35(5):39
吴云新.2007.多媒体对化学实验教学的优化.中小学实验与装备,5(17):38~39
徐明成.2006.多媒体技术对教学的作用和影响.现代情报,10(10):219~221
徐伟平.2007.中学现代生物实验室的核心是服务.生物学教学,32(7):48
闫永锋.2002.CAI在动物学教学及实验过程中的应用探讨.商丘师范学院学报,18(2):143~144
严丰武,占小雪.2000.对初中生物部分演示实验处理方法的探讨.中学生物教学,10(6):17
严辉.2003.种子和叶片在呼吸作用中是否释放二氧化碳演示实验的改进.实验教学与仪器,(10):14
阎君,张效涛.2004.多媒体技术在教学实验中的运用.张家口职业技术学院学报,17(2):56~57
颜玄洲,龚霞,蒋天弟.2004.正确认识多媒体技术在现代教学中的作用.农机化研究,5(3):293~294
杨芳,刘利兵,刘芳娥.2004.多媒体系统在形态实验教学中的应用.山西医科大学学报(基础医学教育版),6(3):282~283
杨曦.2003.多媒体CAI课件与实验教学.高等建筑教育,12(3):97~98
杨晓杰,刘质纯.2001.利用多媒体技术促进生物学教学改革.黑龙江高教研究,(5):112~113

杨衍超,练萍,胡乔生等.2006.多媒体 CAI 辅助化学实验教学的探索与思考.赣南师范学院学报,(3):120～122
叶春茂,冯淑辉.2001.初中生物学科演示实验的现状与对策.生物学通报,36(8):34～35
余虹,姜东光,张殿风等.2000.PPT 课件对课堂演示实验的互补作用.大学物理实验,13(3):80～82
余文森,郑金洲.2005.新课程生物教与学.福州:福建教育出版社
余学丽.2000.谈中学生物演示实验与创新教育.六安师专学报,16(4):97～98
曾乐弦.2006.多媒体技术在实验教学中的应用.井冈山医专学报,13(2):36,41
张红波.2007.浅谈中学生物实验改进的常用方法.中小学实验与设备,17(6):20～21
张华.2000.课程与教学论.上海:上海世纪出版集团和上海教育出版社
张礼志.2003.刍议生物学课堂演示实验教学.福建教育学院学报,(9):69～70
张美玲.2002.实验操作必须考核.教学仪器与实验,18(5):39
张贤阴.2002.对"呼吸运动与膈的运动的关系"演示实验操作及其模型的改进.生物学通报,37(4):50
张晓燕.2003.中学生物多媒体教学存在的问题分析及应对措施.扬州教育学院学报,21(3):71～73
张新桃.2004.多媒体辅助生物教学对提高学生素质的作用.北京教育学院学报,18(1):82～84
张永生.2001.多媒体技术在教学运用中应注意的问题.南京政治学院学报,4(17):100～102
赵社斌,周红英.2004.渗透作用演示实验的改进.生物学教学,29(2):29
甄宗秋.2007.新课标下多媒体与生物教学的整合.中小学电教,(7～8):79～80
钟启泉,崔允漷,张华.2001.为了中华民族的复兴,为了每位学生的发展:基础教育课程改革纲要(试行)解读.上海:华东师范大学出版社
钟自力.2003.大胆探索改革课堂教学模式 多媒体技术在生物教学中的运用.中学生物教学,27(1):52～53
周斌,王铮敏.2003.初中生物教学多媒体应用现状分析.三明高等专科学校学报,20(2):156～160
周民.2005.实验教学手段创新体系研究.武汉船舶职业技术学院学报,(5):68～69
周晓虹.2004.谈生物学教学中课件使用的注意点.生物学教学,29(4):31
邹美阁.2004."植物对水分的吸收和利用"一节难点的突破.生物学教学,29(6):32